¡Hola chicos! ¿Qué tal? Aquí empieza de nuevo el cole. Las vacaciones pasadas – ¡una chulada! Tenemos que contar todo a nuestros amigos y, claro, a vosotros también. A ver qué pasa este año escolar. Queremos celebrar nuestro primer cumple en España y divertirnos con los amigos el año que viene en la Feria de Abril. Qué más … ¿nuevos amigos, nuevos profes, nuevo horario? Ya tenemos muchos planes.

CD 1·2
80022-01

¿Mis planes para este año? Ya sabéis que tengo primos en Argentina. Quiero visitarlos para celebrar el cumple de mi prima. Dicen que es una fiesta muy divertida en Argentina. Además quiero conocer el país porque me interesan la geografía y los animales. Quiero hacer muuuuuchas fotos para mis amigos aquí en Sevilla y claro, también para vosotros.

Daniel

Sofia

Yo también tengo que contaros mucho. Hay unas historias súper interesantes sobre mis familiares en México …

Álvaro

Lupe

María

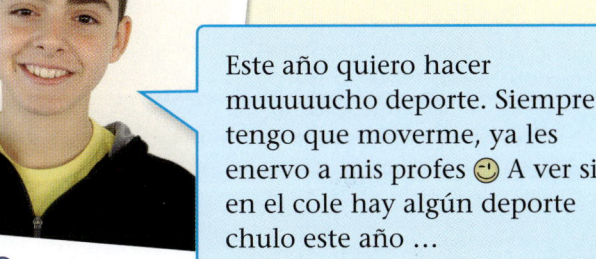

Pablo

Do, Re, Mi, Do, Re, Mi … ¡Hola a todos! Ya estoy practicando a cantar. La música me encanta un montón. ¿A vosotros también os gusta? Os puedo presentar unas de mis canciones favoritas, la música española es perfecta para cantar y bailar 😊

Este año quiero hacer muuuuucho deporte. Siempre tengo que moverme, ya les enervo a mis profes 😊 A ver si en el cole hay algún deporte chulo este año …

¿Queréis acompañarnos?
Pues vamos, empezamos ya …

Índice

Zeichenerklärungen

Kompetenzen

	Hier trainierst du das freie Sprechen.
	Das ist eine Hörverstehensaufgabe.
	Hier übst du das Schreiben eines Textes.
	Hier trainierst du das Lesen.
	Dies ist eine Mediationsaufgabe, bei der du zwischen Deutsch und Spanisch vermittelst.
	Das ist eine audiovisuelle Aufgabe.
C	In dieser Aufgabe wiederholst du ältere Themen.
A-Z	Wenn du diesen Text nicht verstehst, hilft dir ein Wörterbuch oder diese Liste: 80022-02 . Schlage nur die Wörter nach, die du unbedingt zum Verständnis brauchst. M II 1.1
	Dieses Aufgabenformat bereitet dich auf Zertifikatsprüfungen (z. B. DELE) vor.

Verweise

+ayuda p. 142	Hier findest du eine Hilfe zum Bearbeiten der Aufgabe – wenn eine Seitenzahl angegeben ist, im Anhang.
+ideas p. 150	Und hier kannst du noch etwas mehr tun.
M I 2.4	Der Methodenanhang hilft dir beim Lösen der Aufgabe.
G 4.5	Hier kannst du im grammatischen Beiheft nachschlagen, wenn du Hilfe brauchst.
Ch 4 p. 25	In den Chuletas findest du eine Zusammenfassung dessen, was du in dem jeweiligen Kapitel gelernt hast.

	Hier kannst du selbst neue Zusammenhänge entdecken.
	Hier erfährst du Spannendes über die Kultur der spanischsprachigen Welt.
	Hier helfen wir dir mit Tipps zum Spanischen und Verweisen auf Sprachen, die du schon kennst.
DVD	Diesen Film findest du auf der DVD.
CD	Diesen Text/Diese Übung findest du auf der CD.
80022-01	Wenn du den Mediencode auf *www.ccbuchner.de/medien* eingibst, findest du dort Material für diese Aufgabe.
a	Hier recherchierst du selbst im Internet.
	Partnerarbeit
	Gruppenarbeit

Vocabulario

	Symbol für Wortfamilie
mucho cada	Schwarz gedruckte Wörter sind Lernwortschatz. Grau gedruckte Wörter musst du nur verstehen.

Volvemos a clase

Capítulo

1

3

4

7

8

 **¿Qué ves aquí?**

a. Mira las fotos. ¿Dónde se pueden pasar las vacaciones? Habla con tu compañero/a sobre las fotos.

b. ¿Dónde y con quién pasas tus vacaciones?

c. ¿Qué haces en tus vacaciones? ¿Y qué haces normalmente?

d. Jugamos: Haced pantomima con las actividades en las vacaciones. Una persona presenta una palabra sin decir nada y los demás tienen que adivinar qué palabra es.

¿Qué pasa aquí?

Terminaron las vacaciones de verano. Los amigos de Sevilla escribieron postales y el primer día en el insti hablan sobre sus vacaciones.

Pronto vas a saber

- hablar sobre el tiempo
- algo sobre regiones en España y sobre México
- escribir una postal
- contar historias y experiencias en el pasado (pretérito indefinido)

Revisas

- hablar sobre tu rutina diaria (la hora, los verbos reflexivos, conectores del tiempo)
- los verbos con diptongo

Tu reto

Haz un álbum de fotos sobre tus vacaciones de verano.

Ayuda de vocabulario:
Paso mis vacaciones
… en un hotel / un hostal / un apartamento para las vacaciones / un camping / en mi casa / en casa de … / …
… en Alemania / España / Francia / Inglaterra / Italia / Turquía / Gran Bretaña / Suiza / Suecia / Austria / Dinamarca…
… con mi familia / mis amigos / una organización de jóvenes / …

Actividades:
jugar al fútbol / voleibol / balonmano / con el ordenador…
quedar / salir con amigos
visitar museos y monumentos / a la familia
montar a caballo
hacer deporte
caminar
ir al cine / al centro comercial / al polideportivo / a la bolera / al restaurante / a la playa / …
leer
hacer excursiones
escuchar música / bailar
comer helado
descansar
tomar el sol en la playa
nadar / bucear
chatear

CD
1·3–5

80022-01

¡Hola a todos!
¿Qué tal? Paso mis vacaciones con mis padres en la costa de Valencia. Aquí hace 35 grados. Hace sol y no hay nubes. ¡Es un sueño! Me
5 gusta el tiempo aquí, pero mis padres siempre dicen: ¡Qué calor! ¡Qué calor! Y es verdad, el sol quema mucho. En las vacaciones no tengo que levantarme muy temprano. Aquí me levanto a las nueve y cuarto de la mañana. Después
10 desayuno con mi familia en la terraza del hotel. Cada día vamos a la playa, nadamos y tomamos el sol. Si hace viento, practicamos el surf.
¡Qué chulo! Por la noche vamos al restaurante
15 y comemos paella, la comida típica de Valencia, por supuesto. Después me acuesto tarde y me duermo rápidamente porque las vacaciones pueden ser también un poco agotadoras. Y vosotros, ¿qué tal vuestras vacaciones? ¿Qué
20 hacéis? ¡Besitos y recuerdos a todos!
Paloma

¡Hola, amigos!

Os mando esta postal desde Galicia. Visito a mis tíos Soledad y Luis, que viven en Santiago de Compostela, en el
5 norte de España. Paso las vacaciones en su casa y comparto la habitación con mi primo Jaime. La ciudad es fenomenal. Hay mucha gente simpática, monumentos, museos y peregrinos del
10 Camino de Santiago. Desafortunadamente, no hace buen tiempo. Llueve casi todos los días. Hace frío y, a veces hay una pequeña tormenta. ¡Qué barbaridad! Por eso
15 nos quedamos en casa y jugamos a la consola.
Os echo de menos y espero que estéis bien. ¡Hasta pronto!

Abrazo, Álvaro

¡Hola, chicos!
¿Qué tal? Por aquí todo bien. Mi mamá tiene que trabajar en las vacaciones. Por eso me quedo aquí en Sevilla. Si no hace buen tiempo
5 leo libros o escucho música en casa. También tengo que estudiar un poco para el colegio por la tarde porque mis notas de naturales no son muy buenas.
¡Qué rollo! Con mis mejores amigas
10 Juana y Bea paso una noche de chicas a las siete y media en mi casa.
¡Es genial! Vemos pelis románticas, nos maquillamos y charlamos mucho sobre los chicos del instituto, claro.
15 Nos dormimos muy tarde pero nos despertamos muy tarde por la mañana también. ¡Saludos desde Sevilla y felices vacaciones!

Marta

1 ¡Qué vacaciones!

¿Qué pasa en el texto? ¿Qué dicen los amigos sobre sus vacaciones de verano?

a. Lee las tres postales y haz una tabla.
+ayuda p. 142

¿Quién?	Paloma	Álvaro	Marta
¿Dónde?	■	■	■
¿Con quién?	■	■	■
¿Qué hace?	■	■	■

 **b.** Trabajad en tres grupos de expertos. Cada grupo trabaja con una postal. Después se mezclan los grupos y tenéis que presentar vuestra postal a los demás.

 **c.** ¿Y qué haces tú durante las vacaciones? Toma una hoja, copia la tabla de a. y escribe palabras clave sobre tus vacaciones. Después habla con dos compañeros de clase sobre tus vacaciones y apunta las informaciones importantes sobre sus vacaciones.

 2 ¿Qué tiempo hace?

a. Busca todas las palabras y expresiones que se refieren al tiempo en el texto. Haz un mapa mental con pequeños símbolos. +ideas p. 157

b. ¿Qué tiempo hace hoy? ¿Qué tiempo (no) te gusta y por qué? Habla con tu compañero/a. Ch 1 p. 24

> **Modelo:** *(No) me gusta el otoño porque llueve.*
> *(No) me gusta el sol / la lluvia / la nieve / …*
> *porque …*

la primavera   el verano   el otoño   el invierno

> Me gustan el sol y el viento en la playa porque practico el surf con mis amigos.

 c. Búsqueda en internet: Infórmate en esta página web sobre el pronóstico actual en España. 80022-03

¿Qué tiempo hace en …

1. Sevilla?
2. Barcelona?
3. Madrid?
4. Santiago de Compostela?
5. Palma de Mallorca?

3 ¿Tiempo de perros?

Eres un meteorólogo y tienes que presentar en las noticias el tiempo en España. Busca las ciudades en un mapa y prepara el pronóstico del tiempo de hoy en las siguientes ciudades.

`+ayuda` p.142 `+ideas` p.157 `Ch 1` p.24

> Brrrrh, hoy hace muy mal tiempo, es un **tiempo de perros**.

Cádiz: 16°C

Gijón: 24°C

Valladolid: 25° C

Barcelona: 28° C

Alicante: 31°C

Tenerife: 28°C

4 El tiempo en el mundo hispanohablante

CD 1·6–8

Haz una tabla. ¿Qué tiempo hace en las ciudades de las personas? ¿Les gusta el tiempo actual? Explica por qué. `+ayuda` p.142

Nombre	■	■	■
Ciudad	■	■	■
Tiempo	■	■	■
¿Le gusta?	■	■	■

5 Una postal de …

a. Las postales son una buena forma de contar sobre las vacaciones. Busca en el texto de las postales el vocabulario necesario para escribir una postal.

b. Escribe una postal sobre tus vacaciones de verano. `Ch 4` p.25

6 ¿Qué queremos hacer?

Hoy hace buen tiempo y estás de vacaciones. ¿Qué haces?

 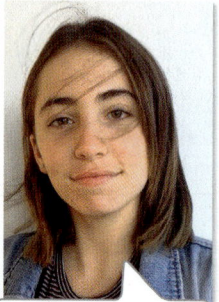   

> Hola, amigos. ¿Qué tal? ¿Queréis ir al cine conmigo?

> Lo siento. Quiero ir, pero no tengo tiempo. Ceno con mis padres.

> Yo sí puedo. ¿Cuándo queremos ir?

> Y tú, ¿Álvaro? ¿Quieres?

> ¿Por qué no? Mi novia quiere quedar con una amiga. Por eso tengo tiempo.

 **a.** Trabajad en parejas. ¿Recordáis las formas del verbo querer?
¿Qué formas hay en el diálogo de los amigos? ¿Conocéis más verbos con diptongo?

b. Forma frases y escríbelas en tu cuaderno. A veces hay más de una solución posible.
+ideas p. 157

Yo	preferir	pasar las vacaciones en Andalucía.
Tú	querer	al fútbol en Alicante.
Sofia	dormir	ir al cine con mis amigos.
Nosotros	pensar	a las diez menos cuarto de la noche.
Vosotros	poder	salir hasta las once en las vacaciones.
Daniel y Sofia	jugar	en las buenas vacaciones de verano.

 **c.** ¿Qué preferís hacer en las vacaciones? Haced un paseo por el pasillo del instituto en parejas. Hablad al menos dos minutos sobre vuestras preferencias.

Modelo: En mis vacaciones prefiero tomar el sol en la playa. No me gustan los museos.

7   Las mejores vacaciones de mi vida

DVD
1

a. Sofia, Nicólas y Rosa, una amiga, hablan sobre sus vacaciones de verano. ¿Qué entiendes? Copia la lista en tu cuaderno y complétala con las informaciones del vídeo.

Nombre	■	■	■
Lugar donde pasa sus vacaciones	■	■	■
Una o dos actividades	■	■	■

b. Corrige las frases siguientes.

1. Sofia y Daniel celebraron el cumpleaños de su abuela.
2. Sofia no tuvo tiempo para practicar deporte.
3. Sofia dice que lo malo de las vacaciones en Alemania es el senderismo.
4. Rosa visitó Barcelona con sus tíos.
5. Nicolás no concoce Barcelona.
6. Nicolás pasó muy malas vacaciones porque la gente no fue muy amable.
7. Él y su familia caminaron por la montaña.
8. La nueva amiga de Nicolás tiene un nombre de una actriz de Lanzarote.
9. Nicolás escribe emails para conocer mejor a su nueva amiga.

  **c.** +ideas Trabaja con dos compañeros e inventad un diálogo como en el vídeo.

8 **Las vacaciones de los mellizos** +ayuda p. 143

Completa las frases con los verbos reflexivos.

En las vacaciones los hermanos Daniel y Sofia (levantarse) muy tarde. Antes del desayuno con sus padres, Sofia (ducharse) y Daniel (bañarse). Sofia necesita mucho tiempo en el cuarto de baño. (cepillarse, ella) los dientes
5 y (maquillarse). Chicas …
A las tres y media Sofia quiere quedar con sus amigos en la Plaza Mayor.

> ¡Ojo! Unos verbos reflexivos llevan también un diptongo.

Sofia: Daniel, ¿quieres venir?
Daniel: No, Speedy y yo (quedarse) en casa porque quiero jugar un poco a la consola.
10 Sofia: Bueno, (irse, yo). ¡Hasta luego!

En la Plaza Mayor, Paloma, una amiga, pregunta:
Paloma: Sofia, te veo cansada, jiji … ¿cuándo (acostarse, tú) y cuándo (dormirse, tú) en las vacaciones? Yo veo mucho la tele o chateo con amigos de Argentina. Por eso (dormirse, yo) muy tarde.
15 Sofia: Normalmente, Daniel y yo (dormirse) a las nueve y media porque (despertarse, nosotros) muy temprano para ir al colegio en Gines. Pero en las vacaciones, (acostarse, yo) a las doce de la noche.

 9 **La rutina diaria de Sofia**

¿Qué hace Sofia a qué hora? Escribe las frases en tu cuaderno. +ayuda p. 143

 despertarse

 comer paella

 quedar con amigos

 ducharse

 ver la tele

 ir al cine

 10 **España – un país, tantas Comunidades Autónomas …**

Ya conoces un poco las regiones en España. Mira el vídeo sobre las Comunidades Autónomas y contesta las preguntas. 80022-03

1. ¿Cuántas Comunidades Autónomas hay en España?
2. ¿Cómo se llama la comunidad en el centro?
3. ¿Qué comunidades están en el sur?
4. ¿Qué comunidades están en el oeste?
5. ¿Cómo se llaman las islas españolas?
6. ¿Dónde están Sevilla y Salamanca?

11 Un día normal en las vacaciones

a. Compara tu rutina diaria en las vacaciones con tu rutina diaria cuando vas al colegio. ¿Qué haces a qué hora? Usa los conectores de abajo.

Modelo: Normalmente desayuno a las siete de la mañana, pero en las vacaciones duermo hasta las diez y después desayuno.

primero • luego • más tarde • al final • entonces • ahora • después • a continuación • por la mañana/tarde/noche • pero • y • antes de + infinitivo • después de + infinitivo • durante + sustantivo • cuando

¿cuándo? ≠ cuando
Als Fragewort bedeutet ¿cuándo? **wann**. – ¿Cuándo vamos a la playa? – Vamos a las siete.
In einem Aussagesatz bedeutet es **wenn**. – Cuando vamos a la playa, nadamos y tomamos el sol.

b. Jugamos: Para ir de vacaciones tenemos que hacer la maleta. ¿Conocéis este juego? Jugamos con las actividades de un día normal en las vacaciones. Trabajad en grupos de cuatro personas y usad los conectores del ejercicio 11a. Una persona empieza y la siguiente tiene que repetir la frase y añadir otra.

Modelo: A: Primero me levanto. B: Primero me levanto, después me ducho.
C: Primero me levanto, después me ducho y desayuno. …

12 España mola mucho.

a. Sofia chatea con su prima Claudia de Düsseldorf. Ella no habla español, pero quiere saber todo sobre San Sebastián porque tiene que preparar una presentación para la clase de geografía. Claudia tiene un folleto sobre San Sebastián 80022-02 y le pregunta a Sofia si puede ayudarla. Leed el mapa en parejas y dad a Claudia las informaciones más importantes. +ideas p.157

b. En internet busca informaciones sobre una región de España y completa la ficha. 80022-03

Nombre de la región	▪	Lenguas	▪
Capital	▪	Monumentos importantes	▪
Geografía	▪	Fiestas y costumbres	▪
Habitantes	▪	Comida típica	▪

Viajes inolvidables

Después de las vacaciones los amigos quedan en el patio del cole antes de las clases.

Daniel:	Hola, chicos. ¿Qué tal? ¿Qué tal las vacaciones? Bueno, Pablo, se nota mucho que estuviste en la playa, tienes la piel muy morena.
Pablo:	Hola a todos. Sí, tienes razón, obviamente pasé mucho tiempo en el sol, jeje … Nos fuimos con mi familia a la costa. ¡Qué bien estar en la playa! Hicimos muchas cosas: Descansé, nadé, buceé, tomé el sol, hice una excursión … Paramos en un hotel muy bonito con vista al mar, cerca de Málaga.
Sofia:	¡Qué chulada! Te lo pasaste genial. ¿Y visitaste también el museo de Picasso o sólo descansaste?
Pablo:	Ay, no, no me gustan nada los museos. Mis padres sí fueron al museo de Picasso, pero mis hermanos y yo nos quedamos en el hotel. Yo con la consola y mis hermanos pasaron la tarde mirando pelis. Pero otro día visitamos todos la Alcazaba, un palacio árabe antiguo, me parece … ¿Y vosotros, qué hicisteis y adónde fuisteis?
Daniel:	Pues nosotros pasamos casi todas las vacaciones en Alemania. Visitamos a los abuelos allí y salimos mucho con nuestros amigos alemanes y yo comí miles de "Bratwurst", jaja … Ya sabéis, es un tipo de salchicha y aquí, en España, casi no las encuentras.
Sofia:	Y cuando quedamos con nuestros amigos salimos de fiesta. Todos juntos también hablamos un poco en español porque unos amigos aprendieron ya bastante el año pasado. ¡Fue muy divertido! Su acento es muy bonito, jiji …
Daniel:	Sí, lo pasamos muy bien, pero la verdad, en Alemania no hizo buen tiempo. Tuvimos cinco días de lluvia y viento.

 **1 ¿Qué hicieron los chicos?**

El primer día Pablo, Lupe, Daniel y Sofia hablan sobre sus vacaciones. Busca la respuesta correcta.

1. ¿Dónde y con quién pasó Pablo sus vacaciones?
   a. Pasó las vacaciones con los amigos en Salamanca.
   b. Pasó las vacaciones con su familia en las playas de México.
   c. Pasó las vacaciones con su familia cerca de Málaga.

2. ¿Qué hizo Pablo durante sus vacaciones?
   a. Se quedó siempre en el hotel y miró pelis con sus hermanos.
   b. Estuvo en la playa, pero un día se quedó en el hotel con sus hermanos.
   c. Descansó, nadó y tomó el sol en la playa con sus amigos.

3. ¿Quién visitó el museo Picasso y la Alcazaba en Málaga?
   a. Pablo y sus hermanos visitaron el museo Picasso y la Alcazaba.
   b. Los padres y los hermanos visitaron el museo Picasso y la Alcazaba.
   c. Sólo los padres visitaron el museo Picasso y la Alcazaba.

4. ¿Qué hicieron los mellizos en Alemania?
   a. Los mellizos fueron a la playa y tomaron el sol.
   b. Los mellizos salieron con los amigos alemanes.
   c. Los mellizos visitaron muchos museos.

5. ¿Qué es la salchicha?
   a. En alemán se dice Bratwurst, también la encuentras en España.
   b. En alemán se dice Bratwurst, Daniel siempre come Bratwurst en Alemania, porque en España no hay.
   c. Es un baile español.

  2 ¿Cómo pasaste las vacaciones?

	visitar	pasar
yo	visité	■
tú	■	■
él / ella	visitó	■
nosotros	■	■
vosotros	■	pasasteis
ellos / ellas	visitaron	■

Uff, vale, todavía me parece un poco difícil hablar de las vacaciones en español. Es que, para hablar de las actividades del pasado usamos un tiempo que se llama el **pretérito indefinido**. Tiene formas regulares e irregulares. La verdad es que tienes que estudiar muuuuucho para aprenderlas. 😊

Busca en el diálogo las formas del indefinido de visitar y de pasar. Copia la tabla en tu cuaderno y complétala.   Ch 2 p. 24   G 2.4

3   México lindo

¿Qué sabéis de México? ¿Cómo os imagináis México? ¿Tenéis a alguien en la clase que lo conoce?

> Creo que México es …

> (No) hace mucho …

> Hay …

> (De la comida/…) conozco …

CD
1·10–11

`80022-01`

Lupe:	Bueno, ahora me toca a mí. Mis vacaciones fueron de maravilla. Visité con mis padres a mi familia en México.
5 **Sofia:**	¡Guay! ¡Qué envidia! ¿Por qué no me llevaste? ¡Cuéntanos!
Lupe:	Ayyy ¿por dónde empezar? Es que, vi tantas cosas y conocí a tantas personas … ¡qué tanta emoción! Mis
10	abuelos viven en Cuernavaca y nos quedamos en su casa. Es una ciudad muy bonita a unos 80 kilómetros de la Ciudad de México. Allí fuimos un día al primer cumpleaños de las hijas gemelas de mi primo Rodrigo. Una gran fiesta con 50 invitados, bueno, sólo una pequeña parte de mi familia. El tema de la fiesta fue "Frozen". Y hasta
15	prepararon una piñata para los bebés, ¡qué padre!
Sofia:	Pero, ¿cómo rompieron la piñata los bebés?
Lupe:	Mira, aquí tengo el vídeo. `80022-03` ¡Qué lindos los peques!, ¿no? El que canta más fuerte es mi primo Rodrigo.
Daniel:	Nos debes una para nuestro cumpleaños, ¿te acuerdas?
20 **Lupe:**	Sí, ¡claro!
Sofia:	¿Y te subiste también a unas pirámides?
Lupe:	Por supuesto que sí, me encanta subir a las pirámides. Mi tía Valeria dice que hay una energía especial en estos lugares sagrados. Fuimos a las pirámides de Teotihuacán. ¡Súper chido!
25 **Sofia:**	¿Cómo?
Lupe:	Teotihuacán, jaja, no es español creo, es del idioma de los aztecas. Espera, tengo más palabras chistosas. ¿Conocen el volcán Popocatépetl? Otra ciudad mexicana es Oaxaca. Ahhh y las pirámides de Chichén Itzá son muy famosas. Pero mi palabra favorita es el nombre de un dios de los aztecas, Quetzalcoatl, jaja …
30 **Pablo:**	Quetza- ¿¿¿quééé??? Ya, Lupe, ya, se nota mucho que pasaste mucho tiempo en México, nos traes unas palabras muy mexicanas.
Lupe:	Sí, obvio. Bueno, también me quedé unos días sola con mi tía Valeria y mi primo Sebastián en Tepoztlán, cerca de Cuernavaca. Es un pueblo mágico. ¡Me encantó! Hay un mercado en el Zócalo y un ex convento del siglo 15. Por
35	supuesto que sí subimos un día a la pirámide en el cerro. Una subida de una hora, puuuhhhh, pero por fin llegamos y disfrutamos de la vista.
Sofia:	¡Yo quiero ir también! ¿Y qué más hiciste?
Lupe:	Otro día hicimos una barbacoa en casa de Valeria. Y nos visitó también el perro salvaje que vive en el bosque cerca de la casa. Se llama Meco y comió de
40	la carne y de las tortillas.

Daniel: ¿Y qué tal la comida? ¿Qué comiste?

Lupe: Ufff, muy picante, con mucho chile. Pica mucho y siempre me cuesta acostumbrarme.

Pablo: Anda, qué lástima, creo que ya empieza la clase. Vamos, nos vemos en el recreo, chicos.

Sofia: Lupe, pero en serio, la próxima vez me llevas, ¿vale?

Lupe: Sí, claro, jiji …

Man merkt schon, dass Lupe ein paar Wochen in Mexiko war! Dort wird ja auch Spanisch gesprochen, aber es unterscheidet sich ein wenig von dem „spanischen" Spanisch. Das heißt auch **castellano** wie die spanische Comunidad Autónoma Castilla y León. Eigentlich verstehe ich sie aber immer sehr gut, auch wenn sie nicht „lispelt" 😐 !

Manche Wörter oder Redewendungen sind natürlich in jedem spanischsprachigen Land anders. In Mexiko werden viele Ausdrücke vom amerikanischen Englisch beeinflusst, z. B. **la computadora** für **el ordenador, el celular** für **el móvil.** **¡Qué padre!** und **súper chido** ist auch typisch für mexikanisches Spanisch.

Ach so, und zuerst dachte ich ja, sie würde Daniel und mich immer siezen, wenn sie uns mit **ustedes** anspricht, aber dann hat sie uns erklärt, dass es die vosotros-Formen im lateinamerikanischen Spanisch nicht gibt. Cool eigentlich, die finde ich nämlich am schwierigsten 😊 !!!

4 El viaje de Lupe

a. Mira las siguientes actividades y elige las activides de Lupe de sus vacaciones en México. Apúntalas en el orden correcto.

- hacer una barbacoa en casa de Valeria
- ir al cumpleaños de las gemelas de su primo Rodrigo
- estar unos días en casa de su tía Valeria
- visitar las pirámides de Teotihuacán
- subirse a la pirámide de Tepoztlán
- quedarse en casa de los abuelos en Cuernavaca

b. Mira las fotos y describe a tu compañero/a qué es o quién es. +ideas p.157 M I 4.3

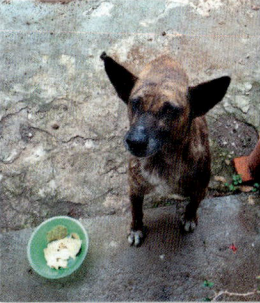

Creo que …   ¿Qué piensas tú?   (No) tienes razón, porque …

5 ¿Y la comida? ¿Qué tal?

a. Busca en el texto de la página 18 las formas de comer y de subir en indefinido y completa la tabla de la tarea 2. **+ayuda** p.144

b. ¿Qué te llama la atención? Mira los verbos que terminan en -er / -ir. ¿Qué puedes observar? **Ch 2** p.24 **G** 2.4

comer	subir
comí	subí
■	■
■	subió
comimos	■
comisteis	subisteis
comieron	subieron

6 ¿Y qué más hicieron los amigos de Sevilla?

a. Conjuga los verbos viajar, conocer y salir en el indefinido.

b. Completa con los verbos en indefinido. **+ideas** Escribe una respuesta para Pablo o Lupe.

En las vacaciones no sólo ■ (tomar, yo) el sol todo el día. También ■ (visitar) la Alhambra en Granada y los jardines árabes. ¡Qué interesante! En Málaga nosotros ■ (comer) gazpacho, es una sopa fría de tomates, y mis padres ■ (beber) tinto de verano, es una mezcla de vino tinto y limonada. Por la noche ■ (bailar, yo) y ■ (cantar) en las fiestas con chicas bonitas. ¿Y tú, cómo ■ (pasar) tus vacaciones? ¿ ■ (viajar, tú) o ■ (jugar, tú) a la consola en casa?

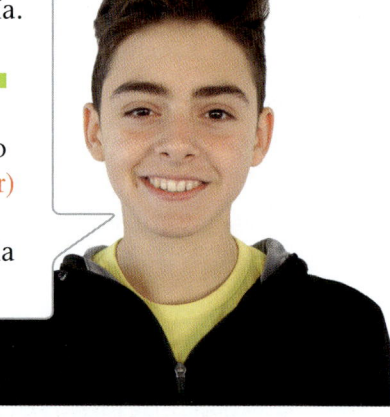

Con mi familia ■ (pasar/yo) unos días en Acapulco. Esta ciudad es muy famosa en México por sus playas bonitas y sus discotecas. ■ (viajar/nosotros) en autobús y nos ■ (alojarse/nosotros) en un hotel muy bonito en la parte vieja de Acapulco que se llama Boca Chica. Tiene un buen restaurante y ■ (comer/yo) pescado del mar. ■ (visitar/nosotros) la Quebrada. Aquí tengo un vídeo **80022-03** . A Sebastián le ■ (encantar). Él también ■ (nadar) en el mar y ■ (bucear) en la piscina del hotel. Yo ■ (tomar) el sol y ■ (disfrutar) de la vista al mar desde mi habitación. Ahhh y claro que sí, también ■ (escribir) muchos mensajes a mis hermanos en España ;-). ¿Y vosotros, cómo ■ (pasar) vuestras vacaciones? ¿ ■ (viajar, vosotros) también a otro país?

7   ¡Fue de maravilla!

a. Para hablar de las vacaciones también necesitas algunos verbos con formas irregulares en el indefinido. Busca en el ejercicio 3 las formas de estar, tener, hacer, ir y ser y completa la tabla. `Ch 3` `p. 24`   `G` `2.4`

estar	tener	hacer	ir	ser
estuve	tuve	hice	fui	fui
estuviste	tuviste	■	fuiste	fuiste
estuvo	tuvo	hizo	fue	■
estuvimos	tuvimos	■	■	fuimos
estuvisteis	tuvisteis	hicisteis	fuisteis	fuisteis
estuvieron	tuvieron	hicieron	fueron	■

b. Mira de nuevo las actividades de Lupe de la tarea 3 y resume sus vacaciones en México en el indefinido.

c. Jugamos: Jugad en grupos de tres o cuatro con dos dados y formad frases.

= yo	= tener tiempo libre
= tú	= ser divertido
= Sofia	= ir a Teotihuacán
= nosotros	= estar en México
= vosotros	= hacer excursiones
= Sofia y Daniel	= tener buenas vacaciones

8   Las vacaciones en casa

Laura pasó sus vacaciones en Sevilla. Escribe qué hizo.   **+ayuda** p. 144

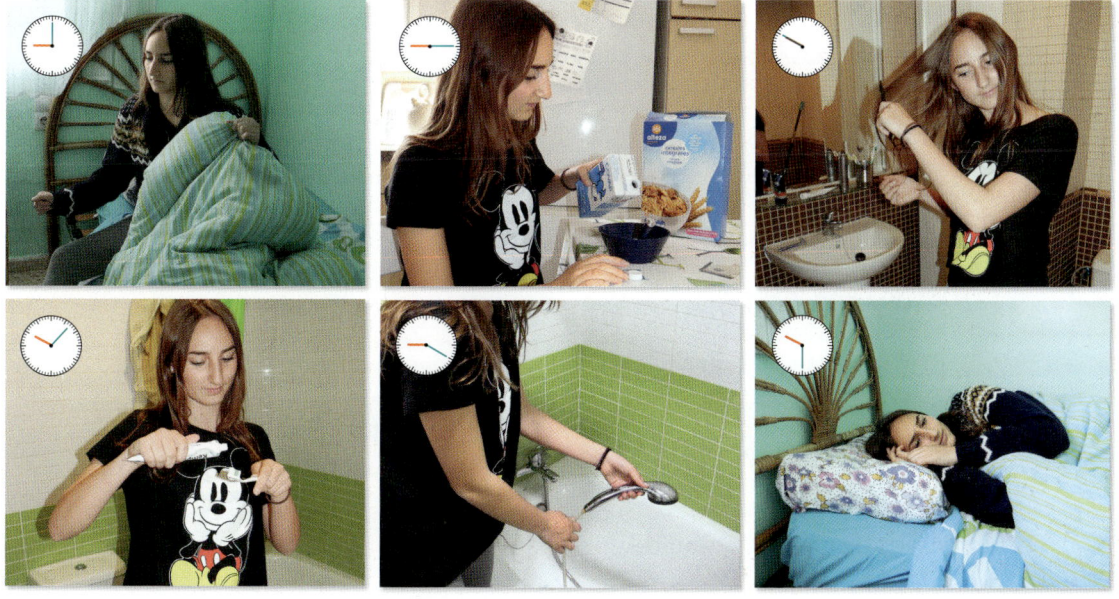

9 ¿Qué tal las vacaciones?

CD
1·12–14

a. Escucha qué hicieron los chicos en sus vacaciones. Apunta las actividades en una tabla.

¡Ojo!
Im indefinido gibt es keine Vokalspaltung wie bei einigen Verben im Präsens (j**u**gar → j**ue**go …)!

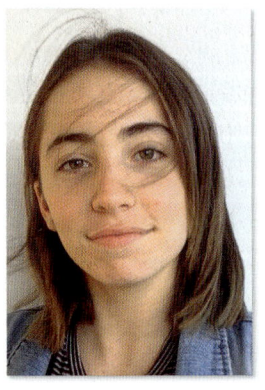

María

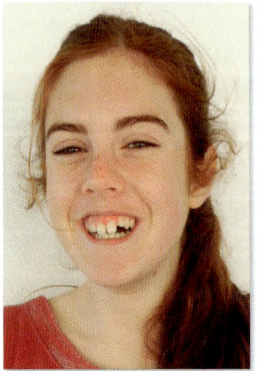
Miriam

Toño

b. Habla con tu compañero/a y usa el indefinido. **+ideas** p. 157

> Creo que María …

> ¿Qué más hizo?

> También … además …

10 Unas vacaciones súperguay

a. Mándales un correo a Lupe y Pablo y descríbeles tus vacaciones. Contesta las siguientes preguntas:

> ¿Qué tal tus vacaciones?

> ¿Con quién pasaste las vacaciones?

> ¿Dónde pasaste tus vacaciones?

> ¿Cómo viajaste?

> ¿Dónde te quedaste?

> ¿Qué visitaste?

> ¿Qué tal el tiempo?

¡Ojo con las preposiciones!

ir **en** (un medio de transporte)
viajar/ir **a** (un lugar)
visitar **a** (personas)
visitar (un lugar)

Hizo calor/frío …
Tuvimos … grados

b. En grupos de cuatro contad de vuestras vacaciones. Haced preguntas como en la tarea a.

11 ¿Cómo es México?

a. A Sofia le encanta México y busca en internet los lugares que mencionó Lupe. Mira estos monumentos importantes con google maps, google bilder y google streetview. `80022-03`

Palacio de Gobierno, México · Pirámide de Tepoztlán · Monte Albán, Oaxaca · Chichén Itzá · Palacio de Cortés, Cuernavaca

b. ¿Qué lugares te gustaría visitar en México? Elige un lugar de **a.** y busca las informaciones más importantes. Imprime unas fotos y haz un póster. Después prepara una mini-presentación de dos minutos.

> **Modelo:** *Me gustaría visitar …   … es muy interesante/divertido/… porque …*
> *En … se puede ver/visitar …   Este/a es …*

12 ¡Qué rico, los tacos de pollo!

Después de las vacaciones Lupe contó mucho de su viaje a México y de la comida mexicana. Tus padres quieren preparar algo típico mexicano. Mira la receta de tacos de pollo de la tía de Lupe `80022-02` y diles a tus padres qué son tacos de pollo, qué ingredientes necesitan y cómo deben preparar los tacos. `+ideas` p. 157

13 Un caramelo para ti 🍬

Los padres de Lupe son grandes fans de Lila Downs, una cantante mexicano-estadounidense. En México se fueron a un concierto de ella y les encantó.

 a. Escucha la canción de Lila Downs y apunta todas las palabras que entiendes. `80022-03`

 b. Mira ahora el vídeo de Lila Downs en internet y apunta todos los lugares que ves.

 c. Ahora habla con un/a compañero/a de clase sobre la canción y el vídeo. Contestad las siguientes preguntas.

> - ¿Qué tipo de ropa lleva Lila Downs?
> - ¿De qué país y ciudad canta Lila Downs?
> - ¿Te gusta el vídeo? ¿Por qué (no)?

14 El blog de Sofia

Lee el blog de Sofia y contesta las preguntas. `80022-05` `+ayuda` p. 144

a. ¿Adónde fue Sofia en Alemania y con quién?

b. ¿Qué tiene Lupe para ella?

c. ¿Qué quieren hacer las dos chicas el fin de semana y por qué?

Los temas de conversación

1 El tiempo

Hace (muy) buen tiempo.	Hace (muy) mal tiempo.
Hace (mucho) calor.	Hace (mucho) frío.
Hace sol.	Hace viento.
Hace 20 grados sobre cero.	Hace 20 grados bajo cero.

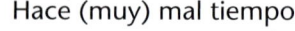

Hay nieve. / Nieva.	Hay lluvia. / Llueve.
Hay niebla.	Hay tormenta.
Hay nubes.	Hay hielo.

Hablar del pasado (pretérito indefinido)

2 Verbos regulares

	viajar	comer	salir
yo	viajé	comí	salí
tú	viajaste	comiste	saliste
él, ella, usted	viajó	comió	salió
nosotros, -as	viajamos	comimos	salimos
vosotros, -as	viajasteis	comisteis	salisteis
ellos, ellas, ustedes	viajaron	comieron	salieron

¡Ojo!
Im indefinido gibt es keine Vokalspaltung wie im Präsens!
Bei einigen Verben musst du bei der Schreibweise besonders aufpassen:
jugar – jugué
buscar – busqué

3 Algunos verbos irregulares

	ir/ser	tener	estar	hacer
yo	fui	tuve	estuve	hice
tú	fuiste	tuviste	estuviste	hiciste
él, ella, usted	fue	tuvo	estuvo	hizo
nosotros, -as	fuimos	tuvimos	estuvimos	hicimos
vosotros, -as	fuisteis	tuvisteis	estuvisteis	hicisteis
ellos, ellas, ustedes	fueron	tuvieron	estuvieron	hicieron

4 Escribir una postal

Para saludar:
- Hola amigos/chicos/a todos

Para empezar:
- ¿Qué tal? Por aquí ...
- Os/Te mando esta postal desde ...

Para terminar:
- Espero que estéis bien.
- Os echo de menos.
- Besos y recuerdos a todos.
- Saludos desde …
- Hasta pronto.

Para despedirse:
- Besito/s
- Abrazo/s

Tu reto, paso por paso `80022-04` `+ Autocontrol`

Tu reto

Haz un álbum de fotos sobre tus vacaciones de verano. Puedes utilizar un programa de edición de imágenes en el ordenador o puedes pegar fotos en un álbum. Es muy importante escribir frases sobre las fotos.

Paso uno: ¿Quieres utilizar un programa de edición de imágenes en el ordenador o quieres pegar fotos en un álbum?

Paso dos: Mira las fotos de tus vacaciones y elige las mejores (por lo menos cinco).

Paso tres: Escribe por lo menos una o dos frases en el indefinido para cada foto.

Paso cuatro: Copia las fotos y las frases en tu software o pégalas en tu álbum y escribe informaciones. Si trabajas con el ordenador tienes que imprimir o comprar tu álbum.

Paso cinco: Toma apuntes sobre qué quieres decir.

Paso seis: ¡Al final entrénate! Presenta en voz alta enfrente de un espejo. Mira solamente tus apuntes. No leas el texto completo porque es una ayuda en caso de emergencia.

1

2

3

5

6

7

Celebramos nuestro cumple en España

Capítulo

2

> ¿Dónde te gusta festejar tu cumpleaños y qué hay en tu fiesta?
> ¿Recuerdas también la fiesta de inauguración de la casa de los mellizos?
> ¿Dónde la festejaron y qué les ofrecieron Daniel y Sofia a sus invitados?

+ayuda p. 144

1. la tarta con velas
2. la hamburguesa
3. los espaguetis o pasta con salsa boloñesa

4. una fiesta en casa
5. la bolera
6. la piscina
7. el parque de ocio
8. el cine
9. el restaurante

¿Qué pasa aquí?

Los mellizos festejan su primer cumpleaños en España. Hacen una gran fiesta con sus nuevos amigos y van a un restaurante con sus padres y sus abuelos.

Pronto vas a saber

- comparar cosas
- expresar entusiasmo
- proponer algo y rechazar una propuesta
- hablar de la comida y de lo que te gusta comer
- ir de compras a un supermercado
- los números hasta 2 000 000
- pedir algo en un restaurante

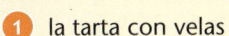

Revisas

- algunos alimentos
- las cosas que necesitas para una fiesta
- la concordancia de los adjetivos
- las formas del indefinido

Tus retos

1. Prepara una fiesta en el insti con tus compañeros de clase.
2. En pareja grabad un vídeo para Lupe sobre la comida alemana, vuestros platos favoritos y costumbres en casa.

A Un cumple mellizo – ¡qué guay!

Daniel, ya no falta mucho, es la primera vez que celebramos nuestro cumple en España. ¡Qué emoción! Entonces ¿qué hacemos? ¿Celebramos en casa? ¿Vamos a la bolera? ¿O al parque acuático? Laura dice que aquí muchos van al parque acuático. ¿Cómo lo ves?

Hmmm, la bolera no. Qué aburrido, la verdad. Pero lo del parque acuático suena bien. Es más excitante que la bolera. Bueno, por otro lado es menos caro celebrar en casa. A ver, podemos mirar en internet. Préstame el tablet, porfa.

 1 ¿Qué prefieres tú?

Habla con tu compañero/a. Compara los lugares para festejar tu cumpleaños de las páginas 26–27 y justifica tu decisión. Usa los adjetivos:

> interesante • aburrido • excitante • caro •
> barato • tranquilo • malo • bueno

Prefiero … porque es … y … . También es … . En mi opinión … . Pienso que … .

+ideas p. 158
Ch 2 p. 44

¡Ojo! Wenn du im Spanischen Eigenschaften vergleichst, verwendest du diese Strukturen:
> **más + adjetivo + que**
< **menos + adjetivo + que**
= **tan + adjetivo + como**
Denke auch daran, wie mehrsilbige Adjektive im Englischen gesteigert werden: more / less … than …!

Achte darauf, dass du das Adjektiv immer angleichst an die Person oder Sache, die du vergleichst:
Sofia es más tranquila que yo ;-).
Es gibt aber auch unregelmäßige Steigerungsformen:
bueno – mejor   **grande – mayor**
malo – peor   **pequeño – menor**

2 ¡Qué emoción, el Kamikaze!

Mira la página web del parque acuático Aquopolis y busca las atracciones. `80022-03`

a. Relaciona los siguientes adjetivos con las atracciones de alta emoción y las atracciones moderadas. ¡Ojo! Algunos de los adjetivos se refieren a ambas atracciones.

> alucinante • divertido • rápido • tranquilo •
> refrescante • relajado • excitante • lento

Atracciones de alta emoción como el Kamikaze	Atracciones moderadas como el Jacuzzi
■	■

b. ¿Cómo se dice refrescante, relajado y excitante en inglés?

> ¡Mira aquí qué atracciones hay! El Kamikaze es para mí. Qué excitante, te bajas a una velocidad de hasta 40 kilómetros por hora, ¡alucinante!

> ¡Ay, qué miedo! Creo que no me atrevo, pero Laura seguro que sí, es más valiente que yo.

> Pues, también hay atracciones más moderadas y menos excitantes. Yo prefiero el Speed Race, además podemos bajarnos en los toboganes con nuestros amigos, ¡qué divertido! ¿Preguntamos a mamá y papá si podemos ir?

c. Elige 3 atracciones y dile a tu compañero/a por qué te gustan. Usa los adjetivos.
`+ideas p. 158` **Modelo:** *Me gustan las atracciones … como … . El … es más / menos … que …*

3 ¿Qué tal celebrar tu cumple en Aquopolis?

CUMPLEAÑOS

¿Tu hijo cumple los años en la temporada de verano y el calor limita muchas de las opciones para celebrarlo? Mezcla un lugar refrescante, con todas las aventuras de un parque de juegos y una gran merienda. ¿Cuál es ese lugar? ¡Aquópolis, por supuesto! Celebra el cumpleaños de tu pequeño a partir de 3 años y hasta que cumpla 14 en nuestro parque acuático.

El cumpleañero y sus amigos no olvidarán esta maravillosa fiesta, para cuya celebración hace falta un mínimo de diez niños: descenso de toboganes, juegos en las zonas infantiles, carrera de natación, batalla de agua, salto de olas... Todos los asistentes tendrán entrada al parque y merienda (hamburguesa infantil con patatas fritas, agua, zumo o coca-cola, tarta de chocolate con velas, gominolas) en un área reservada con decoración incluida.

fuente: http://villanueva.aquopolis.es/en-el-parque/eventos/cumpleanos/ (19.09.2016)

Contesta las preguntas: +ayuda p. 145

1. Tu hermana cumple los 15 años.
    ¿Puede celebrar la fiesta en el parque
    acuático?
    a. Sí, puede. No importa la edad.
    b. No, no puede, porque sólo es
        posible hasta los 14 años.

2. Tienes 8 invitados. ¿Es posible celebrar
    el cumpleaños con un grupo de 8?
    a. Sí, es posible. No importa cuántas
        personas somos.
    b. No, no es posible, porque el
        mínimo son 10 personas.

3. Siempre hay hamburguesas en tus cumples.
    ¿Hay hamburguesas en el Aquopolis,
    también?
    a. Sí, hay, con patatas fritas.
    b. No, no hay hamburguesas, sólo preparan
        una tarta de chocolate con velas.

4. Quieres también una decoración bonita
    para tu fiesta. ¿La tienes que llevar al
    parque?
    a. Sí, porque no está incluida.
    b. No, no tengo que llevar la decoración,
        está incluida.

+ayuda olvidarán und tendrán sind Zukunftsformen der Verben olvidar und tener.

 # ¡Vamos al parque acuático!

CD
1·15–16

80022-01

Daniel: ¡Qué guay! Es la primera vez que
celebramos nuestro cumpleaños en
España y además en un parque acuático.
¡Flipo! ¡Gracias!

5 **Madre:**   Bueno, como no celebrasteis vuestro
cumpleaños el año pasado por nuestra
mudanza, está bien. Es una idea muy maja
pero tenemos que planear todo muy bien.
¿Ya sabéis a quiénes queréis invitar?

10 **Daniel:**   Quiero invitar a tres chicos de nuestro
curso, a Pablo, Nicolás y Álvaro ¿y tú,
Sofia? Oye, viene María, ¿no?

Sofia: Pues de mi parte son Laura, Lupe y María, por supuesto. Pero es mi amiga,
Daniel, eh.

15 **Padre:**   Entonces son seis invitados, y vosostros. Pues no queda mucho tiempo, tenéis
que repartir ya las invitaciones entre vuestros amigos.

Daniel: Quiero hacer mis invitaciones en el ordenador. Mamá ¿puedo?

Madre: Nada de eso, Daniel. Ya es muy tarde. Ahora te vas a dormir si no mañana no
te saca nadie de la cama.

20 **Padre:**   ¿Ya sabéis qué queréis comer con vuestros amigos?

Sofia: Yo quiero preparar unas magdalenas de chocolate.

Madre: Buena idea. Podemos hacer un pícnic …

Daniel: ¿Por qué no tomamos el paquete que ofrecen para las fiestas de cumpleaños?
Incluye hamburguesas con patatas fritas, zumo y hasta una tarta de chocolate.

25 **Sofia:**   Pero Daniel, sólo somos 8, incluídos nosotros. El paquete es para un mínimo
de 10 personas. Y la verdad, ¡un pícnic mola mucho más!

Madre:	Además, si hacemos un pícnic, tenéis más tiempo para los toboganes y podéis comer en cualquier momento. Nosotros os esperamos en la zona de pícnic.
Padre:	Suena muy bien, Carmen. Podemos comer en la hamburguesería otro día. Para vuestra fiesta es mejor hacer un pícnic.
Daniel:	¡Vale!
Madre:	Hmmm. Y ¿qué queréis beber?
Sofia:	Lo de siempre mamá, zumo, agua. ¿Y Speedy? ¿puede venir también?
Padre:	No, no podemos entrar con mascotas al parque.
Daniel:	¡Qué pena! Pobre Speedy …
Sofia:	¿A qué hora vamos? ¿Y cómo llegan al parque mis amigas?
Padre:	En nuestro coche no cabemos todos. Tenéis que escribir en las invitaciones que quedamos en la taquilla norte a las doce.
Sofia:	Vale. Ay, ¡qué emoción!
Padre:	Bueno, chicos, y ahora a la cama. Todavía tenemos más de dos semanas para planear la fiesta de cumpleaños.

4   Te invitamos …

Diseñad las invitaciones para la fiesta. Dadles a los invitados las siguientes informaciones:

- ¿Quién invita?
- ¿A qué invita?
- ¿Dónde está la fiesta?
- ¿Dónde quedan con los invitados y a qué hora?

5   Los mellizos cumplen 13 años, por eso quieren celebrar

Relaciona y forma frases.   **+ayuda** p. 145

Los mellizos celebran la fiesta de cumpleaños en el parque acuático …		la familia no puede entrar con mascotas.
Daniel quiere invitar a María …		sólo son 8 personas y el paquete es para 10 personas.
Los mellizos no pueden ofrecer el paquete con hamburguesas, zumo y tarta de chocolate …	pero por eso porque	es su primer cumpleaños en España y el año pasado no lo celebraron por la mudanza.
En el coche de los Dörfler no caben todos …		Sofia dice que es su amiga, no la de Daniel.
Sofia quiere llevar a Speedy …		quedan con los invitados en la taquilla norte.

6 ¡Vamos de compras! G 10.1+10.3

Un día antes de la fiesta, los Dörfler van al supermercado a comprar todo para el pícnic.

a. ¡A jugar! En grupos de 4 dibujad las frutas y las verduras en papelitos.
Luego jugad el juego "Hago mi maleta" con "Quiero preparar una macedonia y compro …" "Quiero preparar una ensalada y compro …". Cuando mencionas una fruta o una verdura, sube el dibujo correspondiente. +ideas p.158

b. Relaciona.

Medio kilo de
Un kilo de
Un litro de
Dos barras de
Tres botellas de
4 bolsas de
2 latas de

CD
1·17–18

c. Son 120 gramos, ¿está bien?

Escucha y repite los números a partir de 100. Luego di cuántos gramos puedes ver.

Caja de herramientas

Los números a partir de 100

100 cien	500 quinientos/as	1250 mil doscientos cincuenta
101 ciento uno/a	600 seiscientos/as	2000 dos mil
120 ciento veinte	700 setecientos/as	100.000 cien mil
200 doscientos/as	800 ochocientos/as	1.000.000 un millón (de)
300 trescientos/as	900 novecientos/as	2.000.000 dos millones (de)
400 cuatrocientos/as	1 000 mil	

| 120 g | 223 g | 575 g | 780 g | 915 g | 1450 g |

7   Todo para el pícnic

a. Ordenad el diálogo entre el vendedor y Carmen Dörfler y apuntad todo en el cuaderno.

El vendedor	Carmen
Sí, llegaron ayer desde Chile.	Necesito un kilo de tomates, cuatro cebollas y dos pimientos.
¿Quieres algo más?	Muchas gracias, hasta luego.
Bien. Aquí tienes todo.	Sí, también necesito dos pimientos rojos, por favor. Y ¿tienes aguacates?
¿Es todo?	Sí, es todo, gracias.
Buenas tardes. ¿Qué tal?	Hola, muy bien. Preparamos la fiesta de mis mellizos. Hacemos un pícnic.
Qué bien. ¿Qué necesitas?	Bien. Dame tres, por favor.
Vale. Adiós.	¿Cuánto cuesta?
Cuesta 4 euros con 69 céntimos.	

 **b.** Imagina que el próximo fin de semana estás con todos tus amigos en la casa de alguien del grupo. Cenáis juntos y después veis una película. Pensad en qué queréis comer, después escribid la lista de compras y el diálogo con el vendedor/la vendedora.

 c. ¿Te interesa qué preparan los mellizos para el pícnic? Mira el vídeo y anota las cosas.

DVD
5

CD
1·19–21

8   ¡Qué fiestas tan chulas!

Escucha la lista de la compra de los niños y relaciona cada lista con la fiesta correspondiente.

9   ¿Qué les regalamos? `Ch 1` p. 44 `G` `3.1.1`

a. Compara:
- una visita al museo – una visita al cine (> interesante)
- libros – videojuegos (= excitante)
- una gorra – una camisa (< caro)
- ir a la heladería – ir a un bar de tapas (> barato)
- una piñata – dulces del supermercado (> alucinante)
- un CD – un póster (= aburrido)

b. Los invitados de los mellizos quedan Ch 3 p.44
en la heladería para hablar de los regalos.
Escribid el diálogo: Comparad las ideas y
elegid un regalo o más regalos para los mellizos.

libros

un balón de fútbol, videojuegos

una correa nueva
para Speedy

???

Caja de herramientas

Etwas vorschlagen …
Podemos regalarles …
Prefiero …
¿Por qué no … ?
¿Qué tal un … una … ?

Einen Vorschlag ablehnen …
No estoy de acuerdo.
Alternativen benennen …
Mejor les regalamos …
Es más / menos … que … .
También podemos …

C **10 ¡Una chulada!**

Completa con las formas del indefinido.

Hola, soy Sofia. Ayer Daniel y yo ■ (festajar) nuestro cumpleaños en un parque acuático.
¡Qué emoción! ■ (invitar) a todos nuestros amigos nuevos de Sevilla y todos ■ (llegar) a
tiempo. Sólo Pablo ■ (llegar) un poco tarde. ¡Pues ni modo! Nos ■ (encantar) a todos el
parque. Todo el día nos ■ (bajar) de los toboganes y ■ (comer) muy bien. Nuestro pícnic
■ (molar) mucho. Mi mamá ■ (preparar) magdalenas, una ensalada y torrijas. Pero casi
no ■ (tener) tiempo para comer por tanto subir y bajar. Bueno, ■ (salir) muy tarde y mi
papá ■ (llevar) a todos los invitados a casa. En casa Daniel y yo ■ (ver) las fotos de la
fiesta. ¡Una chulada!

C **11 Y tú, ¿cómo celebraste?**

¿Cómo pasaste tu último cumple?

---

12 Un caramelo para ti 🍬

El año pasado Lupe les prometió a los mellizos hacerles
una piñata para su cumpleaños. Mira el vídeo 80022-03
para saber cómo puedes hacerla. Haced una en clase.
Al romperla cantad la canción: 80022-03

La fiesta en familia

1   ¿Cuál es tu comida favorita?

a. Búscala en el diccionario.

b. Habla con tus compañeros/as. Haced una lista con las comidas favoritas de vuestra clase.

2   ¡A comer!

CD
1·23

Mira la carta, escucha y apunta lo que pide la familia en el restaurante mexicano "La Iguana".

	Sofia	Daniel	Madre	Padre	Abuelo	Abuela
entrada	■	■	■	■	■	■
plato fuerte	■	■	■	■	■	■

Restaurante La Iguana

Entradas

Sopa de fideo
Sopa de maíz
Ensalada cesar
Ensalada de tres
lechugas con pollo
Aderezos a escoger:
vinagreta, 1000 islas, aceite y vinagre
Ceviche de Acapulco
(pescado, tomate, cebolla)

Platos Fuertes

Lo típico de México:
Enchiladas suizas
(gratinadas con queso)
Quesadillas con guacamole
Tamales con pollo
Tacos de pollo

Las carnes

Arrachera acompañada de frijoles,
salsa roja y guacamole
Filete de res empanizado
Medallones de cerdo al limón

Las aves

Pechuga de pollo rellena
de queso y jamón
Pechuga de pollo con salsa verde

Los pescados

Salmón a las hierbas finas
Filete de Camarón
con salsa de champiñones

CD
1 · 22–24

80022-01

Abuelo:	Ohhh, Daniel, aún tienes las orejas rojas.
Daniel:	Sííí abuelito, es que en la fiesta de ayer todos los invitados me tiraron de las dos orejas, ¡qué malos! Pero yo le tiré de las orejas a Sofia.
Sofia:	¡Y muy fuerte!
5 **Madre:**	Hijos, basta ya. ¿Ya sabéis qué queréis pedir?
Daniel:	Ni idea, no hay hamburguesas ni espaguetis. Sólo venimos por Sofia, porque le gusta la comida mexicana. La conoce de Lupe. A mí no me gusta nada, es demasiado picante.
Sofia:	No es cierto, no todo pica, también hay platos menos picantes. Mira,
10	puedes pedir el guacamole con quesadillas.
Daniel:	¿Qué es? ¿Qué lleva el guacamole?
Madre:	Es como un puré de aguacate y lleva también tomate y cebolla.
Daniel:	¿Aguacate? Bahh. ¡Qué asqueroso! No me gustan nada los aguacates. ¡Los odio! No tienen sabor, son muy sosos, claro ---- agua-cate, jaja.
15 **Madre:**	Entonces toma sólo las quesadillas.
Daniel:	Vale. Las tomo y además tres postres, jiji ¿Qué pides tú, Sofia?
Sofia:	Yo pido la sopa de maíz y de plato fuerte quiero pechuga de pollo con arroz con verduras y salsa verde. Oye Daniel, ¿sabes que María es alérgica a casi todo? No come gluten y además es vegetariana, es todo un rollo.
20 **Abuela:**	Oh, pobrecita, ¿qué come entonces?
Madre:	Es que hoy en día encuentras comida de todo tipo, sin lactosa, sin gluten, sin fructosa, sin carne, sin nada, jaja. No, pero en serio … si quieres tomar café, pero eres intolerante a la lactosa, lo puedes pedir con leche sin lactosa. Además siempre puedes preguntar qué llevan los platos. Así no pasa nada.
Abuelo:	Ayy qué tiempos … .
30 **Camarero:**	Buenos días, soy Nicolás. ¿Parece que hay una fiesta?
Los Mellizos:	¡Sííí!
Camarero:	Ahhhh, ¿sois mellizos? Qué bien.

¿Qué quieren para beber?

35 **Padre:** Una botella de vino tinto de la casa, una botella de agua mineral con gas y otra sin gas y dos coca-colas.

Camarero: Bueno, ¿y para comer?

Madre: De primero queremos todos sopas de maíz.

40 De segundo para mis padres algo ligero, los medallones al limón. Para mí el salmón. ¿Y para ti, Gerald?

Padre: Para mí, la arrachera y para los mellizos el pollo con salsa verde y las quesadillas, pero él las quiere sin guacamole.

45 **Camarero:** Vale, muy bien. En seguida traigo las bebidas.

Abuelo: Mirad, mellizos, aquí tengo vuestro regalo.

Sofia: Muchísimas gracias, abuelo. ¡A ver, qué es!

Daniel: Miiiiira, ¡dos entradas para el concierto de Melendi en el Estadio Olímpico!

Sofia: Jupiiii, ¡genial! ¡Un beso!

50 **Padre:** Por supuesto que vamos nosotros también, no podéis ir solos.

Daniel: Vaaale. Oye, qué guay, ¡Vamos! ¡Melendi!

Madre: Hmmmm está riquísimo el salmón. No está nada grasoso. ¿Qué tal vuestra comida?

Sofia: Me encanta el pollo, la salsa verde está buenísima. ¿Hay más guacamole?

55 **Daniel:** No me gustan nada las quesadillas, están malísimas y además quemadas. Está horrible la comida, me gusta más la comida española.

Padre: Daniel, siempre exageras, ¡no están quemadas! Y pues, mi arrachera está muy buena. Tú comes casi siempre sólo hamburguesas

60 y espaguetis. ¡Y eso no es para nada comida española!

Camarero: ¿Todo bien? ¿Necesitan algo más?

65 **Padre:** ¿Nos trae otra ración de guacamole, por favor? ¿Y qué pensáis, pedimos algo más?

Daniel: El postre, ¡de una vez!

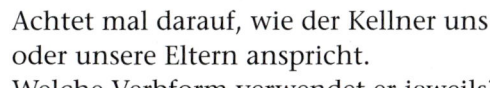

Achtet mal darauf, wie der Kellner uns oder unsere Eltern anspricht.
Welche Verbform verwendet er jeweils?

3   Antes de comer tienen que pedir

Ordenad las frases.

> 8 **1.** El camarero pregunta si hay una fiesta.
> 9 **2.** Daniel quiere su postre de una vez.
> 4 **3.** Los abuelos les regalan dos entradas para el concierto de Melendi. ¡Los mellizos flipan!
> 6 **4.** La madre y los abuelos hablan de la comida de hoy en día y de las alergias de mucha gente.
> 1 **5.** El padre pide las bebidas.
> 5 **6.** El camarero se presenta, se llama Nicolás.
> 10 **7.** La comida está muy buena, sólo a Daniel no le gusta.
> 3 **8.** Daniel quiere comer hamburguesas o espaguetis, pero no hay porque la familia está en un restaurante mexicano. El aguacate le parece asqueroso.
> 7 **9.** Sofia cuenta de las alergias de María.
> 11 **10.** La madre pide la comida para ella y sus padres.
> 2 **11.** El padre quiere otra ración de guacamole.

4   ¿Qué tal la comida?   +ayuda p.145

Completa con los adjetivos que usa la familia para hablar de la comida.   Ch 4 p.44

		👍	✋	🤚	👎
la comida	está	▪	▪	▪	▪
el plato	…	▪	▪	▪	▪
…		▪	▪	▪	▪

¡Ojo! Wenn du über Essen sprichst, musst du auf die Unterscheidung von **ser** und **estar** achten!
Estar: wenn du über Essen sprichst, das du gerade isst oder gegessen hast: **Está muy buena.**
Ser: wenn du Essen ganz allgemein beschreibst, z. B. das deutsche oder spanische Essen: **La comida alemana es bastante grasosa.** Wenn du sagen möchtest, dass das Gericht eine Vorspeise, ein Hauptgericht oder Nachtisch ist: **La paella es un plato fuerte.**
Manchmal ändert sich die Bedeutung je nachdem, ob **ser** oder **estar** steht: Un hombre que **es** rico (reich) come comida que **está** rica (lecker). La mamá prepara un plato que **está** bueno (gut schmeckend) para su hijo que **es** bueno (brav).

5 **Hmmmmmm ¡¡¡riquísimo!!!**

a. Las quesadillas de Daniel están malísimas, pero el salmón de Carmen está riquísimo. Esta forma del adjetivo se llama el elativo. Habla con tu compañero/a y encontrad una regla cómo se forma. ¿Qué expresa? G 3.1.3   Ch 5 p.44

b. Al día siguiente, Daniel le manda un mensaje a Pablo y le cuenta de la comida. Completa con la forma del elativo.

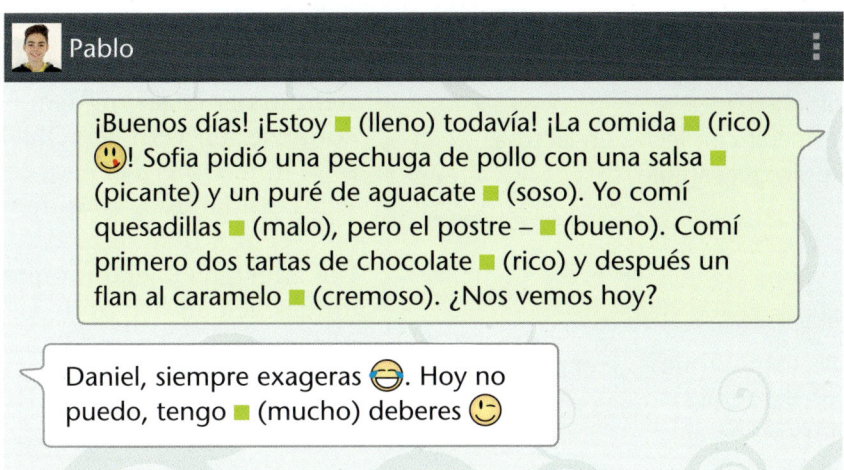

Pablo

¡Buenos días! ¡Estoy ■ (lleno) todavía! ¡La comida ■ (rico) 😋! Sofia pidió una pechuga de pollo con una salsa ■ (picante) y un puré de aguacate ■ (soso). Yo comí quesadillas ■ (malo), pero el postre – ■ (bueno). Comí primero dos tartas de chocolate ■ (rico) y después un flan al caramelo ■ (cremoso). ¿Nos vemos hoy?

Daniel, siempre exageras 😆. Hoy no puedo, tengo ■ (mucho) deberes 😉

traer	pedir
■	■
traes	■
■	pide
traemos	■
traéis	pedís
traen	piden

 6 **Pide y te traigo**

a. Busca en la conversación las formas de pedir y de traer y completa la conjugación. G 2.1

 b. Mirad las formas verbales de los dos verbos. ¿Qué os llama la atención?

7 **¿Algo más?**

Busca en la conversación cómo dice/n … +ayuda p.145

El camarero	Los Dörfler
Wenn er wissen möchte, was sie trinken/essen möchten	Um zu bestellen (tres posibilidades)
Wenn er sagt, dass er die Getränke/das Essen gleich bringt	Wenn sie wissen möchten, was in dem Essen ist
Wenn er wissen möchte, ob alles in Ordnung ist	Wenn sie eine Vorspeise bestellen Wenn sie das Hauptgericht bestellen Wenn sie Nachtisch bestellen
Wenn er fragt, ob sie noch etwas brauchen	Wenn sie möchten, dass der Kellner ihnen noch etwas bringt

8 Lo quiero con leche sin lactosa

a. Busca las frases siguientes en el diálogo en el restaurante. ¿Qué sustituyen los pronombres de objeto directo **lo/la, los/las**? Cambia las frases y sustituye el pronombre por el objeto directo correspondiente. G 5.1   Ch 6 p. 44

Modelo: Las tomo y además tres postres.
(Las = las quesadillas) → Tomo las quesadillas y además tres postres.

1. La conoce de Lupe.
2. ¡Los odio!
3. Lo puedes pedir con leche sin lactosa.
4. Las quiere sin guacamole.

¡Ojo! Das Objektpronomen steht in der Regel vor dem konjugierten Verb, das Objekt folgt ihm. **Quiero el café con leche sin lactosa. Lo quiero con leche sin lactosa.**
Die direkten Objektpronomen unterscheiden sich übrigens nur in der 3. P. Sg und Plural von den Reflexivpronomen 😊 !

b. Completa.

1. Quieres las hamburguesas con patatas fritas o con verduras?
   – ¡■ quiero con patatas!
2. ¿Tomas el agua con gas o sin gas?
   – ■ tomo sin gas.
3. No me gusta el salmón con arroz.
   – Pues, ■ puedes tomar con patatas.
4. ¿Te gusta la comida picante?
   – No, para nada. ¡■ odio!
5. ¿Necesitas la carta para ver los postres?
   – Sí, ■ necesito. Gracias.

9 ¡Qué rico el guacamole!

Lupe y Sofia pasan la tarde en casa de Sofia. Sofia tiene ganas de preparar un guacamole. Completa con los pronombres de objeto directo.

Sofia: Todavía tenemos tiempo para preparar un guacamole. ¿■ hacemos? los
Lupe: ¿Y los aguacates? ¿■ tienes en casa? los
Sofia: Sí, siempre ■ hay, porque me encantan.
Lupe: ¿Y la cebolla? los
Sofia: También ■ tenemos. la
Lupe: Faltan los tomates y los limones …
Sofia: Mira, aquí ■ tengo. Y el cilantro, también.
Lupe: No está Daniel, así que podemos echarle un
los

— Cuatro o cinco aguacates maduros
— Una cebolla mediana
— Un tomate mediano
— Un chile
— Zumo de media lima o limón
— Cilantro fresco
— Sal

poco de chile, ¿no?

Sofia: Jaja, sí, pero ■ tenemos que comprar, no ■ tenemos en casa. Pero después, ¡■ tiene que probar Daniel también!

10 ¡Vienen los abuelos alemanes!

El fin de semana vienen de visita los abuelos alemanes de los mellizos, Lisa y Wilhelm Dörfler. Quieren salir con sus nietos a un restaurante típico español.

a. En grupos de 3, buscad en internet los platos típicos españoles e imprimid las fotos. Después completad la carta de menú para los mellizos y los abuelos.

Alumno/a A: Paella valenciana y papas arrugadas con mojo verde y rojo

Alumno/a B: Gazpacho andaluz y pollo chilindrón

Alumno/a C: Cocido madrileño y crema catalana

b. Cada alumno/a presenta su plato a los demás.

+ideas p.158

> *Entradas*
> Ensalada con pechuga de pollo
>
> *Platos fuertes*
> Salmón al horno
>
> *Postres*
> Tres bolas de helado a gusto
>
> *Para niños*
> Hamburguesas con patatas fritas

picante

amargo/a

salado/a

ácido/a

dulce

¿Qué es? ¿Qué lleva? ¿Qué sabor tiene?

Es (como) un plato fuerte/una entrada/una sopa/un postre/una ensalada/una tarta/un dulce.

Creo que es …

Lleva …

11 ¡Vamos al restaurante!

En grupo de 3 o 4 elegid una de las siguientes situaciones, escribid el diálogo en un restaurante y presentad la escena en clase.

1 Estáis en un restaurante en Sevilla. Usad vuestra carta del ejercicio 10 a. Sois dos amigos/as. Un amigo / una amiga es de Francia y no conoce los platos de la carta. Además es intolerante a la lactosa. Tenéis que preguntar al camarero qué lleva la comida. Coméis, habláis de la comida y pagáis.

2 Estáis en el restaurante "La Iguana". Usad la carta del restaurante. Sois tres amigos/as. Uno/una no come picante, otro/otra tiene una alergia (al gluten, a los huevos …). Tenéis que preguntar al camarero qué lleva la comida y si es picante o no. Coméis, habláis de la comida y pagáis. **+ideas** p. 158

12 A buen hambre, no hay pan duro

Los amigos alemanes de los mellizos tienen que investigar sobre la comida española y mexicana para la clase de español. Les piden ayuda a los mellizos.

a. Lee lo que Lupe escribe sobre la comida mexicana y contesta las preguntas.

¿Qué opina Lupe sobre la comida mexicana? *Para Lupe …*
¿Qué necesitan los mexicanos para preparar enchiladas y quesadillas?
¿Qué echan los mexicanos a las palomitas en el cine?
¿Qué le gusta desayunar a Lupe? *A Lupe … , pero normalmente en México …*
¿Cuándo comen normalmente los mexicanos?

CD
1·25

Hola, soy Lupe. Ya saben que mi familia es de México y claro que sí, quiero ayudarles con su tarea. Hace muchos años que vivimos con mi familia en España, pero mi mamá sigue preparando la comida mexicana. ¡Me encanta! Para mí es la comida más rica del mundo 😊. Es mucho más picante que la comida española, y
5 creo que también que la alemana. Bueno, la verdad que no sé nada de la cocina alemana. ¡A nosotros, los mexicanos, nos encanta el chile! En México hay una gran variedad de chiles y también el chile más picante, el habanero. Echamos chile también a los dulces y a las frutas. Imagínense, mango con chile en polvo, chocolate con chile, chicle con chile … Hasta las palomitas
10 en el cine se comen con chile en México. Las tortillas son también muy importantes para nosotros. Hay tortillas de harina de maíz o de trigo. Pero las de maíz son las más sabrosas. Con las tortillas preparamos muchos platos: enchiladas, quesadillas, tacos … Hmmmm ¡qué sabrosos los tacos al pastor! Creo que los ingredientes más importantes de la comida mexicana son el
15 maíz, los frijoles, el chile y los tomates. El ingrediente más extraño de la comida mexicana para ustedes los alemanes seguramente es el chapulín, pero dice mi mamá que los chapulines fritos contienen mucha proteína y también vitamina A.

Así que pruébenlos, la verdad es que saben riquísimos. Otra cosa interesante es que
20 por las mañanas normalmente ya empezamos con un plato fuerte, p.e. huevos
revueltos o quesadillas. Bueno, algunos también comen un bol de fruta con
cereales, mucho más ligero, pues. Para desayunar yo prefiero mis quesadillas, pero
a veces las come Sofia, le gustan muuuucho. Por lo general comemos tarde, como
casi todos aquí en España, a las dos o tres de la tarde. En Alemania comen más
25 temprano, ¿verdad? Ahora les toca a ustedes. ¿Qué tal la comida alemana?

Typisch Lupe, eigentlich benutzt sie hier in Spanien ja auch
die **vosotros**-Formen, aber ich glaube, sie wollte euch ein
bisschen ärgern ;-)… Manchmal muss ich auch immernoch
überlegen, wenn ich mit ihren Eltern rede. Findet ihr die
Stellen, wo Lupe **ustedes** (3. P. Plural) statt **vosotros**
(2. P. Plural) verwendet? Ihr könnt sie ja mal ins Kastilische
setzen 😊 … Das ist aber ganz schön schwer, oder?

 b. Completa las frases abajo. `Ch 1 p.44` `G 3.1.2` `+ayuda p.146` `+ideas p.158`

Para Lupe la comida mexicana es ▪ .
El chile habanero es ▪ de México.
El maíz, los frijoles, el chile y los tomates son ▪.
El chapulín es ▪ para los alemanes.

Der Superlativ wird im
Spanischen ▪ gebildet. Er steht
in der Regel ▪ dem Substantiv,
auf das er sich bezieht.

 c. Auf der Homepage eines Freundes von dir liest du, dass er demnächst nach Mexiko fliegt.
Du weißt, dass er gerne scharf isst und an landestypischen Gerichten interessiert ist.
Welche Tipps kannst du ihm nun geben? Schreibe ihm eine Nachricht.

DVD
6

d. La clase de los mellizos tiene que hacer
una exposición oral sobre la cultura
española. El grupo de Sofia tiene la parte
de las costumbres españolas relacionadas
con la comida. Mira y escucha el vídeo y
toma apuntes:

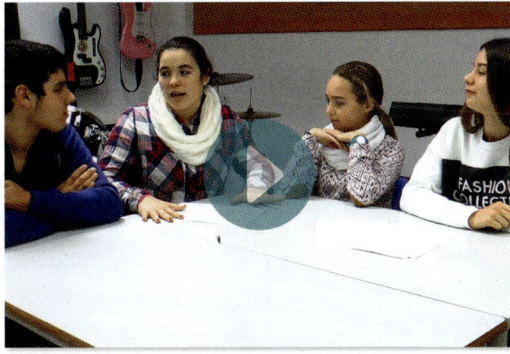

¿Cuándo comen los españoles?
¿Qué comen? `+ayuda p.146`

 e. Luego compara la información con las
costumbres en Alemania y escribe un texto
en que comparas las costumbres en Alemania y en España. `+ayuda p.146`

`+ayuda` más/menos temprano/tarde que … – En España …, pero en Alemania … – La
comida … es más/menos … que …

1   Comparar las características de cosas y actividades

El comparativo ◀ ◀ ▶

El pescado está **más** rico **que** las patatas fritas pero **menos** ligero. Es **tan** caro **como** la carne.

El superlativo ++ −−

La comida **más** rica.   El plato **menos** ligero.

Los irregulares	
bueno – mejor	grande – mayor: Mi hermana es mayor que yo.
malo – peor	pequeño – menor: Soy menor que mi hermana.

2   Expresar entusiasmo

Los adjetivos:	La exclamación:
excitante • alucinante • chulo/a • divertido/a • guay • genial • fenomenal	qué + adjetivo o sustantivo: ¡Qué excitante! ¡Qué emoción! El verbo flipar: ¡Flipo!

3   Proponer algo y rechazar una propuesta

Proponer algo	Proponer otra cosa	Aceptar o rechazar
Podemos regalar … Prefiero … ¿Por qué no … ? ¿Qué tal un … / una … ?	Mejor … También podemos …	(No) estoy de acuerdo.

4   Hablar de la comida

Los sabores:	Los adjetivos:
picante • dulce • amargo/a • salado/a • ácido/a	bueno/a • malo/a • rico/a • ligero/a • salado/a • quemado/a • grasoso/a • asqueroso/a

5   El elativo

Adjektivstamm + ísimo/ísima:

bueno + -ísimo

rica + -ísima → riquísima

picante + -ísimo/a

6   Los pronombres de objeto directo

Lo / la, los / las ersetzen das direkte Objekt (objeto directo), um Wiederholungen zu vermeiden: Odio los aguacates. Nunca los como. Nach dem spanischen direkten Objekt fragt man auf Deutsch wie nach dem Akkusativ: Wen oder was hasse ich? Avocados!!!

Tu reto, paso por paso 80022-04 + Autocontrol

Elige una tarea que te gusta.

> ## Tu reto 1
>
> Prepara una fiesta en el insti con tus compañeros de clase. Diseña una invitación, piensa en las comidas, bebidas y la decoración y luego haz una lista de compras. Elige también la música. Prepara la comunicación en español durante la fiesta. Piensa en unos temas interesantes y redacta una hoja de comunicación para los demás. Presenta tu fiesta en clase.

Paso uno: Decide si quieres presentar tu fiesta con un cartel o una presentación de Powerpoint.

Paso dos: Piensa en un tema para tu fiesta. Puede ser una fiesta de carnaval, de navidad, una fiesta española/mexicana … . Diseña la invitación con el tema, la fecha, la hora y el lugar. ¿Qué tienen que traer los invitados? ¿Ropa especial? ¿Platos y vasos? ¿Servilletas? ¿Comida? ¿Bebidas? Puedes dibujar la invitación o la diseñas con el ordenador o la tableta. ¡Usa dibujos o fotos!

Paso tres: Ahora escribe la lista de compras. Piensa en los invitados y sus gustos. ¿Cuántos vais a ser en la fiesta? ¿Qué preferís de beber y de comer? ¿Hay vegetarianos? ¿Alguien con alergias?

Paso cuatro: Graba en un lápiz usb u otro archivo tres a cinco canciones españolas como mínimo.

Paso cinco: Piensa en lo que quieres hablar con tus compañeros/as y prepara una hoja de comunicación con las expresiones y palabras que se necesitan para poder comunicaros en español. Puedes tomar como ejemplo las chuletas de las unidades 1 y 2 y también los temas del año pasado: el tiempo libre, la ropa, cómo y dónde vives, las mascotas …

Paso seis: Presenta tu fiesta y la música en clase. M I 4.1+2

> ## Tu reto 2
>
> En pareja grabad un vídeo para Lupe sobre la comida alemana, vuestros platos favoritos y costumbres en casa.

Paso uno: Investigad sobre lo típico de la comida alemana. ¿Hay diferencias entre las regiones?

Paso dos: Buscad fotos con los ingredientes más importantes de la comida alemana. ¿O qué tal si preparáis vuestros platos favoritos juntos en casa y lo grabáis?

Paso tres: Redactad el texto para las escenas. Antes de grabarlas, mostrad el texto al/a la profe.

Paso cuatro: Grabad y presentad el vídeo.

Vamos al concierto

Capítulo

3

 ## ¿Te gusta escuchar música?

1. ¿Cuáles son tus tipos de música / quiénes son tus grupos / cantantes favoritos?
2. ¿Qué grupos/cantantes latinoamericanos/españoles conoces?
   ¿Cómo, cuándo y dónde los escuchas?

¿Qué pasa aquí?

Los mellizos, Pablo y María leen un artículo sobre el programa "La voz kids". María quiere participar y necesita un vídeo de solicitud. Pero ¿qué canción va a elegir?

Pronto vas a saber

- hablar sobre tus gustos musicales, de programas casting, de canciones y de conciertos
- hablar del futuro
- los números ordinales hasta el 10
- usar el apócope (la forma corta) de algunos adjetivos
- negar frases si no son correctas

Revisas

- el pretérito indefinido
- hablar de la ropa

Tus retos

1. Imagínate que tú también quieres participar en un concurso/en un casting. Solicita tu participación con un vídeo, una grabación/audición o con un texto escrito acompañado de fotos.
2. Presenta en la clase con un cartel o una presentación en power point a tu cantante/grupo favorito o a un/a cantante / un grupo que canta en español.

me gusta(n)
me encanta(n)
prefiero
me interesa

Para escuchar música
desde internet, IPod, móvil, en casa, en el coche, en mi mp3

¿Cuándo?
a menudo, a veces, nunca, por la mañana/por la tarde,
en mi tiempo libre

1. Fito y Fitipaldis / España: el Rock
2. Orishas / Cuba: el Hip Hop y el Rap
3. Carlos Baute / Venezuela: el Pop
4. Rolando Villazón / México: la música clásica
5. Daddy Yankee / Puerto Rico: el Reggaeton
6. Prince Royce / EE.UU: la Bachata
7. Marc Anthony / Puerto Rico: la Salsa
8. Niña Pastori / España: Flamenco

¡Con talento hasta la final!

A

1 **¡Con talento hasta la final!**

¿Qué significan estas palabras? Piensa en otras lenguas que conoces. Escribe una tabla en tu cuaderno. Si no encuentras el significado de todas, inténtalo otra vez después de leer el texto. **+ayuda** p. 146

palabras nuevas:

> el programa • la experiencia • profesional • la elección • infantil • la fase •
> el candidato • la audición • el jurado • el escenario • el talento • la batalla •
> el/la concursante • el entrenador • seleccionar • el/la finalista • la final •
> el premio • la formación • la opción • la versión • existir • el éxito

Pequeños pero con grandes voces

Pequeños pero con grandes voces –
El gran programa musical "La voz kids"

Los conocidos artistas David Bisbal, Malú y Rosario Flores mostraron su gran experiencia profesional en la elección del mejor cantante infantil de toda España.

En la primera fase los 93 participantes, escogidos de entre los más de 10.000 candidatos, cantaron en las *Audiciones a ciegas*. Los jurados, de espaldas al escenario les escucharon y lucharon entre sí por los mejores. Luego formaron los tres equipos de 15 talentos cada uno.

Estos 45 pequeños participaron en la segunda fase: 'Las batallas'.

Tres concursantes llegaron a la final por elección de sus entrenadores, que tuvieron que seleccionar a un finalista.

María Parrado ganó en la final y conquistó así un premio de 10.000 euros para una beca de formación y además la opción de grabar un CD.

Esta versión infantil de *La voz* existe con gran éxito en 22 países, tales como Holanda, Colombia y Estados Unidos.

texto adaptado, fuente: http://cultura.elpais.com/cultura/2014/02/04/television/1391539757_899911.html
© *ELIZABETH RAMÍREZ RESTREPO / EDICIONES EL PAÍS, SL 2014*

2 „La voz kids" – a la española

 a. Contesta las preguntas en frases completas.

1. ¿Quiénes son los jurados de "La voz kids" en España?
2. ¿Cuántos candidatos participaron en total?
3. ¿Cómo se llaman las tres fases de "La voz kids" en España?
4. ¿Cuántos talentos cantaron en la final?
5. ¿Qué premio recibió la ganadora María Parrado? +ideas p. 158

 b. Resume por escrito la información más importante sobre el programa español
"La voz kids". +ayuda p. 146

 c. María quiere saber si en Alemania también existe el programa "La voz kids" u otro
programa de casting. Investiga en internet qué programas hay y cómo funcionan.
Por ejemplo: ¿Quién participa? ¿Qué fases tiene el programa? ¿Quiénes son los jurados?
¿Cuántos candidatos hay? ¿Qué premios hay?
Puedes consultar la página: 80022-03 +ideas p. 158

  d. Habla con tu compañero/a. Preguntad y contestad.
¿Qué programas de casting / concursos televisivos conoces?
¿Por qué (no) te gustan los programas de casting?
¿Qué piensas sobre los jurados famosos que buscan nuevos talentos?
¿Te gustan o no? ¿Por qué?
¿Conoces a alguien famoso que participó en un concurso televisivo? ¿Quién es y qué hizo?

¿Una gran oportunidad para María?

CD
1·26

80022-01

Sofia: ¿Qué piensas, María? ¿No tienes ganas de participar también?

María: ¡Qué va! No sé cantar tan bien. Y además, con los problemas que tengo en
inglés no puedo faltar ningún día al cole.

Daniel: Sí, claro que sabes cantar bien y además sabes también bailar muy bien.
Seguro que en el examen de inglés de ayer sólo tuviste un mal momento.

Sofia: Pero mira, este concurso es una gran oportunidad. Puedes ganarte una beca
de 10.000 euros para estudiar música.

Daniel: O para viajar.

Sofia: Y además puedes conocer a Malú.

Daniel: Y a David Bisbal, es un buen cantante.

María: ¡Qué chulo! Bisbal, ¡cómo me encanta!,
de verdad que es un cantante muy
bueno. Pero esperad, todos me pueden
ver en la tele … Necesito informarme
bien. A ver, ¿cómo puedo inscribirme?

Sofia: Mira, aquí en el tercer punto te dan la
información.

María: Pues no sé, me gusta mucho bailar y
cantar, pero ¿en público?

1. Informaciones
sobre el
programa

2. Audiciones
online

3. ¡Regístrate!

3 ¿Participar o no participar?

Encuentra los argumentos en el diálogo y rellena la tabla. +ideas p.158

	a favor	en contra
Sofia	Puedes ganarte una beca para estudiar música.	▪
Daniel	▪	▪
María	▪	▪

4 ¿Qué pensáis?

Por la noche María habla con sus padres sobre la idea de participar en el show.
En grupos de tres pensad en lo que pueden opinar los padres y escribid el diálogo usando las herramientas. Presentad la escena en clase.

Caja de herramientas

estar de acuerdo	no estar de acuerdo	expresar dudas	opinar
Eso es verdad. Sí, claro. Sin duda. Por supuesto.	No, en absoluto. Yo no lo creo. Pienso que no. No, qué va.	Sí, puede ser, pero … Por un lado … por otro lado … • No sé. Bueno, en parte sí, pero …	pienso que … creo que … a mi modo de ver/ en mi opinión …

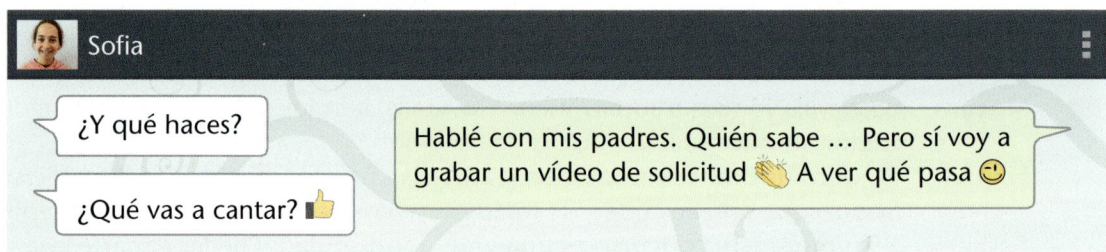

Sofia

¿Y qué haces?

¿Qué vas a cantar? 👍

Hablé con mis padres. Quién sabe … Pero sí voy a grabar un vídeo de solicitud 👏 A ver qué pasa 😊

5 ¿Qué piensas tú?

Escríbele un correo a María y expresa tu opinión. Ch 3 p.62

6 ¡Qué buena cantante!

a. Algunos adjetivos en español tienen una forma corta. Este fenómeno gramático se llama apócope.

Modelo: David Bisbal es un buen cantante. • Es un cantante muy bueno. • Malú es una buena cantante. • Malú es una cantante muy buena. • María conoce a unos buenos grupos. • María conoce a unos grupos muy buenos.

¿Puedes encontrar en la conversación de Daniel, Sofia y María otros ejemplos para adjetivos que tienen una forma corta? ¿Qué pasa con el adjetivo "grande"?

`Ch 2` p. 62 `G` `3.2+3.3`

¿Qué te llama la atención?
Completa la frase:

> Los adjetivos apócope pierden la „■" final cuando van ■ de un sustantivo ■ singular. Los adjetivos ■ y en plural no cambian. `+ayuda` p. 147

b. Mira la foto. Describe a las personas. Empieza con la chica a la derecha. ¿Cómo es? ¿Qué ropa lleva? Describe ahora a las otras personas. `M` `I 4.3`

c. Habla con tu compañero/a.
¿Conoces a Violetta? `+ayuda` p. 147

d. Completa el texto sobre Violetta con las formas correctas de los adjetivos y escribe en tu cuaderno.

> **Violetta** es una serie de televisión argentina. La protagonista Violetta Castillo es una chica que tiene una ■ (bueno) voz como su madre. De su padre tiene el amor por leer y una ■ (grande) inteligencia. Desde España ■ (alguno) día regresa a su ciudad de origen Buenos Aires. En las ■ (primero) semanas en Argentina no tiene ■
> 5 (ninguno) amigo. Violetta toma ■ (alguno) clases de piano en una ■ (bueno) academia de música.
> En la academia conoce a Tomás y Ludmila. Desde el ■ (primero) día le gusta el chico. Pero Ludmila le hace un ■ (malo) juego. Le dice a Violetta que besó a Tomás. Pero por fin Violetta en un ■ (grande) concierto canta una canción con Tomás. Se dan el
> 10 ■ (primero) beso y desde entonces están juntos. Violetta es una serie con ■ (grande) éxito y ya puedes ver en la tele la ■ (tercero) temporada.

---

7 ¡Juntos somos más!

A María le encanta la canción "Juntos somos más" de Violetta. Piensa cantarla en su vídeo de solicitud para "La voz kids".

a. Escucha la canción y habla con tu compañero/a. `80022-03`

> ¿Qué te parece la canción?
> ¿Y a ti? ¿Te gusta?
> ¿De qué crees que trata la canción?

> (No) me gusta/encanta …
> porque …
> Creo que trata de …

b. Describe la canción usando las herramientas.

Caja de herramientas

	es del estilo de música …	
la canción	trata	del amor, de la vida de …
	tiene	… estrofas
los instrumentos	son	

| la guitarra | el piano | la batería | el saxofón | la trompeta |

La música es │ **El ritmo** es / parece │ **La voz / la melodía** es / suena

monótono/a (eintönig) • vivo/a (lebhaft) • lento/a (langsam) • rápido/a (schnell) •
agresivo/a (aggressiv) • tierno/a (zart) • emocional (emotional) • alegre (fröhlich) •
triste (traurig) • pegajoso/a (eingängig)

Expresar la opinión personal
lo que más me gusta es … – no me gusta (nada), porque …

---

c. ¡A cantar! `80022-02`

8 Nooo, ¡mejor otra!

María todavía no sabe qué cantar en el vídeo. Por eso pregunta a sus compañeros del insti cuáles son sus cantantes preferidos.

a. Mira el orden de los cantantes / los grupos según los jóvenes en el insti.
¿Quién tiene el primer, segundo, tercer, … lugar en la popularidad entre los jóvenes?
Pregunta a tu compañero/a y contesta según el modelo:

Modelo: ¿Quién tiene el octavo lugar? – El octavo lugar lo tiene Daddy Yankee. Es de
Puerto Rico, su estilo musical es Reggaetón. `G 10.2`

b. Escucha las canciones `80022-03` y elige tu canción favorita. Prepara un cartel para
presentar al cantante / al grupo y la canción. Para ello busca más informaciones sobre el
cantante / el grupo en internet (la edad, la ciudad de origen, los mayores éxitos …) y
redacta un texto para describir la canción. Usa las herramientas de 7b. Presenta el cartel
en clase. `M I 4.1+2`

	Nombre	¿De dónde?	Estilo de música	lugar	
	Efecto Pasillo	España, Islas Canarias	pop rock con elementos del funk y música latina	1º 1ª	primero primera
	Melendi	España	estilo mezclado: rock, pop, flamenco, rumba	2º 2ª	segundo segunda
	Juan Magán	España	electro latino	3º 3ª	tercero tercera
	Dani Martín	España	no le gusta definir su estilo musical, influencias del rock, cumbia, pop	4º 4ª	cuarto cuarta
	Despistaos	España	rock	5º 5ª	quinto quinta
	Pereza	España	rock	6º 6ª	sexto sexta
	Cali y el Dandee	Colombia	"flybot": fusión del hip hop, del reggaetón, de la música latina y del dance	7º 7ª	séptimo séptima
	Daddy Yankee	Puerto Rico	reggaetón	8º 8ª	octavo octava
	Pablo Alborán	España	artista pop: influencias del rock, blues, flamenco, música clásica	9º 9ª	noveno novena
	El Canto del Loco	España	pop	10º 10ª	décimo décima

9 ¡Los mejores!

a. Piensa en los tres mejores cantantes/grupos. ¿Qué te gusta de ellos? Toma apuntes:

1° … estilo de música: la música: la voz …	2° estilo de música: la música: la voz …	3° estilo de música: la música: la voz …

 b. Escribe cinco frases como mínimo para comparar a los cantantes/grupos.

> ¡Ojo! Ya sabes comparar las características de personas y cosas, aquí comparas el estilo de música (sustantivo) y lo que te gusta (verbo).

Me gusta más/menos … que …
Me gusta … tanto como …
El pop es más/menos … que …
El pop es tan … como …

 **c.** Haced una encuesta en grupos de 4 o 5.

Mis cantantes favoritos			
nombre	primer lugar	segundo lugar	tercer lugar
Daniel	Melendi	Efecto Pasillo	El Canto del Loco

> ¿Quién es tu cantante o grupo favorito?

> ¿A quién tienes en … lugar?

> ¿Por qué?

d. Presentad los resultados de vuestra encuesta en clase.

> (nombre de la persona) tiene en primer / segundo / tercer lugar a … porque …

10 "Sevilla, el calor de una sonrisa"

a. Esucha la canción de Gemeliers „Sevilla, el calor de una sonrisa" `80022-03`
Contesta las preguntas: ¿Qué estilo de música es? ¿Qué te parece la canción? ¿Qué
piensas, es la canción adecuada para María? ¿Por qué (no)?
`+ayuda` El estilo es … Me parece … Pienso que (no) es la canción adecuada porque …

DVD
7

b. Mira el vídeo. Apunta primero el número de la respuesta correcta. Luego escribe un
pequeño texto para resumir el vídeo. Las preguntas y las respuestas te ayudan.

1. ¿Qué están haciendo los amigos?
   a. Estudian para un examen de alemán.
   b. Estudian para un examen de inglés.
   c. Estudian para un examen de mates.

2. ¿Qué le parece el alemán a María?
   a. Piensa que es más fácil que el inglés.
   b. Le parece menos difícil la pronunciación.
   c. Piensa que es menos fácil que el inglés.

3. ¿Cuántas palabras se necesitan en español para la palabra alemana más larga?
   a. 14
   b. 24
   c. 17

4. ¿Cuál es la sorpresa de María?
   a. Piensa que los cantantes son muy guapos.
   b. María es de Sevilla y piensa que la canción es adecuada para ella.
   c. La canción habla del carácter de Sevilla. Es una ciudad muy bonita y tranquila.

5. ¿Quiénes fundaron Sevilla?
   a. los españoles.
   b. los árabes.
   c. los romanos.

DVD
8

c. Mira el vídeo de María e imagínate que lo ves en su canal en internet. Deja un
comentario y dale consejos sobre qué puede cambiar para poder ganar el concurso.
¡Ojo! ¡Sé amable y constructivo/a! `+ideas` p. 159

(no) me gusta como … • puedes + infinitivo •
imperativo • tienes que + infinitivo • mejor …

B

¡Nos vamos de concierto!

1 Tantos eventos diferentes

a. Mira las imágenes con las entradas para dos eventos diferentes. ¿Qué evento es? ¿Dónde tiene lugar? ¿Qué día tiene lugar? ¿A qué hora empieza? ¿Cuánto cuesta la entrada? ¿Qué otra información te dan en la entrada? **+ideas** p.159

b. ¿Te gustaría también participar en estos eventos? Sí/no, ¿por qué?

c. Recuerda el último concierto/evento que visitaste. ¿Cómo fue? Cuéntale a tu compañero/a de clase.

¡Buenas noches, Sevilla!

CD
1·27–28

80022-01

Sofia: A ver, ¿qué hacéis el sábado por la tarde?

Pablo: Bueno, yo no tengo ni idea.

María: ¿Qué os parece salir juntos?

Daniel: Pues, nosotros ya sabemos adónde salir, jeje. ¿Os gusta Melendi?

5 **Pablo:** Hombre, claro que sí.

María: Hace rato compré su CD "Un alumno más" y lo escucho todo el día.

Pablo: Este fin de semana va a estar en Sevilla, pero ya no hay entradas.

Sofia: ¡Adivina, adivinanza! ¿Qué tenemos aquí?

Pablo: ¿¿Tenéis entradas??¿En serio? Estos mellizos …

10 **María:** ¡¡¡Qué envidia!!! ¡Melendi en vivo! ¡¡Quiero ir!!

Sofia: Tranquila, escucha ehh. Fue un regalo de nuestros abuelos para nuestro cumpleaños. Y también compraron dos billetes para nuestros primos Raúl y Paco, son los que viven en Málaga. Pero resultó que ellos no pueden ir por un examen importante de inglés el lunes. Pobrecitos, ¡se lo pierden todo!

15 **Daniel:** Pues, por supuesto van a ir también mis padres. Pues, ¿qué decís? ¿Vamos juntos?

María: ¡Yo sí!

Pablo: Qué pregunta, claro que sí. Bueno, tenemos que preguntarles a nuestros padres primero, pero seguro que van a estar de acuerdo.

Sofia: Hay que planearlo bien. El concierto va a empezar a las nueve. ¿Nos vamos a 20 encontrar en nuestra casa a las tres? ¿Qué os parece?

María:	¿No es muy temprano?
Daniel:	Pues, no, primero vamos a ir de tapas a un bar bonito cerca del Estadio Olímpico.
Pablo:	Guay. El concierto va a tener lugar en el Estadio Olímpico. ¿Y en qué zona están los asientos?
Sofía:	No tenemos asientos, estamos en la zona general.
Pablo:	Genial, entonces tenemos que llegar temprano para pararnos muy cerca del escenario. Y todos con los móviles en la mano jaja.
Daniel:	Para presumirles a los demás, jiji ¡qué malos!
María:	¡Qué emoción! ¡Voy a sacar muchísimas fotos y voy a gritar como loca! Pero esperad, tengo un problema. ¿Qué me voy a poner?

25

30

2   ¡Pero no conoces a nadie!

a. Lee las afirmaciones y decide si son correctas o falsas.
Corrige las afirmaciones falsas.

	correcto	falso
1. María y Pablo ya tienen planes para el sábado por la tarde.	■	☒
2. A María le gusta el CD "Un alumno más".	☒	■
3. Melendi actúa en Sevilla y Pablo ya tiene entradas para el concierto.	■	☒
4. Los mellizos y sus padres, sus primos, María y Pablo van juntos al concierto.	■	☒
5. El concierto empieza a las tres de la tarde.	■	☒
6. Antes de ir al concierto los amigos quieren ir de tapas.	☒	■
7. En Sevilla hay un Estadio Olímpico.	☒	■
8. Los chicos tienen asientos en la zona de arriba.	■	☒
9. El problema de María es que no va a poder sacar fotos de Melendi con su móvil.	■	☒

b. Lee lo que le dicen sus padres a Pablo cuando habla con ellos sobre la idea de ir al concierto. ¿Algo te llama la atención? `Ch 1` `p. 62` `G 6`

Pero hijo, ¡no conoces a nadie!   ¡No me gusta nada la idea!

¡No vamos tampoco!   No hay ningún chico de tu edad que va solo al estadio.

c. Completa con *nadie, nada, ninguno/a* o *tampoco*.

Papá, hablas demasiado rápido, no comprendo ■ .
No conozco a ■ tan guapo como Melendi.
No viene ■ chica menor de edad sola al concierto.
No hay asientos delante del escenario y más atrás ■ .

d. Pensad en lo que les puede contestar Pablo a sus padres y escribid el diálogo.

3 ¿Qué vamos a hacer?

a. En el diálogo los chicos hacen planes para el futuro. ¿Cómo se forma? ¿Conoces esta forma de otros idiomas?
Busca los ejemplos del texto y escríbelos en tu cuaderno. G 2.3 Ch 4 p.62

b. ¿Qué van a hacer los chicos antes de ir al concierto? Escribe las frases en tu cuaderno.
+ayuda p.147

   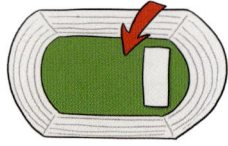

4 Tenemos planes para el finde

CD
1·29–31

Escucha qué van a hacer Lupe, Álvaro y Toño el fin de semana y haz una tabla.
Luego presenta sus planes a tu compañero/a.

  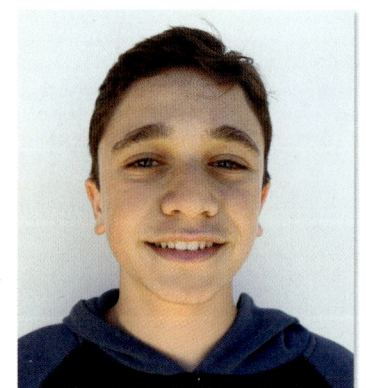

5 ¿Y tú? ¿Qué vas a hacer el fin de semana?

a. Mándales un correo electrónico a los mellizos y cuéntales de tus planes. +ayuda p.147

b. En grupos de 4 hablad de vuestros planes para el fin de semana. Presentad vuestros planes en clase. +ayuda p.147

6   ¿Qué ponerme?

a. Imagínate que te vas a un concierto de tu cantante favorito. ¿Qué te pones?   +ideas p. 159

b. Mirad las fotos de las prendas de ropa de María. Cada uno/a describe un look diferente.
¿Qué os gusta más? ¿Por qué?
Preguntad en clase, cuál os gusta más a todos.   M I 4.3

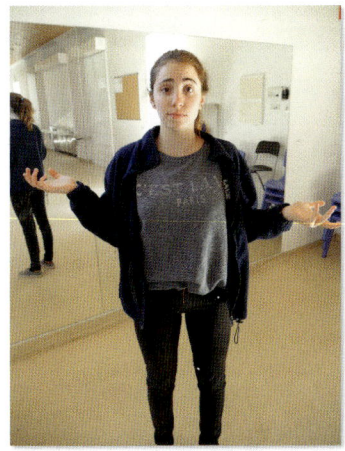

7   ¡Vamos al Estadio Olímpico!

a. ¿Estadio Olímpico? – Hablas con tu padre sobre el concierto de Melendi en el Estadio
Olímpico de Sevilla. Él se interesa mucho por el deporte y te dice que no tuvieron lugar
nunca Juegos Olímpicos en Sevilla. ¿Por qué hay un Estadio Olímpico? En la red
encuentras la siguiente información. Resume la información del artículo por escrito en
alemán.

El Estadio de La Cartuja es un estadio multiusos de la ciudad de Sevilla. Es el tercero más grande de España después del Camp Nou de Barcelona y el Santiago Bernabéu de Madrid.
El estadio recibió su nombre por el Monasterio de la Cartuja que está cerca. El complejo se diseñó siguiendo todos los criterios del Comité Olímpico Internacional con vistas a acoger los Juegos Olímpicos de 2004. Esto nunca sucedió, pero el estadio se denomina „Olímpico". La construcción del Estadio costó unos 120 millones de euros. Tiene una capacidad para 60.000 espectadores y alberga tanto eventos deportivos como eventos musicales.

*texto adaptado, fuente: http://es.wikipedia.org/wiki/
Estadio_I%C3%ADmpico_de_La_Cartuja*

b. Investiga qué grupos/cantantes famosos cantaron en el estadio los año pasados y qué
eventos van a tener lugar este año en el estadio.   80022-03   +ideas p. 159

C **8** **¡Otra, otra!**

a. Completa con las formas del indefinido.

Pablo

Álvaro
¡Qué presumido! 😊

Pablo
Jaja

Álvaro
¿Qué tal ■ (ser)?

Pablo
¡Súper guay!

María
¡Fenomenal!

Lupe
¡A contar todo!
¿Qué canciones ■ (cantar)?

Daniel
Todas las de su último cd y al final unas más viejas.

Álvaro
¿ ■ (estar) cerca del escenario?

Pablo
Claro que sí, muy cerca,
■ (llegar) unas tres horas antes del comienzo 😊

Lupe
¿Y Melendi? ¿Qué tal?

María
¡Guapísimo! Cuando ■ (entrar) al escenario todas las chicas ■ (empezar) a gritar como locas, incluso yo 😊 ♥♥♥ Y ■ (moverse) como un dios.

Pablo
Y María ■ (gritar) como loca jaja

Lupe
¿Tenéis fotos? ¿Y qué llevaste, María?

Daniel
¡Un montón! ■ (grabar) todo. ¡Y María muy guapa!

Lupe
Oye, María, ya tienes más ideas para tu vídeo, ¿no?

Pablo
Sí, cómo se mueve, canta bien, los efectos especiales … 😊

Lupe
Cállate, te vamos a ayudar, ¡María!

María
😊 ¡Gracias! 😊

b. Escribe un artículo para tu periódico escolar sobre el concierto de Melendi.
Escribe en la forma del pretérito indefinido.
Busca un título interesante. Contesta las preguntas: ¿Qué? ¿Quién? ¿Cuándo? ¿Dónde? ¿Cómo?

Palabras útiles: aplaudir • el / la fan / aficionado/a • el auditorio

¡Ojo! Aquí en España gritamos „otra, otra", si queremos escuchar otra canción más al fin del concierto.

9 **Un caramelo para ti**

Después de leer los comentarios debajo de su primer vídeo, María quiere presentarse al casting con otra canción más rítmica / más alegre. Le encanta la salsa y es gran aficionada de Marc Anthony.

a. Escucha la canción. `80022-03` ¿Te gusta? ¿Cómo es? ¿Cómo es el carácter de la canción? ¿Se repiten palabras? ¿Es pegajosa? ¿Tiene un ritmo marcado?

b. Ahora cantad la canción en clase. Aquí encontráis el texto: `80022-02`

c. ¿Qué crees? ¿Es esa la canción perfecta para María? ¿Por qué (no)? `Ch 3` `p. 62`

DVD 9+10   **d.** Mira el vídeo de solicitud de María. ¿Qué te parece? Habla con tu compañero/a.

10 Una postal de papá

a. El papá de Sofia y Daniel habla sobre los turistas que disfrutan del sol chileno en diciembre. ¿Puedes explicar por qué muchos chilenos van a la playa al final del año?

b. Investiga en internet sobre el Festival Internacional de la Canción en Viña del Mar. ¿Quiénes son los participantes del próximo año?

Hola mis queridos hijos:

Ayer por la noche llegamos al aeropuerto de Santiago de Chile. Ahora tengo tres días libres antes de regresar a España. Descansamos en
5 un hotel bonito en la playa de Viña del Mar, una de las ciudades más turísticas de Chile a unos 130 km de la capital Santiago. Ahora en diciembre hay muchísima gente en la playa que disfruta del sol chileno.¿Os suena el nombre
10 de la ciudad Viña del Mar? Espero que sí, pues aquí todos los años en febrero tiene lugar el mayor y más conocido festival del continente americano, el Festival Internacional de la Canción. Este evento se transmite en
15 radio y televisión en toda América y también en muchos países europeos incluidos España, Italia, Alemania y Austria. Seguro que algún día también tenemos la posibilidad de asistir a este evento. ¿Ya sabéis qué artistas van a
20 participar el próximo febrero?
Os quiero mucho,

Papá

Sofí
Cal
410
ES

11 El Blog de Daniel

Lee el blog de Daniel: `80022-05` Después escríbele un mensaje a María.

1   La negación

Verneinung	doppelte Verneinung
no me gusta el programa **nunca** veo el concurso **nadie** conoce al moderador Bei der einfachen Verneinung steht die Verneinungsform immer **vor** dem konjugierten Verb.	**no** me gusta **nada** **no** veo **nunca** programas de casting **no** conozco a **nadie** **no** conozco a **ninguna** persona en el concierto Bei der doppelten Verneinung steht **no** immer **vor** dem Prädikat (Verb), die andere Wendung **hinter** der gebeugten Verbform.

2   Las formas cortas de los adjetivos

Algunos adjetivos pierden la –o final si se encuentran delante de un sustantivo masculino en singular. Los adjetivos en plural no cambian.

Das Adjektiv grande bedeutet „großartig(e/es)", wenn es vor einem Substantiv steht. In diesem Fall wird es verkürzt, egal ob es weiblich oder männlich ist: una gran mujer, un gran músico

adjetivo	ejemplo
alguno	algún alumno
ninguno	ningún problema
bueno	un buen trabajo
malo	un mal ejemplo
primero	el primer hijo
tercero	mi tercer novio

3   Expresar una opinión/acuerdo/dudas/alegría, preguntar para dar una opinión:

¿Qué te parece … ?/¿Qué piensas tú?
para expresar que:

estás de acuerdo:	no estás de acuerdo:
Estoy de acuerdo. Eso es verdad. Sí, claro./Por supuesto. Sin duda. Desde luego.	No estoy de acuerdo. No, en absoluto. Yo no lo creo. Pienso que no. No, qué va.

para expresar dudas:

Sí, puede ser, pero … /No sé./ Bueno, en parte sí, pero …

para expresar alegría:

¡Qué bien! / Fantástico. / ¡Qué suerte! / ¡Qué ilusión!

4   Hablar del futuro

ir a + infinitivo				
voy	vamos			trabajar
vas	vais	a	+ infinitivo:	comer
va	van			vivir

Tu reto, paso por paso `80022-04` [+ Autocontrol]

Elige una tarea que te gusta.

Tu reto 1

Imagínate que tú también quieres participar en un concurso/en un casting. Solicita tu participación con un vídeo, una grabación/audición o con un texto escrito acompañado de fotos.

 Paso uno: Decide si quieres presentarte con un vídeo, una audición o con un texto escrito.

Paso dos: Haz un plan (presentación, ¿por qué quieres participar, con qué canción/ aportación quieres participar?).

Paso tres:

  a. el vídeo:
- busca una pareja que te pueda ayudar a grabar el vídeo
- piensa también en tu aspecto, elige la ropa adecuada, los requisitos y el fondo
- preséntate primero, di por qué quieres participar en el concurso
- presenta tu canción/tu pieza instrumental/tu actuación/tu producto
- tu aportación tiene que ser interesante y entretenida
- piensa también en la mímica y los gestos

  b. la grabación:
- sigue los consejos para grabar el vídeo, pasos 3–5
- piensa en una buena calidad de tu grabación, búscate un lugar tranquilo

  c. el texto:
- sólo puedes elegir la forma del texto si quieres presentarte con un objeto (por ejemplo: algo inventado, un plato que preparaste, algo que creaste, algún trabajo manual)
- sigue los consejos para grabar el vídeo, pasos 3 y 4
- añade fotos expresivas
- revisa la ortografía y la gramática

Tu reto 2

Presenta en la clase, en forma de un cartel o de una presentación de power point, a tu cantante/tu grupo favorito o a un(a) cantante/un grupo que canta en español.

Paso uno: Elige a un/a cantante/un grupo.

Paso dos: Busca información en el internet o en la prensa. Busca también algunas fotos y piensa qué canciones quieres presentar.

Paso tres: Haz una estructura. Puedes escribir sobre la biografía del artista, sobre su discografía y puedes incluir información sobre sus proyectos.

Paso cuatro: Elige una canción del artista. Interpreta el contenido de la canción en español.

Paso cinco:

  a. Para hacer una presentación en power point: escribe una estructura, cada diapositiva debe incluir fotos pero poco texto. Al final no te olvides de indicar las fuentes.

  b. Si quieres hacer un cartel: Utiliza fotos adecuadas y poco texto.

Paso seis: Practica tu ponencia con un compañero. `M I 4.1+2`

Practicamos deporte

Capítulo

4

Un periódico mural

Buscad fotos, pósteres, noticias y otros materiales sobre vuestros deportes o deportistas favoritos y colgad todo en la pared de vuestra aula. M 13.1

¿Qué pasa aquí?

Daniel y Sofia se interesan por una nueva actividad extracurricular en el instituto. Pero ¡hay que tener mucho cuidado! Pablo, el pobrecito, tiene un accidente. ¡Qué susto!

Pronto vas a saber

- hablar sobre diferentes deportes
- expresar preferencias
- escribir una biografía de tu deportista favorito
- mandar mensajes
- nombrar las partes del cuerpo
- hablar sobre accidentes deportivos y las consecuencias
- más formas irregulares del indefinido
- usar oraciones impersonales con "se"
- usar la expresión "hay que"

Revisas

- actividades deportivas
- el indefinido (formas regulares y estar, ir / ser, hacer, tener)
- los verbos "gustar", "encantar", "preferir"
- los verbos modales

Tus retos

1. Graba un podcast sobre tu deporte favorito.

2. Haz un reportaje sobre deportes en vuestro instituto.

- ¿Practicas algún deporte?
- ¿Cuál?
- ¿Por qué lo practicas?
- ¿Cuántas veces a la semana lo practicas?

Si no practicas deporte
- ¿Por qué no lo practicas?
- ¿Qué deporte te gusta (para verlo 😊)?
- ¿Hay clubes deportivos donde vives?
- ¿Qué deportes se practican allí?

estar en forma •
entrenar para una carrera •
competir • divertirse

practicar / hacer ...

1 atletismo
2 deporte de canoa
3 ciclismo
4 natación
5 equitación
6 juegos de pelota
7 gimnasia
8 esquí alpino

A ¡Con cuidado!

1 ¿Qué es?

Mirad el cartel. ¿Qué actividades extracurriculares os gustan? ¿Qué actividades hay en vuestro insti?

actividades extracurriculares		
lunes	flamenco	clase de dibujo
martes	trabajar en el huerto	clase de teatro
miércoles	parkour	slackline
jueves	fútbol	
viernes	atletismo	banda

CD
2·1–2

80022-01

¿Parkour? – ¿Qué es?

En el insti de los amigos hay muchas actividades extracurriculares nuevas, entre ellos el parkour y el slackline. Como todavía no saben qué elegir, los amigos se encuentran el miércoles para conocerlas.

Daniel:	Ah, hola Álvaro. ¿Quieres ver el parkour también, eh?
5 **Álvaro:**	No, hombre. No me interesa nada de nada. ¿Está Laura, Sofia? Nos encontramos ahora en el insti para estudiar inglés.
Sofia:	No, lo siento. Oye, pero tú nunca lo vas a aprender, jijijiji …
Álvaro:	¡Tía idiota!
Sofia:	Cállate, es una broma. Pablo, ¿qué te parece el parkour?
10 **Pablo:**	¡Espectacular! Ayer busqué vídeos en youtube … Flipé cuando los vi … estos chavales en los vídeos saltan como gatos, es increíble …
Daniel:	… y entonces se rompen todos los huesos.
Pablo:	¡Ni hablar! ¿Tienes miedo?
Daniel:	La verdad que me gusta más el fútbol. Me parece menos peligroso patear la pelota que saltar como gatos. Además, el fútbol es un deporte en equipo, o sea entrenamos todos los compañeros juntos.
Sofia:	Yo prefiero algo más tranquilo. No me gusta nada correr, jiji ¿Veis los chicos con el slackline? Se ven muy chulos. Me encanta la gente, todos están tan relajados.
20 **Pablo:**	¿Y por qué estáis aquí si os gustan otros deportes?
Daniel y **Sofia:**	No sé …

El profe:	Venga, venga chicos … empezamos. Y vosotros, ¿no queréis participar?
Daniel:	Primero queremos ver. Es que no lo conocemos.
El profe:	Vale, yo sé que el parkour es un deporte bastante nuevo. Tengo un vídeo muy divertido. ¡Mirad!

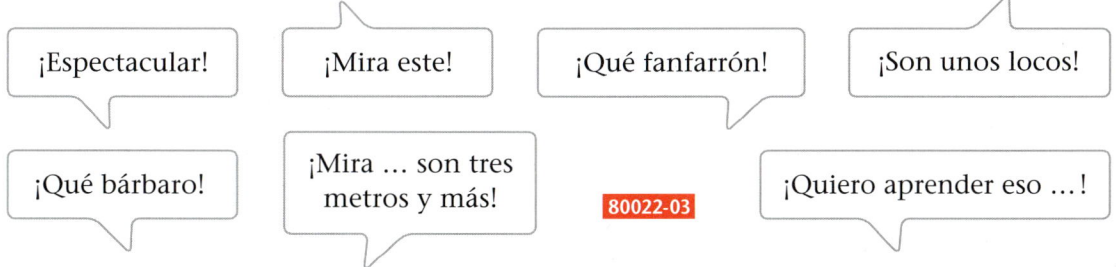

¡Espectacular!

¡Mira este!

¡Qué fanfarrón!

¡Son unos locos!

¡Qué bárbaro!

¡Mira … son tres metros y más!

80022-03

¡Quiero aprender eso …!

Sofia: Se ve muy fácil.
Daniel: No sé … no hay colchonetas. Si te caes … te puedes lastimar mucho.
Pablo: ¡Qué va! Facilísimo. ¡Esto es para mí!
El profe: ¡Cuidado! Pero, ¿qué haces … ?
30 **Sofia** y **Daniel** (al mismo tiempo): ¡Tropieza! ¡Se cae!
El profe: ¡Dios mío!, Pablo, ¿me oyes? ¡Abre los ojos! …
Álvaro: ¡Qué susto!

2 ¡Qué susto!

a. Relaciona las frases con las personas y apúntalas en el orden correcto. +ideas p.159

| Daniel | Pablo | Álvaro | el profe | Sofia | los amigos |

… espera a Laura para estudiar inglés con ella.
… piensa que el parkour es fácil.
… está preocupado por Pablo.
… piensa que el parkour es peligroso.
… hablan sobre el parkour.
… tiene un vídeo para los amigos que explica qué es el parkour.
… hace una broma sobre Álvaro.
… se cae en el momento que quiere hacer un salto.

A

b. +ideas Relaciona las caras con las situaciones correspondientes. ¿Cómo están las personas? Encuentra el adjetivo que corresponde a las reacciones y formula una frase según el modelo. ¡Ojo con los adjetivos!

entusiasmado • deprimido • enfadado • asustado • alegre

Modelo: … está alegre porque …
… está enfadada porque piensa que …

3 ¡Preparados, listos, ya!

 a. Relaciona las actividades deportivas con las imágenes.

jugar al … • lanzar/tirar el balón • superar un obstáculo • saltar • entrenar • patear la pelota • correr • patinar (sobre hielo) • escalar • nadar

  b. Forma frases según el modelo:

Para jugar al tenis (no) …

Para practicar el …

hay que correr mucho.

el ciclismo • el fútbol • el parkour • el baloncesto • el hockey sobre hielo

4 ¿El parkour? ¡Qué va! +ayuda p. 148　Ch 1 p. 80

 a. Compara los siguientes deportes:

   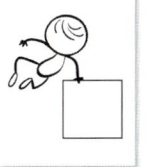  

el tenis con el fútbol　　la gimnasia con el parkour　　el esquí alpino con la natación

Caja de herramientas

- me gusta **tanto** (el deporte) **como** …, porque …
- me gusta **más/menos** (el deporte) **que** (el deporte)
- prefiero (sustantivo + artículo o infinitivo) … que (sustantivo + artículo o infinitivo) …
- me parece más/menos + adjetivo
- (no) me gusta … | me encanta …

   b. Hablad de vuestras preferencias.

A mi también / tampoco (= no) me gusta, porque …

(No) estoy de acuerdo contigo, porque …

  5 ¿Qué es? +ideas p. 160

Explícales a tus padres en alemán qué es el parkour.

El parkour: Los trazadores, así se llaman las personas que practican parkour, inventaron su deporte en París, o sea en una ciudad con muchos edificios y muros. Allí tratan de moverse de un lugar al otro lo más rápido posible. Es decir si hay un obstáculo tienen que superarlo por ejemplo con saltos o con acrobacias.

 **6 ¡NO LO HAGAS EN CASA!**

Las "Pasamurallas", "180 grados" y otras acrobacias difíciles que hacen los expertos en el texto, las podéis ver en "youtube". Mirad este vídeo grabado en Sevilla 80022-03 . ¿Qué os parece? Escribid un comentario al chico.

7 Se necesitan 11 amigos y una pelota

CD
2·3–6

a. Durante el recreo los mellizos, María y Pablo hacen una adivinanza de deportes. Adivina qué deporte es. **+ayuda** p. 148

b. En grupo describid un deporte y los demás adivinan cuál es. Usad también verbos en la forma impersonal (se juega …)

+ayuda Usa estas frases para describir tu deporte:
Hay dos equipos. Participan … jugadores y un portero.
Hay una competición.
Se juega/practica en una pista/en un gimnasio/afuera
Se corre/lucha contra/necesita …
Hay que tirar/saltar …
Se necesita … una pelota/una raqueta/una colchoneta …
Hay que …   Se practica en equipo/solo/a.

> **Das unpersönliche „man" im Spanischen** G 8
> Wenn ihr schon einmal in Spanien wart, kennt ihr vielleicht diese Form. Man findet sie z. B. auf Schildern an Restaurants: „Se habla alemán". Zur Bildung benötigt man „se" und die 3. Person Singular des entsprechenden Verbs. **Beispiel:** man spielt – se juega, man rennt – se corre

8 Mi deporte favorito **+ideas** p. 160

a. Busca fotos e imágenes que representan tu deporte favorito.

b. Confecciona un póster para presentar tus ideas. Si tú mismo practicas ese deporte, trae y explica los requisitos para ilustrar tu presentación

c. Colgad los pósteres en la clase y presentadlos a los demás.

9 El sueño de volar

el traje de alas

Álvaro Bultó fue especialista en deportes extremos. Practicó el salto base y una especiali-
20 dad de paracaidismo conocido
5 como "wingfly". Además tra-bajó de presentador de pro-gramas de aventura en Televi-sión Española, como „Frontera límite". Murió el 23 de agosto
10 2013 en un accidente hacien-do "wingfly" en los Alpes.
Nació en Barcelona en 1962 en una familia rica. Tuvo 9 hermanos. Su padre tuvo una firma de motos. Por eso Álvaro
30
15 empezó a interesarse por las motos a los cuatro años. Estudió en institutos y

colegios con profes muy estrictos pero continuó con los deportes extremos. De adulto participó en varias ediciones de Rallye París Dakar y en campeonatos de motocross. Entre otros logros Álvaro Bultó fue el primer español en volar sobre el Polo Norte en traje de alas. Su vida privada fue bastante turbulenta. Tuvo muchas novias pero nunca se casó. Tampoco tuvo hijos. En los años 90 co-noció a la Infanta Cristina, hija del rey, y se enamoró de ella, pero 3 años des-pués terminaron la relación.

texto adaptado, fuente: revista PRONTO,
http://www.pronto.es/vidas-interesantes/alvaro-bulto,
https://es.wikipedia.org/wiki/Álvaro_Bultó

a. Busca la respuesta correcta.

Álvaro Bultó

a. … trabajó de profe y practicó un deporte bastante tranquilo.

b. … trabajó de presentador de programas familiares y practicó el "wingfly".

c. … trabajó de presentador de programas de aventura y practicó un deporte extremo.

A los cuatro años

a. … entró al kinder.

b. … empezó con el "wingfly"

c. … empezó a interesarse por las motos.

Fue el primer español

a. … que conoció a la Infanta Cristina.

b. … que voló sobre el Polo Norte en traje de alas.

c. … que jugó al Polo en traje de alas.

Se casó

a. … 9 veces.

b. … nunca.

c. … con la Infanta Cristina.

Se murió

a. … haciendo los deberes para el instituto.

b. … haciendo "wingfly".

c. … en un accidente practicando el esquí alpino.

b. Hablar de la vida de una persona.

Caja de herramientas

nacer

estudiar / ir al instituto / colegio

trabajar de

conocer a un hombre / una mujer

enamorarse de alguien

casarse con alguien

tener un(a) hijo/a

terminar la relación

morir

Completa la ficha con las informaciones del texto. Escríbelo en tu cuaderno:

c. Escribe frases completas con los verbos y las informaciones del texto.

nacer • estudiar • enamorarse de • casarse • tener hijo/a • trabajar de • morir

nombre: _____
edad: _____
educación: _____
familia: _____
profesión: _____
intereses: _____
logros: _____

10 ¡Corre, Fernando, corre!

Completa con los verbos correctos en indefinido. **+ayuda** p.148

lograr • ganar (2x) • empezar (2x) • nacer • ser • hacerse • entrenar

Fernando Alonso ■ el 29 de julio de 1981 en Oviedo, Asturias (España). Con sólo 3 años ■ a interesarse por los coches. En 1988 ■ su primer título de infantiles. Sólo 5 años después ■ el Campeonato de España con Genikart y ■ a coleccionar muchos premios más. Su debut en la Formula 1 ■ en 2001 en Australia con Minardi. En 2002 ■ por primera vez con Jaguar y en 2003 ■ piloto oficial. El 25 de septiembre de 2005 ■ el campeonato mundial como el piloto más joven de la historia.

11 Mi deportista favorito

a. Busca informaciones sobre tu deportista favorito en internet y crea una ficha como en la tarea anterior.

b. Escribe la biografía del deportista usando estas herramientas y las de 9b.

Caja de herramientas

Cómo expresar fechas y períodos de tiempo:

El 12 de mayo de ...
En 1999 ...
De 1971 **a** 1981 ...
Unos años después ...
Luego ...

En los años 60 ...
A los 10 años ...
De adulto/de niño/a
¡Ojo con las preposiciones!

Verbos útiles

empezar con hacer algo
interesarse por
ganar
lograr algo
hacerse campeón

c. Practica la presentación del deportista en casa. La presentación no debe durar más de 3 minutos. **M** **I 4.1+2**

d. El Molino: Formad dos círculos, uno externo y uno interno. Presentadle a la persona de enfrente a vuestro deportista favorito. Después de tres minutos, cambiad el rol. Luego las personas del círculo exterior se levantan y el círculo empieza a girar "tres sillas". Continúan las presentaciones. **+ideas** p.160

12 Un mapa mental

Haz un mapa mental con el vocabulario que necesitas para hablar de deportes y deportistas. **M** **II 1.2**

13 El slacklining mola …

CD
2·7

El día después del accidente de Pablo, Sofia y algunos jóvenes están practicando slacklining debajo de los árboles en el patio del instituto.

Toño: ¿Qué tal el parkour, Sofia? ¿No te gustó, eh? ¡Te dije!

Sofia: De verdad, no. Es muy peligroso. Ya sabes del accidente de Pablo, ¿no?
5   Tuvieron que llevarlo al hospital. Se nos cortó el rollo para todo el día. Pero oye, esto me parece difícil ehhhh … ¡Socorro!

Toño: Espera, te ayudo … Al principio sí es bastante difícil. ¿Hiciste deporte en Alemania?

Sofia: ¿Yo? … en Alemania, el balé. Pero ya no me gusta. Prefiero algo menos … eh,
10   ¿cómo se dice elegante?

Toño: Repipi, jejeje. Oye Sofia … lo del accidente de Pablo … ¿cómo pasó?

Sofia: Fue un desastre. Bueno, ayer vine con Daniel, Álvaro y Pablo a ver qué tal el parkour. A Pablo no le pareció nada peligroso, pero a nosotros sí, y a Daniel no le gustó para nada, jaja. Luego Pablo quiso hacer un salto, pero tropezó y así
15   pasó … No pudimos ayudarlo, ¡imagínate!

Toño: ¡Ayyy qué susto! Y ¿qué te dijeron tus padres? Bueno, de todos modos mejor quédate con el slacklining …

 a. En el texto encuentras muchos verbos irregulares del indefinido. Algunos ya conocéis. Copia la tabla y complétala con las formas del texto. **G** 2.4

ser/ir	estar	hacer	tener	venir	querer	poder	decir
■	■	■	■	■	quise	pude	■
■	■	■	■	viniste	quisiste	pudiste	dijiste
■	■	■	■	vino	■	pudo	dijo
■	■	■	■	vinimos	quisimos	■	dijimos
■	■	■	■	vinisteis	quisiteis	pudisteis	dijisteis
■	■	■	■	vinieron	quisieron	pudieron	■

 b. Con tu compañero/a mirad las formas. ¿Algo os llama la atención?
Ch 3 p. 80   +ayuda p. 148

c. Toño le cuenta a Sofia de un accidente que vio el otro día en la calle. Completa con las formas correctas.

> Hace una semana ■ (visitar) con mi familia a mis abuelos en Cádiz. Mi papá no ■ (querer) tomar la autopista y entonces ■ (irse) por la otra ruta más tranquila. Pasamos por un pueblo y yo ■ (ver) a un señor con un perro. De repente ■ (venir) otro perro y los dos ■ (empezar) a pelearse. Pues ■ (resultar) que el perro del señor ■ (soltarse) de su correa y ■ (correr) a la calle. ■ (pasar) otro coche. ■ (chocar) con el coche el pobrecito, pero por suerte no le ■ (pasar) casi nada.

hoy, 15:11, *miércoles 13.03.*
Sofia: Pablo tuvo un accidente haciendo parkour, tiene sangre en la cabeza …

hoy, 15:16, *miércoles 13.03.*
María: Hla wpa, kntm, ¿está en el hospital?

hoy, 15:23, *miércoles 13.03.*
Sofia: Todavía no, todavía está en la ambulancia. El médico le habla pero no reacciona 😵

hoy, 15:29 *miércoles 13.03.*
María: ¡Vaya susto!

hoy, 9:10, *jueves 14.03.*
Lupe: 😃 ¿Cómo está ahora?

hoy, 9:13, *jueves 14.03.*
Sofia: Nls, ayer vi a sus padres en nuestra calle. Regresaron del hospital.

hoy, 9:20, *jueves 14.03.*
Lupe: Fue culpa del profe, ¿verdad?

hoy, 9:27, *jueves 14.03.*
Toño: ¡K va! Pablo no prestó atención, tropezó y se cayó. Quiso imitar a los profesionales de los vídeos en youtube.

hoy, 9:35, *jueves 14.03.*
María: k rsa, ¡k tonto! ¿xq hizo esto?

hoy, 9:59, *jueves 14.03.*
Toño: Nls, no estuve allí, pero Álvaro me escribió que no fue para tanto. O sea, tranqui todos. NO murió.

hoy, 10:10, *jueves 14.03.*
Sofia: K mala, María.
Paco: ¿Cierto? ¿No es nada grave?

hoy, 10:25, *jueves 14.03.*
Sole: Seguro que se rompió un hueso. ¡Fanfarrón!

1 Cotilleo +ideas p.160

Contesta las preguntas.

a. ¿Dónde está Pablo ahora?

b. ¿Quién tiene la culpa del accidente?

c. ¿Qué tiene Pablo?

2 ¿Kdms?

a. K dfcl, estas abreviaturas en español … Copia las abreviaturas en tu cuaderno. Piensa en lo que significan y apunta las palabras españolas. ¿Qué te llama la atención?
Ch 4 p.80

Todavía tengo problemas con las abreviaturas, siempre cambian y además son diferentes en los países en los que se habla español. P.e. los familiares de Lupe a veces usan otras que nosotros en España – ufff … Pero ya tengo una idea de cómo funcionan. Bss 🙂

> hla • wpa • ktl • kntm • xfa • nls • k rsa • k • dnd • dfcl • pq/xq •
> k acs • tkm • kdms • hsta mñn • tvl • vns

b. Quieres quedar con tu compañero/a. Mandad mensajes con vuestros móviles y quedad para mañana. Usad una hoja. Uno/a empieza con la conversación. Luego le da la hoja al otro / a la otra y él / ella contesta.

Anna:	hla
Lea:	hla, ¿k acs?

 c. Al día siguiente Lupe le manda un mensaje a Sofia para ir a visitar a Pablo al hospital. Las dos quedan. Escribe la conversación.

3 ¡Pobrecito!

 **a.** Describe el dibujo y la situación en que se encuentra Pablo. `Ch 2` `p.80` `M` `I 4.3`

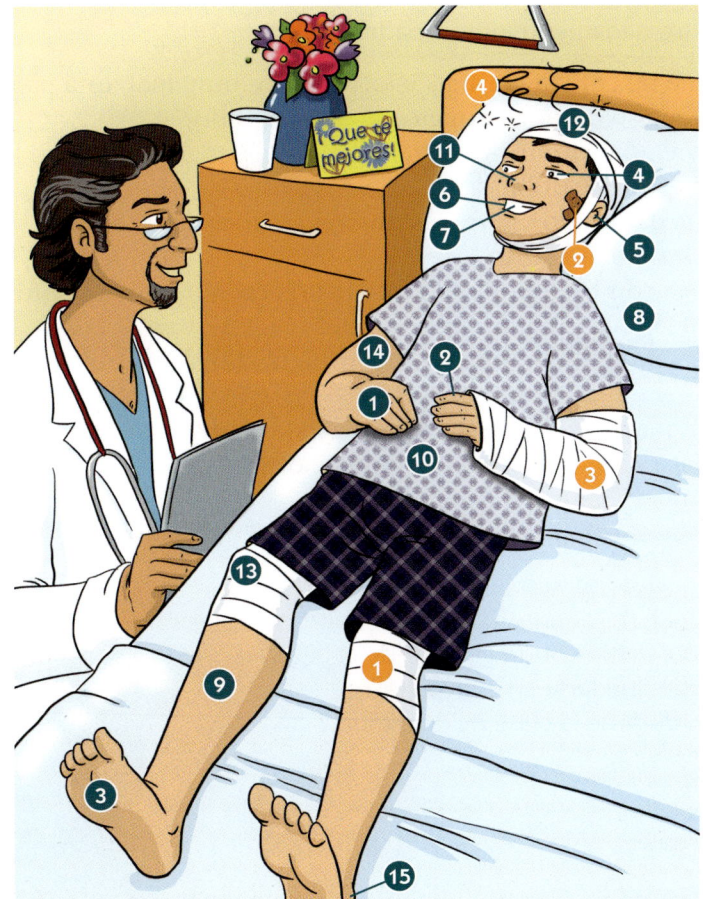

1. la mano
2. el dedo
3. el pie
4. el ojo
5. la oreja
6. la boca
7. los dientes
8. la espalda
9. la pierna
10. el estómago
11. la nariz
12. la cabeza
13. la rodilla
14. el brazo
15. el tobillo

1. el vendaje
2. la herida
3. el brazo roto
4. estar mareado

> ¡Ojo! El verbo doler es parecido al verbo gustar:
> **Me** duele el brazo.
> **Te** due**n** **los** diente**s**.
> **A** Pablo **le** duele la cabeza.

 b. A Pablo le duelen la cabeza y el brazo. ¿Qué te duele a ti? En pareja mostrad al compañero/a la compañera lo que os duele.

c. ¡A jugar! Jugad en grupo Simón dice.

> Toca la nariz.

> Levanta la mano izquierda.

> Mueve …

> Muestra …

4 En el hospital

CD
2·8–9

80022-01

Pablo se despierta en una habitación del hospital San Lázaro de Sevilla. Se siente muy mal. Le duele casi todo el cuerpo pero sobre todo la cabeza.

Médico: Pablo, ¿cómo estás?

Pablo: ¿Dónde estoy? Ay … estoy mareado y ¡qué dolor de cabeza!

5 **Médico:** Soy Juan Carlos. Soy médico. Ayer tuviste un accidente bastante fuerte en el insti. ¿Te acuerdas, Pablo?

Pablo: Sí, sí me acuerdo. Traté de saltar, tropecé y caí muy mal. Juan Carlos, ¿tienes algo para los dolores?

Médico: La enfermera te va a dar una pastilla. ¿Y qué tal el brazo? Parece que está roto.
10 Además tienes heridas en la espalda y las rodillas por eso te pusimos un montón de vendajes. Pareces una momia, jajaja.

Entra la madre con cara extremadamente preocupada.

Madre: Ay, hijo mío, ¿qué tal? ¿Te duele algo? Doctor, se ve muy mal, está pálido … Doctor, ¿no quiere usted informarme cómo está mi hijo?

15 **Médico:** Sí, sí señora. Tiene una conmoción cerebral y una pequeña herida en la cabeza, nada grave. Todavía tiene dolor de …

Madre: Entonces hay que darle algo contra los dolores. ¡Esto es un desastre!

Pablo: Mamá, tranqui, no es para tanto.

Médico: Ya viene mi colega con las pastillas. Pues, fue un accidente bastante fuerte.
20 Tiene que quedarse una semana en el hospital.

Madre: ¡Dios mío, una semana! Pero vamos a encontrar al culpable. Pablo, cuéntanos, ¿qué pasó?

Pablo: Uno de los chicos mayores me tiró una pelota en la cabeza y caí muy mal, mamá.

Médico: Espera, Pablo. Hace unos minutos me contaste otra cosa …

 Contesta las preguntas en frases completas. +ideas p. 160

- ¿Cómo se siente Pablo cuando se despierta?
- ¿Qué tiene Pablo?
- ¿Qué le dan los médicos a Pablo contra el dolor de cabeza?
- ¿Cuánto tiempo tiene que quedarse en el hospital?
- Según Pablo, ¿qué pasó durante la clase de "parkour"?

 ### 5 ¡Que te mejores!

a. Leed el texto otra vez. Buscad en parejas frases españolas. Ch 5 p. 80

Cómo preguntas …	Cómo dices …
… wie es jemandem geht	… dass man starke Schmerzen hat
… ob jemand Schmerzen hat	… dass jemand eine Verletzung hat
	… dass etwas gebrochen ist
	… dass jemand im Krankenhaus bleiben muss

 b. Pablo ya se siente mejor y les manda mensajes a sus amigos. Escribe la conversación.
Usa también las abreviaturas de la tarea 1. +ayuda p. 149   +ideas p. 160

6 ¡Mala suerte!

a. Mira los dibujos y escribe lo que tienen las personas y qué les duele.

b. Un juego de roles. Sois un médico / una médica y un/a paciente. El/la paciente describe sus síntomas según los dibujos y el médico/la médica le da consejos. Después cambiáis el rol. Usad el imperativo o tener + que para dar consejos.

Modelo: Paciente: Me duele la cabeza.
– Médico: Toma una pastilla. / Tienes que tomar una pastilla.

- poner un vendaje
- tomar una pastilla contra los dolores
- quedarse en el hospital por … días / semanas
- descansar
- quedarse en casa por … días / semanas

7 ¡Qué susto!

a. Elige una foto y piensa en una historia para contar lo que les pasó ayer a Daniel y al chico.

Un día … cuando de repente …

b. En grupos de tres elegid una de las dos situaciones y escribid el diálogo entre el paciente, el médico de la ambulancia y los amigos. Presentadlo en clase. +ayuda p.149

8 No puedo ir, ¡estoy enferma!

Al día siguiente Lupe le manda a Sofia un mensaje porque no puede ir al hospital. Ella está enferma y tiene que quedarse en la cama. Tiene gripe, la pobrecita.

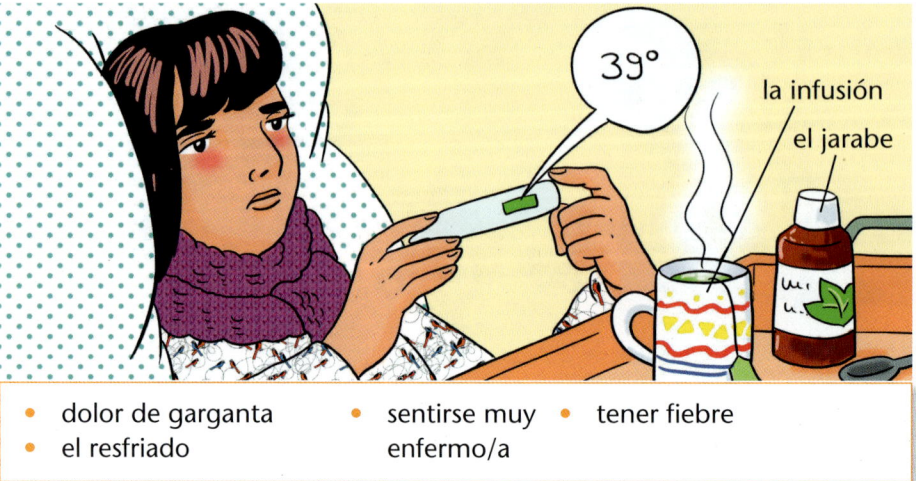

39°

la infusión
el jarabe

- dolor de garganta
- el resfriado
- sentirse muy enfermo/a
- tener fiebre

a. Describe a tu compañero/a lo que ves en el dibujo. M I 4.3

b. La abuela de Sofia tiene recetas caseras para muchas enfermedades. El libro es muy antiguo y no se puede leer todo. Completa el libro. Escribe en tu cuaderno. +ayuda p.149

SÍNTOMAS (POSIBLE ENFERMEDAD)

- dolor de estómago
  (has comido algo malo)

- tener fiebre (gripe)

- La gripe (fiebre, dolor de
  ⬤⬤⬤, dolor de
  ⬤⬤⬤)

- tener un resfriado

- dolor de cabeza (gripe,
  ⬤⬤; mucho alcohol)

- estar mareado

- sentirse muy enfermo

REMEDIO (QUÉ HACER)

- tomar una infusión, comer
  ⬤⬤⬤

- tomar pastillas (aspirina),
  quedarse en la cama, más de
  39 grados: ir al ⬤⬤

- comer vitaminas, hay que
  tomar ⬤⬤. ⬤ y ⬤⬤,
  tienes que descansar

- tomar jarabe, hay que tomar
  una ⬤⬤ caliente

- To ⬤⬤

- ir al médico

- ir al médico

CD 2·10–12

9 **¡Qué dolor!** +ideas p.160

Escucha los diálogos y anota las siguientes informaciones:

1. ¿Qué problemas tienen las personas?
2. ¿Cómo es el diagnóstico del médico?
3. ¿Qué les recomienda el médico a las personas?

10 **La consulta**

Lupe va al médico. Escribe en español. +ayuda p.149

M: médica   **L: Lupe**

M: Sie begrüßt die Patientin und fragt, wie es ihr geht und was ihr fehlt.

L: Antwortet, dass sie seit Tagen starke Kopfschmerzen hat. Glaubt, dass sie auch Fieber hat. Klagt über Hals- und Rückenschmerzen. Fragt, ob es etwas Schlimmes ist.

M: Sagt, dass sie das noch nicht weiß. Möchte sie erst untersuchen. Bittet sie den Mund zu öffnen und bestätigt das Fieber. Diagnose: Grippe

L: Fragt, was sie jetzt machen soll.

M: Antwortet, dass sie ihr Tabletten gegen die Schmerzen verschreibt. Sagt, dass sie heißen Tee trinken muss. Sie muss im Bett bleiben.

L: Sagt, sie muss aber zur Schule. Sie schreibt eine Englischarbeit.

M: Betont, dass dies keine gute Idee ist, weil sie sehr krank ist.

L: Lenkt ein und sagt, dass sie zu Hause bleibt. Bedankt sich.

M: Antwortet entsprechend und wünscht gute Besserung.

L: Verabschiedet sich.

M: Verabschiedet sich ebenfalls.

11 **¿Qué hago?**

Mira el vídeo de Katherine B. Imagínate que eres médico/a. ¿Qué tiene que hacer Katherine? Escríbele un email. Utiliza los verbos modales (tener que, hay que) y el imperativo. 80022-03

12 **El blog de Sofia**

Lee el blog de Sofia y contesta a las preguntas. 80022-05

1. ¿Qué le parecen los medicamentos del médico?
2. Sofia está un poco triste pero hay algo que la consuela. ¿Qué es?
3. ¿Le gusta a Sofia el slacklining?

1   Hablar del deporte

Las actividades deportivas		Las razones para practicar deporte
correr	patinar (sobre hielo)	estar en forma • entrenar para una
saltar	nadar	carrera • competir • divertirse
lanzar / tirar el balón	jugar al …	
patear la pelota	escalar	
superar un obstáculo	entrenar	

2   Hablar de los accidentes deportivos

¿Qué puede pasar?	Las consecuencias …
caerse,	tener una parte del cuerpo roto/a
tropezar,	tener el tobillo roto
chocar con algo o alguien	tener una conmoción cerebral
lastimarse en …	tener una herida en …
	tener dolor de …

3   Las formas irregulares del indefinido

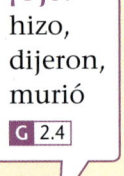

¡Ojo!
hizo,
dijeron,
murió
G 2.4

estar	– estuv-	
tener	– tuv-	
poner	– pus-	e
poder	– pud-	iste
querer	– quis-	o
venir	– vin-	imos
hacer	– hic-	isteis
decir	– dij-	ieron
morir	– mur- (3a pers.)	

4   Mandar mensajes

hla	– hola	dfcl	– difícil
wpa	– guapa	pq/xq	– ¿Por qué?
ktl	– ¿Qué tal?	k acs	– ¿Qué haces?
kntm	– cuéntame	tkm	– te quiero
xfa	– por favor		mucho
nls	– no lo sé	kdms	– ¿Quedamos?
k rsa	– qué risa	hsta mñn	– hasta
k	– ¿Qué?		mañana
dnd	– ¿Dónde?	tvl	– te veo luego
bss	– Besos	vns	– ¿Vienes?

5   Hablar de enfermedades

Los síntomas	El remedio
sentirse mal / cansado/a	quedarse en la cama •
tener una gripe/un resfriado / dolor de	comer vitaminas •
… / fiebre • mareado/a •	tomar pastillas/ jarabe • una infusión •
estar resfriado/a / mareado/a	ir al médico

Tu reto, paso por paso `80022-04` **+ Autocontrol**

Elige una tarea que te gusta.

Tu reto 1: Graba un podcast

Temas: tu deportista favorito o tu deporte favorito

Paso uno: Si no sabes qué es un podcast, lee aquí: `80022-03`

Paso dos: Cómo se produce un podcast lo puedes aprender aquí: `80022-03`
En vez de un ordenador con micrófono puedes usar un móvil para grabar tu texto.

Paso tres: Prepara un texto.
- El texto debe tener un título que llama la atención.
- Empieza con una introducción que aclara de lo que quieres hablar.
- La parte principal no debe ser demasiado larga, como máximo cuatro minutos.
- Pregúntale a un compañero de clase si corrige tu texto.
- Graba tu podcast en un lugar tranquilo. Haz varias grabaciones y elige la mejor.

Paso cuatro: Con programas gratis como "audacity" (PC) o "WavePad Audio Editing App" (android) puedes editar tu podcast.

Paso cinco: Publica tu podcast en *"ivoox.com"* por ejemplo.

Tu reto 2: Haz un reportaje sobre deportes en tu instituto

Antes de empezar: Consigue el material que necesitas (cámara, micrófono, móvil, etc.)

Paso uno: Infórmate sobre actividades deportivas en vuestro instituto y anota las informaciones.

Paso dos: Graba vídeos de instalaciones y actividades deportivas.

Paso tres: Busca gente para entrevistas en español (si no es posible, traduce lo que dicen las personas al español)

Paso cuatro: Prepara un texto que acompaña y explica el vídeo.

Paso cinco: Corta y edita el vídeo con "windows moviemaker" (PC) o con "magisto" (Android) por ejemplo.

¡Descubrimos Argentina!

Capítulo

5

¡Qué país tan grande!

 1. Habla con tu compañero/a. Busca Argentina en el mapa de América al final del libro. ¿Dónde está este país? ¿Qué países limitan con Argentina? ¿Qué sabes de Argentina?

 **2. a.** Relaciona las palabras que describen paisajes con las fotos. ¿Qué palabras ya conoces? **+ideas** p. 161

b. ¿Qué animales viven en Argentina?

> estar
> estar situado/a ...
> ... en el norte/sur.
> ... al norte/sur/oeste/
>   este de ...
> limitar con Uruguay / ...

¿Qué pasa aquí?

Álvaro tiene familiares en Argentina y habla mucho por Skype con sus primos Santiago (Santi) y Florencia (Flor). La familia de Álvaro va a visitarlos en verano porque van a celebrar la Quinceañera de Flor todos juntos.

Norte
Noroeste · Noreste
Oeste · Este
Suroeste · Sureste
Sur

Pronto vas a saber

- resumir una conversación en estilo indirecto
- describir un camino
- hablar sobre costumbres
- argumentar una opinión contraria
- la diferencia en el uso entre los verbos saber y poder

montañas, desiertos, jungla, cascadas, estepas, glaciares, playas y mar, lagos, pampa, ríos

Revisas

- hablar del tiempo
- el comparativo y el superlativo
- las prendas de ropa
- preposiciones de lugar
- el indefinido

elefantes, leones, llamas, papagayos, cebras, tortugas, cóndores, pumas, pingüinos, tucanes, tapires, rinocerontes, ballenas, camellos

Tus retos

1. El viaje de tus sueños – presenta tu lugar favorito.
2. La visita de alumnos hispanohablantes – prepara un audioguide.

Un viaje a las Cataratas del Iguazú

CD
2·13–14

80022-01
80022-02

¿Qué hacemos con Álvaro?

Santi (masticando): Acabo de hablar con Álvaro por Skype. Pregunta si ya tenemos planes para su visita, quiere saber adónde vamos con ellos y dice que quieren conocer un montón. Ahhh también cuenta que quieren ir a una agencia de viajes para informarse sobre posibles destinos. ¿Qué piensan ustedes? ¿Qué le digo?

5

Madre: Hijo, no se habla con la boca llena. Pues, hay que pensarlo bien. Vienen por primera vez y quieren conocer mucho del país. ¿Dónde empezar? ¡En Argentina hay muchos lugares muy lindos e interesantes para mostrarles! Claro que primero hacemos un recorrido por Córdoba.

10 **Santi:** Síííí, y aquí también vamos a visitar las sierras y bañarnos en los ríos.

Padre: ¿Qué les parece si seguimos al oeste del país? Miren, los Andes ya no están tan lejos y son impresionantes para los europeos. Así pueden conocer el Aconcagua que es la montaña más alta de América. La ciudad de Mendoza es muy linda y podemos esquiar en las montañas.

15 **Flor:** ¡A mí no me gusta mucho esquiar! Además estuvimos hace dos años allí, cuando visitamos un viñedo. ¿Te acordás papá, las pruebas de vino que hiciste? Te quedaste borracho, jiji …

Madre: Ummm … Porfa, cállate hija, cómo me acuerdo … Entonces podemos viajar al norte. En Salta y Jujuy las montañas son, incluso, más lindas todavía que en Mendoza y allí hace más calor.

20

Flor: Tenés razón mamá, las montañas con tantos colores diferentes y el desierto me encantan pero hay muchos caminos de serpentina y me dan mareos. ¿Por qué no hacemos un viaje al sur, a La Patagonia? Mmm … Todavía no estuvimos nunca allí. ¡Me encantaría conocer los glaciares!

25 **Santi:** ¡No Flor, en La Patagonia hace muchísimo frío y también nieva mucho! ¡Sabes que no aguanto nada el frío, brrrrhhhhh!

Padre:	No sólo hace frío sino que también hace mucho viento. Además está a más de 2 000 km de nuestra casa y sólo podemos viajar en avión porque está muy lejos.

30 **Flor:** Y ¿por qué no Mar del Plata, en la costa? Es verano y podemos tomar mucho sol y bañarnos en el mar. ¡A mí me encanta tomar el sol!

Santi: Oh … no, Flor ¡por favor! Álvaro va casi todos los años de vacaciones a la playa.

Madre: A ver, ¡tengo una idea genial! Lo mejor es ir a las Cataratas del Iguazú, al
35 noreste. Allí hace más calor que en la Patagonia y que en Mendoza, aún más, podemos cruzar a Brasil que está muy cerca. Aquí lo vemos en el mapa. `80022-02`

Santi: ¡Me gusta la idea, mamá! En las Cataratas hace muchísimo calor, pero nos vamos a divertir con Álvaro porque entonces podemos hacer un safari por la jungla y ver muchos animales y plantas exóticas …

Normalmente siempre entiendo muy bien a Santi, pero a veces usa unos verbos extraños. Para empezar, en Argentina no usan el **vosotros**, utilizan siempre **ustedes**. Bueno, lo hacen en casi todo Latinoamérica, Lupe lo hace igual. Otra cosa típica de Argentina es **el voseo**. En lugar de **tú** usan **vos**. La conjugación del verbo en segunda persona del singular se conjuga también diferente:
- **vos tenés** en lugar de **tú tienes**
- **vos sos** en lugar de **tú eres**
- **te acordás** en lugar de **te acuerdas**

🟨 **1** **¿Adónde viajar?**

 a. Lee la conversación de la familia otra vez y completa la tabla en tu cuaderno. `+ayuda` p.150

	Destino	¿Por qué?	¿Qué hacer?	¿Qué opinan los demás?
Madre	🟩	🟩	🟩	🟩
Padre	🟩	🟩	🟩	🟩
Santi	🟩	🟩	🟩	🟩
Flor	🟩	🟩	🟩	🟩

b. Busca los lugares mencionados en el texto en un mapa `80022-02` y describe dónde están situados.

  c. Mira la tabla y habla con tu compañero/a. ¿Qué lugares turísticos se pueden visitar en Argentina? ¿Qué se puede ver y hacer allí?

> además, incluso, también, aún más, incluso
> En Los Andes … además … En La Patagonia … incluso …
> En Mar del Plata … y …

2 ¿Las montañas o el mar?

Mira otra vez las imágenes de los paisajes en las páginas 82–83.
¿Qué paisajes y climas prefieres / te gustan más / menos? ¿Por qué?

- la playa • la montaña • la jungla • el río • el mar • el desierto • la pampa •
  la estepa • los glaciares
- el calor / el frío

- Prefiero la montaña porque … además …
- Me gusta más la jungla que el desierto … porque allí se puede …
- La montaña es el paisaje que más me gusta, porque …
- No aguanto el frío / el calor.

3 ¡Qué tan curioso eres, Álvaro!

a. Santi acaba de hablar por Skype con su primo. Escribe las
preguntas y comentarios de Álvaro. `+ayuda` p. 150

¿Qué planes tenéis para nuestra visita?

Pregunta si ya tenemos planes para su visita.

Quiere saber adónde vamos con ellos.

Cuenta que quieren ir a una agencia de viajes para informarse de los posibles destinos.

Dice que quieren conocer un montón.

b. Santi le cuenta a su familia de la conversación por Skype con Álvaro. Para eso utiliza el
estilo indirecto. Pensad en cómo se forman las preguntas y los comentarios en el estilo
indirecto. Marcad en vuestro cuaderno los cambios de los verbos en color rojo y de los
pronombres en color azul. `Ch 1` p. 98 `G` `7`

c. Mira la tabla de la tarea 1 y resume la conversación de la familia.

La madre quiere ir a … pero … dice que … . Luego … propone ir a … pero … .
Al final deciden … porque … .

d. Escribid la conversación de Santi y Álvaro por Skype. `+ayuda` p. 150 `+ideas` p. 161

4 **¿Qué tiempo hace en Argentina?**

Álvaro está haciendo la maleta y quiere saber qué llevar.

a. Mirad en el mapa qué tiempo hace y hacedle preguntas a vuestro/a compañero/a. Utilizad los puntos cardinales y el nombre de ciudades/provincias de Argentina.

> **Modelo:** ¿Qué tiempo hace en el noroeste del país?
> En el noroeste del país hace sol.
> ¿Qué tiempo hace en Mendoza?
> En Mendoza/los Andes está nublado.
> En el centro del país … hace/está …

b. Compara el clima en las regiones de Argentina.

En la Patagonia	hace	más	frío	que	en los Andes
En los Andes		menos	calor	como	en el norte
En el norte		tanto	sol		en Mendoza
En las Cataratas			viento		en la Patagonia
En el centro					en el centro
En el sur					en el sur
En Mendoza	llueve	más		que	en la costa
En la costa	nieva	menos		como	en las Cataratas
En Córdoba		tanto			

c. Santi le da algunas recomendaciones a Álvaro. Piensa en qué ropa debe llevar Álvaro y completa las frases de Santi.

> Para recorrer la ciudad necesitas …
> Si vamos a … te recomiendo traer …
> Tal vez vamos a … , entonces necesitas también …
> En … se recomienda ponerse …

ropa ligera/gruesa las gafas del sol un gorro las chanclas la toalla la crema solar

CD 2·15

d. Escucha el pronóstico del tiempo actual en Argentina y compara con el tiempo en Alemania. ¿Qué piensas por qué es diferente? ¿Qué estación del año hay en los países del hemisferio sur?

5 Los records de Argentina

Forma frases con el superlativo.

> Buenos Aires es la ciudad ■ del país. (poblado)
> El Acongagua es la montaña ■ de los Andes. (alto)
> Usuahia es la ciudad ■ del mundo. (austral)
> Mar del Plata es la ciudad ■ de la costa atlántica. (turístico)
> En Iguazú están unas de las Cataratas ■ del mundo. (espectacular)
> El norte es la región ■ del país. (cálido)
> En el centro del país vive la ■ cantidad de habitantes. (grande)

6 Argentina linda

a. Buscad más información en internet sobre estos y otros lugares turísticos de Argentina y preparad un folleto turístico. Para ello imprimid unas fotos representativas y describid los lugares: ¿Dónde están? ¿Qué hay? ¿Qué se puede hacer? ¿Qué tal el clima allí?

b. Un juego de roles: La familia de Álvaro va a una agencia de viajes para informarse de los posibles destinos en Argentina. En grupo de cuatro jugad a los roles: un/a compañero/a es el empleado/a y otros/as tres compañeros/as se informan sobre los lugares que se puede visitar en Argentina. Para ello utilizad los mapas de Argentina y América Latina. Presentad el diálogo en clase.

c. ¿Y a vosotros? ¿Adónde os gustaría viajar? ¿Por qué?

7 Por fin llegamos ... al hotel de Iguazú

Las familias llegan al aeropuerto de la ciudad de Puerto Iguazú y rentan un coche para llegar al hotel La familia Apart Hotel que reservaron por internet. En la agencia de alquiler de coches preguntan cómo llegar al hotel.

a. Escucha y sigue la ruta de las familias. +ayuda p. 151

CD 2·16

b. Escuchad otra vez el diálogo y relacionad los infinitivos correspondientes a los dibujos. Copiad todo en el cuaderno. `Ch 2` p.98

`+ayuda` Buscad en el diálogo los infinitivos correspondientes.

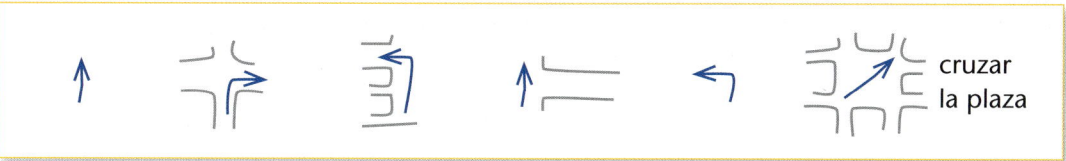

cruzar la plaza

c. Mirad el mapa de la ciudad de Puerto Iguazú en el ejercicio 7. Cada uno/a elige un punto de salida y un destino secreto. Luego describid el camino desde vuestro punto de salida a vuestro/a compañero/a y él/ella tiene que decir cuál es el destino. `+ideas` p.161

8 En las Cataratas del Iguazú

TARIFAS DE INGRESO – ENTRANCE FEES

MAYORES		MENORES entre 6 y 12 AÑOS	
ENTRADA GENERAL	**$ 130**	MENORES ENTRADA GENERAL	**$ 90**
Mercosur (BRA-PAR-URU-VEN)	**$ 90**	MENORES Mercosur (BRA-PAR-URU-VEN)	**$ 50**
Residentes Argentinos	**$ 50**	MENORES Residentes Argentinos	**$ 25**
Residentes Misioneros	**$ 20**	MENORES Residentes Misioneros	**$ 15**
Jubilados Argentinos	**$ 20**	**MENORES DE 6 AÑOS** INFANTS UNDER 6 YEARS OLD	**NO ABONAN** FREE OF CHARGE
Jubilados Misioneros	**$ 15**	**PERSONAS DISCAPACITADAS** DISABLED	**NO ABONAN** FREE OF CHARGE
		RESIDENTE DE PUERTO IGUAZÚ Y ANDRESITO	**NO ABONAN** FREE OF CHARGE

REVALIDE SU TICKET DE INGRESO AQUI,
y mañana obtendrá una bonificación en su tarifa.
Si el ticket no se revalida, se aplicará la tarifa normal.
La revalidación sólo abarca el segundo día consecutivo de visita.

REVALIDATE YOUR TICKET HERE
and get a discount in the rate of tomorrow. If you don't, rack rate will apply. Revalidation will only cover the second consecutive day of your visit.

a. Mirad el cartel de la entrada al Parque Nacional de Iguazú y descubrid cuánto dinero debe pagar la familia de Santi y cuánto cuesta la entrada para Álvaro y su familia.

b. ¿Quiénes no pagan la visita a las Cataratas?

c. ¿Cuánto cuesta la entrada para las personas de los países del Mercosur? Busca en un mapa cuáles son esos países. `+ideas` p.161

DVD
18

d. Álvaro visita a Santi en Argentina. Cuando vuelve al instituto, muestra fotos y vídeos en su portátil a los compañeros. Mira el vídeo y contesta estas preguntas:
¿Qué fotos les muestra Álvaro a sus amigos?
¿Qué les parece la jungla a los amigos?
Y a ti, ¿te gustaría visitar las Cataratas también? ¿Por qué (no)?

9   Una postal de Álvaro

Responde las siguientes preguntas:

1. ¿Dónde están las Cataratas del Iguazú?
2. ¿Qué animales viven allí?
3. ¿De todo el recorrido qué le gustó más a Álvaro?
4. ¿Cuántos litros de agua caen de las cascadas por segundo?
5. ¿Qué se puede observar en la Garganta del Diablo?

@ **+ideas** Infórmate en la red de qué se alimentan el tápir, el oso hormiguero y el jaguar y presenta un informe corto en clase.

Puerto Iguazú, 18 de agosto de 2015

Hola Daniel

La verdad Daniel, ¡estoy pasando unos días buenísimos en Argentina! Ahora estamos en Las Cataratas del Iguazú. ¡Son cascadas gigantescas! Y están en la provincia de
5 Misiones junto a la frontera con Brasil y Paraguay, en el noreste de Argentina. El padre de Santi dice que caen más de un millón de litros de agua por segundo de las cascadas. ¡Es impresionante! Cuando recorrimos uno de los circuitos nos mojamos toda la ropa porque caminamos muy
10 cerca de los saltos! Santi me contó que éstas son unas de las cataratas más grandes del mundo y que aquí hay también muchos animales como el tápir y el jaguar, el oso hormiguero y también centenares de mariposas de colores fascinantes. Mi padre dice que aquí
15 vienen turistas de todo el mundo todo el año.
Lo más divertido de las excursiones que hicimos aquí, fue el viaje en lancha a la Garganta del Diablo donde sacamos muchísimas fotos. Allí está la parte más profunda del río y puedes ver a
20 tu alrededor muchos arco iris que se forman mientras cae el agua de los saltos o cascadas que son altísimas. Este paisaje mola mucho. Lo puedes ver en la postal. Santi quiere conocerte personalmente y me preguntó si te animas a visitarlo
25 el año próximo. ¿Qué te parece la idea? Quizás puedes acompañar a tu papá en uno de sus vuelos a Argentina. Y yo quizás ... ¡puedo acompañarte! Pronto nos vemos otra vez en Sevilla...

Abrazo   Álvaro

¿La fiesta de 15 o el viaje?

CD
2·17–18

80022-01
80022-02

Florencia, la hermana de Santi, va a cumplir quince años muy pronto. Ella no sabe qué hacer. Sus padres le quieren hacer un regalo de cumpleaños. Pero, qué elegir: ¿una fiesta o un viaje? Florencia charla con sus amigas porque quiere saber qué opinan ellas.

Florencia:	Qué emoción, chicas, ya pronto cumplo 15 años. Soy la primera de nosotras, jiji ¡Qué alegría! Pero ¡no sé qué voy a hacer! ¿Una fiesta o un viaje?
Mariana:	Ayy ¡qué envidia! A mí me falta bastante, unos seis meses más … Pues, ¡Prepara una fiesta así todos podemos divertirnos y pasarlo bomba!
Sandra:	¡No! Para mí una fiesta no es importante. ¡Seguro que yo voy a elegir el viaje! La fiesta es sólo un día y ya pasó. En cambio un viaje dura más tiempo y es genial. Puedes conocer a muchos chicos y chicas diferentes y puedes conectarte con ellos por internet …
Daniela:	¡Yo también prefiero un viaje porque es inolvidable! Conoces paisajes diferentes. Además puedes visitar a tus nuevos amigos otra vez … En una fiesta lo pasas bien sólo un rato y después se acaba todo.
Florencia:	Para mí una fiesta es el sueño de mi vida: el vestido, los zapatos, el peinado, los regalos … Además están aquí mis tíos y mi primo Álvaro de España. ¡Todo me emociona tanto! ¡Quiero sentirme una princesa por un día! Y me van a festejar todos, ¡hasta Santi también!
Laura:	La verdad que yo pienso como vos, Flor. A mí me encantan las fiestas para compartir ese gran momento de mi vida con mis amigos y mi familia. ¡15 años los cumples sólo una vez, mientras que un viaje puedes hacerlo en otra oportunidad!
Cristina:	Sí, ¡una fiesta es lo mejor! ¡Ya podemos pensar en un sitio para festejar! Además tu cumple va a ser en verano y puedes elegir un lugar al aire libre.
Laura:	¡Tienes razón, Cristina! Vamos a organizar la fiesta en el club donde quedamos todos los domingos con los chicos del barrio.
Sandra:	Bueno, bueno … Ustedes tienen razón. ¡Me convencieron! ¡La idea de ustedes está rebuena! Yo me voy a ocupar entonces de la música, ¿te parece bien, Flor? Mi hermano mayor toca la guitarra en un grupo de música y quizás ellos pueden hacer música en vivo.
Mariana:	Bueno … ¡Ustedes me van a convencer a mí también! Yo te voy a acompañar a elegir el vestido, Flor, ¡creo que rosa es el mejor color para esta fiesta!
Laura:	¡¡¡Oh no!!! ¡¡Rosa no!!, es para niñas, ¡nosotras también queremos acompañarte para elegir el vestido!
Daniela:	Y … por favor, ¡los zapatos también!
Florencia:	Bueno chicas, paren, paren un poco … ¡Nos vamos todas! Creo que con la ayuda de ustedes ¡¡¡voy a tener una fiesta genial!!!

1 ¿Qué va a hacer Florencia?

 a. Completa la tabla con la opinión de las amigas de Florencia.

Mariana	Sandra	Laura	Daniela	Cristina
■	■	■	■	■

b. Cuenta lo que opinan las amigas: … dice que …   … opina que …   … piensa que …

 c. Escribe frases y utiliza los conectores. A veces puedes usar dos conectores diferentes para la misma frase: Ch 3 p. 98   G 9   +ayuda p. 151   +ideas p. 161

Daniela y Sandra prefieren un viaje
Una fiesta es divertida
Les pregunto a mis amigas
En una fiesta puedes bailar mucho
Me compro un vestido elegante
Preparas la fiesta al aire libre
En un viaje ves muchas cosas
Escriben las invitaciones
El hermano de Sandra toca la guitarra

en cambio
y además
pero
mientras tanto
mientras que

decido.
en una fiesta recibes regalos bonitos.
zapatos con tacones muy altos.
para Florencia una fiesta es el sueño de su vida.
un viaje es muy interesante.
puede llover.
José Luis, un amigo, toca el piano y el saxofón.
en un viaje conoces a gente nueva.
a Laura y Mariana les gustan las fiestas.
buscamos un sitio para festejar.

Para mí …

Me gusta/n más … porque …

2 ¿Cómo es en tu país?

a. Intercambia tu opinión con tus compañeros:
¿Festejas también el cumpleaños de 15?
¿Hay otro cumpleaños más importante?
¿A ti te gusta festejar tu cumpleaños? +ideas p. 161

Prefiero … porque …

A mí me parece que … porque …

 b. ¿Qué vas a hacer en tu próximo cumpleaños? Te encuentras en un chat con las chicas argentinas. Escribe sobre cómo celebrar el próximo cumpleaños. Piensa en las opciones y alternativas que tienes y escribe tus ideas usando los conectores en cambio, además, pero, mientras que. +ayuda p. 151

3 ¡Vivan las quinceañeras!

Sofía le cuenta a su prima Claudia sobre el viaje de Álvaro. Claudia investiga en internet sobre el cumpleaños de 15 y encuentra un blog en español. Le pide ayuda a Sofía. Como Sofía tampoco entiende cada palabra del blog, usa un diccionario.
Escribe el correo de Sofía a Claudia en el que explica cómo las chicas argentinas festejan su cumpleaños de 15.

Blog / cumpleaños de 15

Una de las más importantes celebraciones en los países latinoamericanos es la tradición de la quinceañera. Es una gran fiesta familiar al mismo nivel de una boda. Mucho más que una simple celebración de quince años, representa el paso simbólico de una niña a su etapa como mujer. Las quinceañeras usan vestidos que pueden ser tan caros como un vestido de novia y las familias regularmente pagan mucho dinero para el evento.

La planeación empieza con un año de anticipación y requiere de los recursos y ayuda de muchos miembros de la familia y amigos.

Al ser una fiesta, siempre hay baile y generalmente un grupo o DJ toca música. También se da una cena formal en la fiesta y los invitados llevan ropa formal.

En Argentina, la ceremonia conocida como la „fiesta de quince" comienza con la chica que hace una gran entrada acompañada con una música lenta del brazo de su padre. Otra tradición argentina es que la Quinceañera seleccione a 15 personas más influyentes en su vida hasta ese momento y les da una vela a cada uno.

texto adaptado. fuente: http://www.visionhispanausa.com/index.php?option=com_content&view=article&id= 473:quinceanera-una-tradicion-que-evoluciona&catid=6:cultura-local&Itemid=5

CD
2·19–20

4   La marmota roncando

Por la mañana al despertarse Santi y Álvaro hablan de la fiesta de 15 años de Florencia. Escucha la conversación y elige la respuesta correcta:

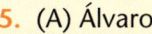

1. Santi
   a. no durmió por el ruido en la casa.
   b. se durmió como una marmota.
   c. está nervioso por la fiesta de Flor.

2. Álvaro
   a. se despertó por el ruido en la casa.
   b. no escuchó nada porque roncó tan fuerte.
   c. no escuchó nada porque se durmió como una marmota después del viaje.

3. Florencia va a festejar su compleaños
   a. en su casa.
   b. en el club del barrio.
   c. en casa de una amigas.

4. En la fiesta Florencia va a bailar el vals
   a. con su padre.
   b. con su primo Jorge.
   c. con Santi.

5. (A) Álvaro
   a. va a venir a la fiesta.
   b. quiere bailar con su madre.
   c. es un invitado de la fiesta.

6. Santi cree que
   a. se va a aburrir mucho en la fiesta.
   b. lo va a pasar muy bien con sus primos.
   c. va a bailar el vals con su hermana.

¿Redivertirse? ¿Reaburrido? ¿Chetas?
Parece que aquí ponen „re-" delante de una palabra cuando quieren exagerar un poco. Y dice Santi que **cheta** se dice a una persona a la que le gusta llevar ropa bonita y le interesa su apariencia.

5   ¡Una fiesta redivertida!

C   Después de la fiesta de quince Álvaro le envía a Daniel un mensaje por WhatsApp.
Lee el mensaje de Álvaro un día después del cumpleaños de Flor y completa con la forma
correcta de los siguientes verbos en pretérito indefinido: **+ayuda** p. 152

sacar	pasar x2	ponerse	recibir	servir	ser
bailar x2	estar	llegar	divertirse	posar	irse

Hola Daniel:

Anoche lo ■ (yo) bomba en el cumple de 15 de la hermana de Santi. Bueno, ella y sus
amigos lo ■ genial. Pero Santi y yo también ■ mucho con sus primos. Su hermana
Florencia ■ un vestido muy elegante de color turquesa. Cuando ella ■ al salón de fiesta
del brazo de su padre ■ muchos regalos de sus amigos y de la familia. Sus abuelos y sus
tíos y, por supuesto, todos los primos ■ también en la fiesta. El tío Roberto, que es un
hombre muy majo, ■ fotos a todo el mundo durante toda la noche. Las amigas de
Florencia ■ para sus *Selfies*. Después de comer la torta gigante de cumpleaños todo el
mundo ■ ¡Hasta el abuelo ■ con la abuela! Los últimos invitados ■ a las 7 de la mañana,
pero antes los camareros ■ el desayuno para todos ¡■ una fiesta muy divertida!

6   Mi viaje

Álvaro subió algunas fotos en su grupo de chat con los amigos de Sevilla.

a. En parejas mirad las fotos y describid lo que veis.   **M** I 4.3   **+ayuda** p. 152

En la primera/segunda/… foto de Álvaro   se puede(n) ver …, hay un/una …,
hay muchos/as …, veo (a) …

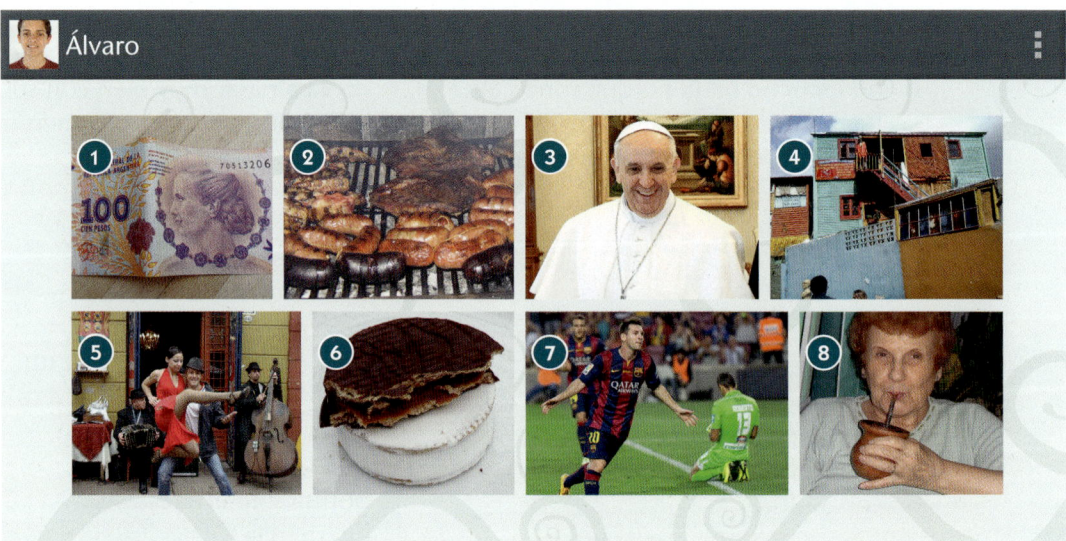

b. Todavía le falta explicar lo que se puede ver en sus fotos. Entonces Álvaro les manda algunas informaciones a sus amigos. Relaciónalas con las fotos.

 Álvaro

> La señora es la abuela de Santi y Flor. Tiene un mate en la mano. El mate es una bebida típica y tradicional que se toma en Argentina, Uruguay y en el sur de Brasil. La gente suele beber mate cuando queda con amigos o con la familia. Lo puedes beber caliente o frío y a cualquier hora del día. Es un té verde pero muy amargo y a mí no me gusta, ¡bah!

> Estos son mis dulces preferidos y ¡también los de Santi! Son los famosos alfajores rellenos con dulce de leche. El dulce de leche es una crema caramel que se come con todos los postres en Argentina. ¡Seguro que a ti también te gustarían mucho, Daniel! 😊

> Esta es la comida favorita de los argentinos: el asado. Se come casi todos los fines de semana. Así llaman la carne al grill. Los argentinos comen sólo carne de vaca que está junto al hueso, bueno, el hueso no se come, pero se pone la carne con el hueso a la parrilla. Son las costillas de la vaca. La familia de mis primos sabe muy bien preparar el asado. ¡¡Es muy, muy rico!! Mmmmm.

> ¿Lo reconoces, Pablo? Aquí ves a tu ídolo, Lionel Messi. Vive en España pero viaja siempre a Argentina cuando juega para la Selección Nacional porque él nació en Argentina.

> Esta foto es de un barrio muy famoso de Buenos Aires donde siempre hay muchos turistas de todo el mundo. Su nombre es La Boca. Está cerca del puerto de Buenos Aires. Allí los inmigrantes que llegaron de Europa construyeron sus casas las que pintaron de muchos colores.

> En Argentina la gente baila mucho el tango que es un baile muy famoso. Este baile es de origen argentino pero lo bailan en todo el mundo. ¡Y también se canta!

> Este es un billete con la imagen de Evita Perón quien fue una mujer muy importante en la historia política de Argentina. Según mis padres todo el mundo conoce a Evita Perón porque ella ayudó mucho a los niños pobres.

> Aquí se habla por todas partes mucho de él. Es un argentino, pero ahora vive en Roma donde trabaja. ¿Ya descubriste quién es?

7   Lo que no mata engorda

a. Mira estas frases. Hay muchas palabras que te ayudan a conectar frases. Busca en el texto de la tarea anterior más de esas palabras, apunta las frases en tu cuaderno y marca los conectores.

> El mate es una bebida **que** se toma en Argentina.
> La Boca es un barrio muy famoso de Buenos Aires **donde** siempre hay muchos turistas.
> Messi viaja a Argentina **cuando** juega para la Selección Nacional **porque** nació en Argentina.   `Ch 5` `p. 98`

b. Relaciona estas frases con las palabras de **a.** y hazle las preguntas a tu compañero/a: ¿Qué es? / ¿Quién es?

> Es un barrio famoso, ▪ está cerca del puerto de Buenos Aires, ▪ puedes ver muchas casas de muchos colores.
> Es un dulce ▪ se come con todos los postres en Argentina.
> Es un argentino muy famoso ▪ se fue a vivir a Roma ▪ se convirtió en el Papa de la iglesia católica.
> Es un baile ▪ se baila y se canta en Argentina.
> Es una mujer ▪ es muy famosa en Argentina ▪ ayudó a los niños pobres.
> Es el plato típico ▪ se come casi todos los fines de semana ▪ se reune toda la familia.
> Es una bebida un poco amarga ▪ se toma mucho en Argentina.
> Viaja a Argentina ▪ hay un partido de la Selección Nacional ▪ no vive en Argentina.

8   ¿Cómo se puede saber?

a. Compara los verbos. ¿Qué te llama la atención?

La familia de Santi sabe muy bien preparar el asado. Pero hoy hace muy mal tiempo y no pueden prepararlo.

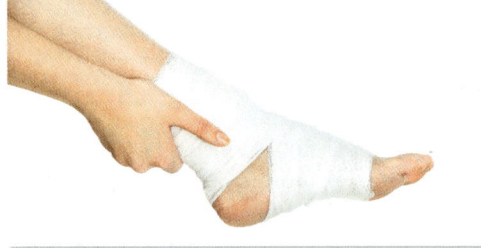

La mamá de Álvaro sabe bailar el tango, pero en la fiesta de Quinceañera no puede bailar porque tiene el tobillo roto.

> ¡Qué confusión! ¿No es lo mismo **poder** y **saber** en alemán?
> Qué pensáis, ¿cuál es la diferencia en español?   `Ch 4` `p. 98`

b. Completa el mensaje con la forma correcta de saber o poder:

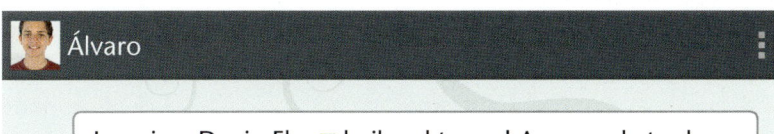

Álvaro

> Imagina, Dani, ¡Flor ■ bailar el tango! Ayer por la tarde salimos a la calle y ella me enseñó a bailarlo. Una cosa está clara: ¡YO NO ■ BAILAR! ¡Un desastre! Yo la pisé varias veces y al final me dijo: Los chicos no ■ moverse, ¡bailas como un elefante! Ahora me duelen los pies, ¡no ■ bailar!
> – Yo le respondí: Pero seguro que todavía ■ caminar ¿a que sí, Flor? – Bueno, al final volvimos en taxi …

9   Lo común y corriente

Los amigos de Sevilla y Argentina se interesan también por costumbres típicas de Alemania. Prepara fotos e informaciones para ellos según el modelo de Álvaro. Estas palabras te pueden ayudar:

Caja de herramientas

Soler (o → ue) + inf.
Es común + inf.
Es costumbre / tradición + inf.
Lo más típico es …
La bebida más famosa / El plato más común …

10   Y, ¿cómo es en España?

DVD
19

Flor hace unas prácticas en España. En la biblioteca habla con Lucía, una amiga española. Ella se interesa mucho para las diferencias entre las tradiciones españoles y argentinas. ¿De qué costumbres hablan las amigas y cómo las explican? +ideas p. 161

11   Un caramelo para ti 🍬

Mafalda también es argentina.

a. Infórmate sobre ella y sus amigos en esta página: 80022-03

b. Elige tu cómic favorito y descríbelo a tu compañero/a: Usa las plabras para describir imágenes de la tarea 6. y el estilo indirecto. Ch 1 p. 98   +ideas p. 161

1 Resumir una conversación

> Tengo hambre.
>
> ¿Papá, **me puedes** preparar unos asados?
>
> ¿No? Pues, ¿cuándo **puedes**?

| Santi | dice/ cuenta | que | **tiene** hambre. |
| | pregunta / quiere saber | si cuándo | **su** papá **le puede** preparar unos asados. |

2 Describir un camino

- Ir/seguir (todo recto) (hasta)
- Girar a la izquierda/derecha
- Tomar la primera/segunda/ … calle a la …
- Cruzar la plaza/ la calle/el cruce
- Pasar la calle …

3 Argumentar una opinión contraria

en cambio • pero • mientras tanto • mientras que • y además

4 Contrastar saber y poder

> Ganz schön verwirrend: wenn ich sagen möchte, dass ich gut Fußball spielen **kann**, muss ich im Spanischen **saber** benutzen: Yo **sé** muy bien jugar al fútbol. Spanier **wissen** also, was sie gut können ☺ Sie haben diese Fähigkeit (das Wissen) erst erlernt! Das Verb **poder** nutzen sie, wenn sie (nicht) in der Lage sind: Pablo tiene el tobillo quebrado, por eso no **puede** jugar al fútbol.

5 Unir frases con conectores

El mate es una bebida **que** se toma en Argentina **donde** la gente se reune **cuando** quiere charlar.

que • quien • donde • cuando • porque • pero • …

Tu reto, paso por paso 80022-04 + Autocontrol

Elige una tarea que te gusta.

Tu reto 1: El viaje de tus sueños

Planea un viaje para tus próximas vacaciones y prepara una presentación de tu lugar favorito.

Paso uno: Piensa en el lugar favorito de todos tus viajes y elige uno de ellos para preparar tus próximas vacaciones.

Paso dos: Elige un mapa para marcar el lugar a dónde vas a ir.

Paso tres: Busca por ejemplo en la red imágenes para poder describir el lugar elegido.
Si tienes fotos interesantes del paisaje puedes incorporarlas a tu presentación!

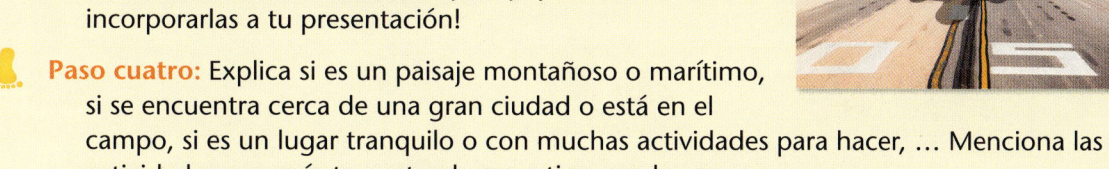

Paso cuatro: Explica si es un paisaje montañoso o marítimo, si se encuentra cerca de una gran ciudad o está en el campo, si es un lugar tranquilo o con muchas actividades para hacer, … Menciona las actividades que más te gustan hacer a ti en ese lugar.

Paso cinco: Ten en cuenta qué tiempo hace normalmente en ese lugar y cuál es la época del año que prefieres tú para viajar allí.

Paso seis: Finalmente expón con quién vas a ir, en qué medio de transporte vas a llegar a tu lugar favorito y dónde te vas a alojar.

Paso siete: Prepara el texto de tu presentación. Utiliza para tu exposición un Powerpoint, un póster o transparencias para un retroproyector. M I 4.1+2

Tu reto 2: La visita de alumnos hispanohablantes

Tu instituto va a recibir a un grupo de alumnos hispanohablantes. Prepara un audioguía para usar en los móviles.

Paso uno: Elige los sitios de tu pueblo o ciudad que son interesantes para visitar.
Piensa qué se puede ver o hacer en cada uno de esos sitios.

Paso dos: Ten en cuenta el recorrido de todos los sitios a visitar. Toma como punto de partida tu instituto para describir el camino de un sitio a otro. ¡Piensa en los medios de transporte, si son necesarios! Quizás pueden ir a pie. Escribe toda la información en un texto para grabar.

Paso tres: Accede a una grabadora de sonidos (móvil, ordenador, tablet).

Paso cuatro: Lee tu texto con voz clara y segura al micrófono.

Vamos a la Feria

Capítulo

6

 Describe las fotos con la ayuda de algunas de las palabras del chat: M I 4.3

> el traje de gitana con volantes • el caballo • el coche de caballos • la portada • el parque de atracciones • la Sevillana • la caseta

En la primera / segunda … foto hay / se puede ver (a) un/a …

¿Qué pasa aquí?

Sofia y Daniel van a la Feria de Abril de Sevilla. Ven un desfile de caballos y conocen la famosa Calle del Infierno.

Pronto vas a saber

- hablar del pasado cercano (pretérito perfecto) y contrastarlo con el indefinido
- formar y utilizar adverbios
- hablar sobre una fiesta popular
- expresar gusto y disgusto

Revisas

- la oración relativa
- los adjetivos
- describir un camino
- describir a personas

Tus retos

1. Vas a ver un vídeo en youtube sobre la Feria de Sevilla. Escribe un texto, busca música adecuada y haz una grabación.
2. Prepara un póster sobre una fiesta importante de tu ciudad.

Sofia
Adivina ¿dónde estoy?

Laura
¡¡En la Feria de Sevilla!! ¡Qué envidia! ¿Pq no me has llevado? ☹ ¡Tienes que ver la portada de noche! ¡Una maravilla! ¿Te lo estás pasando bien?

Sofia
Sí, genial, hay caballos y coches de caballos y ya todo el mundo está bailando la Sevillana. Estamos aquí con mis padres …

Laura
Ahhhhh vale. ¿Y qué tal quedó el parque de atracciones?

Sofia
¡Me encanta! ☺

Laura
Quiero ir también … Ya tengo mi vestido, un traje de gitana chulísimo.

Sofia
Qué piensas, ¿kdms para mañana? También vienen María y Daniel y los demás. ¡Los padres de María tienen una caseta!

Laura
Claro que sí. Hsta mñn entonces, bss!

A ¡Un día perfecto!

ABC*desevilla*

FERIA DE ABRIL DE SEVILLA 2015

Todo lo que necesitas saber sobre la Feria de Abril de Sevilla 2015

ABC@ABCDESEVILLA / SEVILLA | Día 21/03/2015

La Feria de Abril de Sevilla tiene lugar este año 2015 entre **el martes 21 y el domingo 26 de abril.** La Feria comienza a las 00.00 horas del martes 21 con la prueba del «alumbrao», cuando se encienden todas las luces del recinto. El final de la Feria de Sevilla es el domingo 26 de abril a las 24.00 horas con los tradicionales fuegos artificiales.

El lunes 20 de abril los primeros feriantes dan la bienvenida a esta popular fiesta con **la tradicional cena del «pescaíto»,** en la noche del lunes, en la que los socios de las más de mil casetas del recinto disfrutan de una cena compuesta principalmente por **fritura de pescado.**

La prueba del «alumbrao» este año es el martes 21 de abril sobre las 00.00 horas dando comienzo de manera oficial la Feria de Abril de Sevilla 2015. El alcalde de Sevilla, Juan Ignacio Zoido, activa el dispositivo que enciende **las 237.000 bombillas del recinto de la Feria de Abril y las 25.000 de su portada.**

Los fuegos artificiales pondrán punto final a la Feria de Sevilla el domingo 26 de abril, a media noche. A las 00.00 horas se apagan las miles de bombillas de la Portada y comienzan **los fuegos artificiales.**

El conjunto de calles que componen el recinto de atracciones de la Feria de Sevilla se conoce popularmente como «Calle del Infierno»

Aquí se reúnen desde las atracciones (también conocidas como «cacharritos») más tradicionales como **el látigo, la noria, los coches locos o la montaña rusa** hasta las atracciones más innovadoras.

Fuente: http://sevilla.abc.es/sevilla/20140725/sevi-festivo-feria-2015-201407242124.html#alumbrado, 28.06.2015 (texto adaptado)

1 ¡Ya es temporada de la Feria!

Completa las frases con las informaciones del artículo.

En 2015 la Feria comienza el ■ a las 00.00 horas y termina el ■.
El ■ hay una cena, la ■ en la que se come mucho ■. El comienzo oficial es el ■.
A medianoche el alcalde de Sevilla enciende las ■. Se llama ■.
Hay muchas atracciones tradicionales en la Calle del Infierno, p. ej. ■.
El ultimo día ■ ponen final a la Feria a las 00.00.

¡Hola a todos!

Hoy he ido con mi familia a la Feria. Es una de las
fiestas más famosas de España. Lo hemos pasado
bomba. ¡Ha sido un día perfecto! ¡Nunca he visto
algo tan bonito! Hemos estado en un desfile de
5 caballos y de coches de caballos. Han arreglado y
peinado a los caballos. Muchos de los hombres
han llevado ropa típica, y las mujeres se han
vestido con sus trajes de gitana. He visto vestidos
de volantes de muchos colores y con figuras … ¡Qué bonito!
10 ¡El recinto de la Feria es gigantesco y lleno de color! Parece una pequeña ciudad
con sus miles de casetas que son de madera y tela, además en todas hay música y
la gente pasea y baila las Sevillanas, el típico baile de la Feria.
Hemos paseado por todo el recinto y también hemos ido a la Calle del Infierno.
Es un parque de atracciones, es casi como la Rheinkirmes en Düsseldorf. Hay una
15 montaña rusa enorme, norias y coches chocadores. Me he subido a la montaña
rusa. ¡Fue genial! Después (¡¡¡Con mucha hambre!!!) hemos estado en la caseta de
los padres de María que nos invitaron a la cena del pescaíto. He comido un
montón de pescado sabrosísimo. Como las casetas son casi todas privadas,
solamente puedes entrar si conoces a alguien. He bailado las Sevillanas, María me
20 ha enseñado el baile, que tiene cuatro partes. ¡Mola mucho! Ya he aprendido
hasta ahora dos partes.
Mañana quiero ir otra vez a la Feria con Daniel y unos amigos de clase. Es muy
bonita por la noche, porque hay miles de luces. Vamos a ir con los amigos de la
clase y vamos a esperar el momento en el cual van a encender miles de bombillas
25 en la portada principal, es la entrada oficial a la Feria.
Ah, chicos, esta mañana hemos hablado en clase sobre la Feria de Sevilla y he
contado algo sobre la Rheinkirmes en Düsseldorf. Ahora tengo que hacer una
presentación. ¿Quién puede mandarme un folleto o informaciones?

Abrazos
30 Sofia

Comentarios:

Marina13 Sofia, qué interesante. Quiero ver la Feria y el desfile de caballos. Esta
semana he leído un libro sobre los caballos andaluces. Son caballos muy famosos.
Creo que son los caballos más bonitos de todo el mundo. En mi libro todos los
35 caballos andaluces son blancos. ¿Habéis visto caballos negros también? ¿Has
sacado fotos? ¿Me puedes mandar fotos de los caballos arreglados, por favor?

A

2   ¡Gigantesco!

Con ayuda de las informaciones de las fotos, del artículo y del blog explica qué es / son …
+ayuda p. 152

> la Feria de Sevilla • el desfile de caballos • el traje de gitana •
> la Calle del Infierno • una caseta • las Sevillanas • la portada principal

3   Hoy he tenido un día genial

a. Sofia habla y utiliza las formas del pretérito perfecto. En pareja buscad
algunos ejemplos para este tiempo del pasado en el blog e intercambiad ideas.
¿Cómo se forma? ¿Lo conocéis del alemán o del inglés?

b. Busca las formas regulares del pretérito perfecto en el blog de Sofia y completa
la tabla en tu cuaderno.   **+ayuda** p. 152

Infinitivo	haber	participio
pasar	■	■
estar	■	■
subirse	■	■
comer	■	■
aprender	■	■

c. Busca ahora las formas de haber que todavía faltan
y apúntalas en una tabla de conjugación.

d. Formula la regla para las formas.
Claro que sí, hay formas irregulares, ¿ya las has visto ☺ ?   Ch 1 p. 114   G 2.5

4   ¿Qué tal los amigos?

Los amigos no han estado en la Feria. Cuenta cómo han pasado el día.

> **Álvaro:** jugar al fútbol (por la mañana) • quedar con una chica guapa (por la tarde).
>
> **Toño:** estudiar para un examen de alemán (todo el día)
>
> **María:** comer tapas (a mediodía) • comprar ropa (por la tarde)
>
> **Pablo:** discutir con su madre (por la mañana) • salir con amigos (a las 17.00)
>
> **Laura:** chatear con amigos por internet (a mediodía) •
> quedar con un chico guapo (por la tarde)

5 Pobrecita, Lupe …

Mira lo que ha hecho Lupe hoy mientras los mellizos han estado con sus padres en la Feria. Redacta un texto. Piensa en los conectores para estructurarlo **G 9**. ¡Ojo! El pronombre reflexivo va delante de la forma conjugada de haber: Lupe se ha levantado.

11.00

11.20

11.45

14.30

21.15

22.00

6 ¡Qué trabajador!

Lee el texto y busca las formas irregulares del pretérito perfecto. ¿Puedes encontrar el infinitivo? Apúntalo junto con el participio correspondiente. **Ch 1** p. 114 **G 2.5** **+ayuda** p. 153

> Hoy mamá ha preparado una comida muy típica de la Feria. Ha hecho pescaíto frito y unas tapas, como ensalada de atún, almejas y aceitunas. Yo he vuelto temprano del instituto y la he ayudado muuucho. Primero he escrito la lista de compras, después en casa he abierto las latas de las almejas y del atún. También he puesto la mesa. Se ha caído un vaso y se ha roto. Sofia casi no ha hecho nada, la perezosa. Ha visto su serie favorita en la tele … y mamá no le ha dicho nada … ¡Qué barbaridad! Después de la comida hemos ido a la Feria y qué pensáis, otra vez hemos comido pescado … Ya no aguanto más, ¡estoy harto de comer pescado!

7 ¡Un día genial!

a. Completa el mensaje que María le manda a Sofia:

b. El mismo día Nicolás se encuentra con los mellizos y sus padres en la calle y les hace muchas preguntas sobre la Feria. En un juego de roles haced las preguntas de Pablo y contestad como Daniel y Sofia. Utilizad el pretérito perfecto.

- (ir) a la Feria
- (encontrar) a Álvaro
- (estar) en la caseta de los padres de María
- (ver) a los padres de María
- (comer) pescaíto frito
- (ser) cara la comida en la Feria
- (subir) a la montaña rusa **+ideas** p. 161

María

> Hola Sofia, soy yo otra vez. ¡Hoy (ser) un día genial contigo en la Feria! Tantas cosas que tú y yo (ver) … ¡Qué pena que ya te (ir) ! Seguro que Daniel y tú ya (hacer) vuestros deberes, ¿a que sí? 🙂 Yo (leer) el texto para inglés pero tengo problemas, ¿¿me podéis ayudar, porfa?? Mis padres (comprar) unas tapas, ¿te gustaría venir otra vez mañana?

8 ¿Qué has hecho hoy?

Ahora tú: Escríbele un correo a Sofia y cuenta de tu día. Utiliza el pretérito perfecto.   Ch 1 p. 114

9 Los Reyes de España en la Feria de Sevilla

 a. Lee el texto y contesta las preguntas:
¿Quién ha visitado la Feria?   ¿Por qué no han venido antes?   ¿Qué más van a visitar?

Información del periódico online

… Esta mañana los Reyes de España han visitado la Feria de Sevilla. Llegaron ayer a las tres de la tarde en avión al aeropuerto de Sevilla. El año pasado querían visitar la Feria pero no pudieron porque tuvieron que ir a una boda. Los Reyes nunca han estado en la Feria de Sevilla. Hace dos años
5 visitaron la Feria de Cádiz, que también es muy bonita y muy grande, pero hasta ahora no han podido venir a Sevilla durante la Feria. Todavía no han visitado el centro histórico de Sevilla, pero se van a quedar tres días para ver todo. Ya han hecho algunas cosas. Esta mañana han participado en un desfile de coches de caballos. Anoche fueron a la Plaza de Toros para ver
10 una corrida de toros …

 b. Lee el texto otra vez. Se usan los dos tiempos del pasado que ya conoces, el indefinido y el pretérito perfecto. ¿Qué piensas, cuándo se usan? Habla con tu compañero/a.

 c. En este texto hay muchos marcadores de tiempo. Te pueden ayudar para saber qué tiempo debes usar. Haz una lista en tu cuaderno y relaciona los marcadores con los tiempos verbales correspondientes según el texto.   G 2.5

pretérito perfecto	indefinido
esta mañana …	

 d. ¿Qué tiempo verbal del pasado tienes que utilizar con los siguientes marcadores?

hace un mes • esta semana • hace una semana • la semana pasada • el mes pasado • este año • anteayer • hasta hoy

En el español todo depende de qué idea quiere expresar el texto o la persona.
Y ahora en alemán, porque es un poco complicado 😊 :
Die Unterscheidung zwischen pretérito perfecto und indefinido ist nicht so streng wie z. B. im Englischen. Im Spanischen kommt es immer darauf an, ob ein Zusammenhang mit der Gegenwart hergestellt werden soll (pretérito perfecto) oder ob die Handlung bereits als abgeschlossen angesehen wird (indefinido). Lupe verwendet aber z. B. fast immer das indefinido, weil sie das aus Mexiko so kennt. Und Álvaro hat das pretérito perfecto in Argentinien auch fast nie gehört. Die **marcadores** sind also nur eine Hilfe für euch!

10 ¿Ya has ido a una feria? `+ideas` p. 161

Haced primero las preguntas y luego preguntádselas a los compañeros/as. Apuntad las respuestas y presentadlas en clase.

Modelo: ¿Ya has ido a una feria? – No, nunca he ido. / Sí, fui el año pasado a la feria de … con …

> viajar a España • estar en un desfile (de carnaval) • bailar el flamenco • peinar un caballo • quedar con un chico guapo / una chica guapa • salir solo/a por la noche • ver fuegos artificiales • ver a una persona famosa (como los Reyes de España)

11 ¡Una postal de … ti!

Imagínate que hoy has ido a una fiesta de tu pueblo o ciudad. Escribe una postal a los mellizos utilizando las formas del pretérito perfecto. Escribe lo que has hecho y lo que has visto. ¿Qué has comido, en qué atracciones te has subido …? `Ch 4` p. 25 `+ideas` p. 162

12 Así celebramos en Alemania

Ayuda a Sofia y prepara una presentación sobre la Rheinkirmes en español. También puede ser otra feria en Alemania. Puedes informarte en internet. Elige la información más interesante para los alumnos en España. `+ayuda` p. 153 `M` I 4.1+2

Caja de herramientas

Hablar sobre una fiesta popular

- Es muy típico …
- Es muy famoso …
- Las mujeres llevan …
- Los hombres llevan …

- La atracción/comida/bebida más típica es …
- También hay …
- Por la noche hacen …
- Normalmente empieza/termina …

13 Preparando la Feria

DVD
20

Daniel y Sofia están en su casa preparándose para ir a la Feria, junto con Paloma. Las niñas están en la habitación de Sofia y se están poniendo el vestido.

1. Describe la ropa que se ponen. ¿Te gusta? ¿Por qué (no)? `M` I 4.3
2. ¿Qué planes tienen para la Feria?

B En la Feria de Sevilla

CD
2·21–22

80022-01

Al día siguiente Sofia, Daniel y su madre van juntos a la Feria. Daniel y Sofia han quedado con sus amigos en la portada y quieren ver ya la Feria de noche. Su madre ha quedado con amigos también.

Sofia:	Daniel, ¡mira!, ¡qué guay! ¿Has visto alguna vez tantas bombillas?
5 **Daniel:**	No ¡Qué bonito! Este año han encendido 250000 bombillas en total.
Mamá:	Chicos, este es un buen punto de encuentro. Quedamos aquí a las once para volver a casa, ¿de acuerdo?
Daniel:	Ay qué barbaridad, mamá, no es justo, ¿por qué no podemos quedarnos hasta las doce, como todos?
10 **Mamá:**	Daniel, tranquilo, hijo, no, es que aquí la gente toma mucho alcohol y por la noche …
Sofia:	Pero mamá, somos muchos, no nos pasa nada.
Mamá:	Basta de protestas, hijos, nos encontramos a las once y después os invito a tomar chocolate en el bar de la esquina, como es típico después de visitar la Feria. ¿Qué os parece?
15 **Daniel:**	Vale, el chocolate me parece genial, pues ¡Hasta luego!
Mamá:	El chocolate siempre os convence, jaja, bueno hasta luego, ¡Pasadlo bien!

Los amigos se juntan con los mellizos y se van a la Calle del Infierno …
A las once vuelven Daniel, Sofia y María con caras de mal
20 humor.

Sofia:	Mamá, ¿sabes qué nos ha pasado? No encontramos el móvil de Daniel, ¡seguro que lo han robado!
Mamá:	Tranquila, hija, cuéntame todo, pero con calma. ¿Dónde habéis estado?
25	
Daniel:	Primero hemos estado en la Calle del Infierno. Hemos pasado por delante de la noria y hemos ido a la montaña rusa.
Sofia:	Sí, y luego hemos ido a la caseta de María para tomar un refresco.
Mamá:	¿Y el móvil?
30 **Sofia:**	Ni idea … Allí yo me he sentado en una mesa con los primos de María para hablar tranquilamente.
Mamá:	¿Has estado con tu hermana, Daniel?
Daniel:	No, yo he charlado con María y unos chicos mayores del insti.
Mamá:	Daniel, tú que eres un poco despistado – ¿has dejado el móvil en la mesa?
35 **Daniel:**	Seguro que no, mamá, hemos visto unos vídeos en youtube pero no en mi móvil, así que seguro que no lo he sacado de mi mochila.
Mamá:	¿Quizás has perdido tu móvil en el camino?
Daniel:	Noooo, ¡no es posible con la mochila cerrada! ¡Qué rabia! ¡Qué mala suerte! ¿Qué hago sin mi móvil?
40 **Mamá:**	¿Y has mirado detenidamente en tus bolsillos? Allí lo tienes normalmente …
Daniel:	Sí claro, ya he revisado detenidamente todo, ¡qué palo!

Suena el teléfono de María y ella se aleja rápidamente del grupo.

1 ¿Qué ha pasado?

a. Ordena las estaciones por dónde han pasado los chicos: +ayuda p. 153

b. Anota qué han hecho:

¿Dónde?	¿Quién?	¿Qué han hecho?
en la portada	Sofía y Daniel con sus amigos	quedar
…	Su madre	…

c. Utiliza tus notas de **b.** y forma frases. ¿Las puedes reformular sin mirar el texto?
Las palabras primero, después, luego, entonces, al final te ayudan a conectar las frases.

Modelo: Primero, Sofía y Daniel han quedado con sus amigos en la portada. Su madre …

2 La Feria es absolutamente única

a. Explica la diferencia entre las palabras en color naranja.

- Hemos hablado solamente con los primos de María.
  Speedy y Chulo están solos en casa porque la Feria no es para perros.

- Sofía se ha sentado en una mesa para hablar tranquilamente con los primos de María.
  Álvaro es un chico tranquilo.

- Normalmente, Daniel tiene su móvil en sus bolsillos.
  Bailar es una cosa normal en la Feria.

- Daniel ha revisado detenidamente su mochila.
  Sofía hace una descripción detenida de la Feria.

b. La nueva forma se llama adverbio. ¿Sabes completar la regla?

c. Completa las frases con un adjetivo o adverbio. +ayuda p. 153

> Das Adverb steht ■ und beschreibt dieses näher. Es wird gebildet aus ■ des Adjektivs und der Endung ■ . Das Adverb verändert nicht die Form.
> Ch 2 p. 114 G 4

> Daniel hace ■ sus deberes para ir a la Feria temprano. La montaña rusa es la atracción más ■ de la Feria. Los amigos se encuentran ■ en la portada de la Feria. La portada es ■ de encontrar. La mamá habla ■ con los mellizos. Speedy es un perro bastante ■ .
> ■ los mellizos se duermen temprano, pero por la Feria se acuestan más tarde. Speedy no es ■ , duerme todo el día.

3 ¡Qué barbaridad!

a. Buscad en las conversaciones las estructuras para expresar disgusto y apuntadlos en vuestro cuaderno. `Ch 3` p. 114

b. Inventad diálogos para una de las siguientes situaciones y presentadlas en clase:
`+ayuda` p. 154   `+ideas` p. 162

1. Después de la Feria, María se duerme en la clase de inglés y los padres reciben una carta del profe.

2. Daniel juega con Speedy en la habitación de Sofia y la deja muy desarreglada.

4 ¿Cómo termina la situación en la Feria?

a. Formula ideas. ¿Quién llama? ¿Qué ha pasado? ¿Dónde está el móvil?

b. Escucha y contesta las preguntas de **a.**

CD
2·23

5 10 consejos básicos para la Feria de Abril de Sevilla

Vas a viajar a Sevilla en abril con tu familia y ¡claro que vais a visitar la Feria! Tus padres tienen muchas preguntas. Consulta esta página `80022-03` y anota las respuestas en alemán:
`+ayuda` p. 154   `+ideas` p. 162

> ¿Se puede entrar en todas las casetas?
> ¿A qué hora es posible sacar fotos de los caballos?
> ¿Hay una comida o bebida típica de la Feria?
> ¿Cuáles son los mejores momentos para ir a la Feria?
> ¿Cuál es la extensión del recinto de la Feria y hay un mapa para no perderse?

6 ¿Dónde está Mariví?

El viernes por la tarde, los amigos se encuentran en la Feria. Álvaro viene con Mariví, su prima de Madrid. Ella tiene 10 años y le gusta mucho ir sola. Cuando están en la Calle del Infierno, de repente los chicos se dan cuenta de que Mariví ya no está con ellos. Mariví sabe el camino a casa, pero los chicos piden ayuda a un policía que está en la Calle de Infierno.

Policía: ¿Podéis describir a Mariví? ¿Cuántos años tiene? ¿Cómo es? ¿Qué ropa lleva?

a. Describe a Mariví. +ayuda p.154 M I 4.3

b. Describe a una de las personas en la Feria.
Tu compañero adivina cuál es.

  7 ¡Mira eso!

Los chicos están en una terraza cerca de la Torre del Oro y ven lo que pasa en la calle por delante del bar. Ordena las frases.

El chico	que tiene lunares negros	es muy majo.
El caballo	que tiene ruedas de color rosa	es un caballo andaluz.
La chica	donde venden el helado italiano	es de mi clase de baile.
Ese coche	donde nos encontramos	es del padre de Luque.
El vestido con volantes	donde trabaja Jaime	ha sido muy caro.
La bici	que lleva las zapatillas verdes	es guay.
La cafetería	que va en el primer enganche	abre a las seis.
El lugar	que tiene el pelo rubio	es fácil de encontrar.
La hamburguesería	que viene ahí	está cerca de aquí.

8 ¿Cómo llego allí?

Pablo quiere quedar con los amigos pero llega tarde.

> **Sofia:** Estamos en la caseta de los padres de María. Está en la calle Juan Belmonte, al lado de la caseta municipal. Vienes en autobús, ¿verdad?

> **Pablo:** Sí, estoy en el autobús número 41 y voy a bajar en la parada "Virgen de la Cinta / Asunción". ¿Puedes explicarme el camino desde allí hasta la caseta de los padres de María?

> **Sofia:** Sí, …

   Ponte en el lugar de Sofia y explica el camino. Tu compañero/a sigue el camino en el mapa.
+ayuda p. 154

1. Caseta Municipal
2. Policía Local
3. Niños perdidos
4. WC
5. Información

parada de autobús

9 **Una postal de Lima, Perú**

> Hola chicos:
>
> Cómo me apetecen unos pescaditos :-) A los peruanos también les gusta celebrar fiestas. Aquí en Lima tienen tradiciones españolas,
> 5 como la corrida de toros. Pero en Perú hay también una fiesta especial indígena de origen Inca. Se llama la fiesta de Inti Raymi. Es la celebración del dios sol, el dios más importante de los Incas. Se
> 10 celebra el 21 de junio. Celebran el día más **corto** del año. Es una celebración muy bonita y muy original. Los indígenas se visten con ropa original inca y la fiesta tiene lugar en las famosas
> 15 ruinas de un pueblo que tiene un nombre muy difícil de pronunciar: Sacsayhuamán. ¡Nos vemos pronto!
> Besitos   Papá

 a. Escucha y repite las palabras en voz alta:

CD
2·24

> Sacsayhuamán • Machu Picchu • Ollantaytambo • Cochabamba • Pachacamac •
> Nazca • Palenque • Chichén Itzá • Bariloche • Aconcagua • Cotopaxi •
> Tungurahua • Chimborazo • Huascarán

b. ¿Quién encuentra la palabra más difícil? Haced un juego de dos grupos. Buscad palabras difíciles en el mapa de España o Latinoamérica y escribidlas en la pizarra. Un compañero/ una compañera del otro grupo tiene que pronunciar la palabra.

 10 **Un caramelo para ti**

a. Aquí puedes aprender a bailar la primera parte de la Sevillana: `80022-03` Es igual para chicas y chicos.

b. ¿Os apetece decorar vuestra aula? Aquí hay instrucciones para hacer accesorios y trajes típicos para la Feria: `80022-03`

1 Hablar del pasado cercano

Wenn du über Ereignisse der nahen oder noch nicht abgeschlossenen Vergangenheit sprechen möchtest, verwendest du das pretérito perfecto.

	haber (Hilfsverb)	participios regulares		
		-ar	**-er**	**-ir**
(yo)	he	hablado tomado bailado	comido bebido comprendido	vivido salido venido
(tú)	has			
(él / ella / usted)	ha			
(nosotros/as)	hemos			
(vosotros/as)	habéis			
(ellos/as / ustedes)	han			

Participios irregulares:

ver	visto		decir	dicho
hacer	hecho		abrir	abierto
poner	puesto		morir	muerto
escribir	escrito			
volver	vuelto			
romper	roto			

¡Ojo! Es besteht immer aus zwei Teilen, die nicht getrennt werden dürfen: der konjugierten Form des Hilfsverbs **haber** und dem Partizip des Verbs! Reflexive, direkte und indirekte Objektpronomen stehen vor der konjugierten Form von **haber**.

marcadores del pretérito perfecto:

> hoy • ya • todavía no • nunca •
> esta mañana • esta semana •
> este mes • este año • hasta ahora

2 Describir cómo hacer algo

sol**o/a** = sol**a**-mente
detenid**o/a** = detenid**a**-mente
tranquil**o/a** = tranquil**a**-mente
normal = normal-mente
fácil = fácil-mente

3 Expresar disgusto

¡No es justo!
¡Qué barbaridad!
¡Qué rabia!
¡Qué mala suerte!
¡Qué palo!

4 Hablar sobre una fiesta popular

Es muy típico/a / famoso/a …
Las mujeres llevan …
Los hombres llevan …
La atracción / comida / bebida más típica es …

También hay …
Por la noche hacen …
Normalmente empieza / termina …

Tu reto, paso por paso `80022-04` + Autocontrol

Elige una tarea que te gusta.

Tu reto 1:

Prepara un póster sobre una fiesta importante de tu ciudad.

 Paso uno: Busca informaciones importantes sobre la fiesta:
- ¿Cómo se llama?
- ¿Cuándo es?
- ¿Dónde está?
- ¿Qué pasa en la fiesta?
- ¿Qué es lo más típico y lo más interesante de la fiesta popular?
- ¿Qué come la gente?
- ¿Qué atracciones hay?
- ¿Hay algo especial, como un baile típico, ropa especial?

Paso dos: Busca fotos en internet o fotos privadas de la fiesta.

Paso tres: Ordena las informaciones y busca títulos para cada tema.

Paso cuatro: Escribe un pequeño texto con tus propias palabras para cada tema / foto y confecciona tu póster.

Tu reto 2:

En internet hay un vídeo sobre la Feria de Sevilla. Te muestra diferentes impresiones de la Feria de Sevilla. Utiliza el vídeo para enseñar la Feria a tus compañeros de clase. Escribe un texto, busca música típica y graba un doblaje para el vídeo.

Paso uno: Mira el vídeo `80022-03` y apunta lo que ves.

Paso dos: Escribe un texto sobre lo que has visto.

Paso tres: Lee tu texto varias veces en voz alta. Controla el tiempo.

Paso cuatro: Controla si el texto va bien con lo que ves – ¡ojo! las impresiones del vídeo cambian muy rápidamente, pero tu texto no tiene que cambiar tanto.

Paso cinco: Busca música adecuada y grábala también.

Si no te da tiempo contar lo que quieres contar o poner música durante el vídeo también puedes aumentar el tiempo y hacer una introducción antes de empezar el vídeo.

Terminamos el año escolar

Capítulo

7

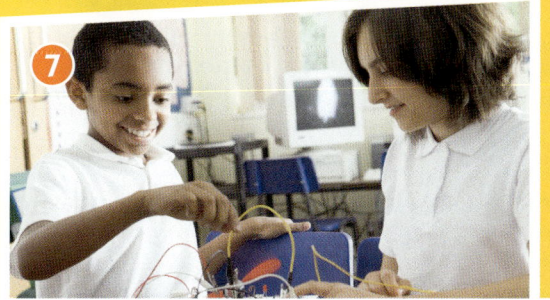

a. ¿Cómo se llaman las asignaturas? `+ayuda` `p.154`

b. Relaciona las actividades con las asignaturas y descríbelas:
En geografía damos / se dan ponencias sobre …

hacer experimentos
aprender algo de
   memoria
aprender el vocabulario
estudiar la gramática
calcular
aprender sobre …
dar ponencias sobre …
redactar textos
escribir exámenes
   (de vocabulario)
preparar presentaciones
   sobre …

¿Qué pasa aquí?

Ha llegado la última semana del año escolar. Los alumnos hablan sobre sus planes para las vacaciones. Esperan con impaciencia la semana de proyectos. Hablan sobre la escuela en distintos países. La única que no puede disfrutar de esa semana es María. No ha aprobado su examen de inglés y tiene que presentarse de nuevo para el examen en septiembre.

Pronto vas a saber

- cómo se usan los pronombres de objeto indirecto
- expresar desesperación y tristeza
- darle ánimo a alguien
- hablar sobre el horario, las notas y los exámenes
- cómo es el sistema escolar en España y Cuba

Revisas

- el imperativo
- vocabulario y actividades de la clase y las instrucciones del profesor
- los números y la hora
- las formas del futuro
- el superlativo

Tus retos

Vas a participar en un proyecto de Erasmus+ en Madrid.

1. Antes de ir a Madrid en un blog descríbeles a los alumnos españoles tu día escolar.

2. El primer día del encuentro tienes que presentar tu escuela y para el segundo día junto con un/a compañero/a tenéis que preparar una ponencia sobre el sistema escolar de un país hispanohablante.

A ¡Ya no falta mucho!

Lo mejor de las vacaciones es planearlas

CD
2·25
80022-01

Para María, Daniel, Sofia y Carlos, un alumno con familia en Cuba, empieza en el colegio la última semana antes de las vacaciones.

Daniel: Qué alegría, hoy empieza la semana de proyectos. Por fin ya no tenemos clases.

Sofia: Y la semana que viene empiezan las vacaciones. ¡Qué bueno! ¡Necesito descansar!

Carlos: ¿Qué piensan hacer?

Daniel: Pues Sofia y yo vamos a ir a Alemania, a Düsseldorf. Vamos a visitar a nuestros abuelos.

Sofia: Cómo me alegro volver a ver a mis amigas alemanas. Y vosotros, ¿qué vais a hacer?

María: Pues yo, todavía no sé. Perdí muchas clases en la escuela por el casting. Y no sé si he aprobado todos mis exámenes. Ojalá que sí. Pero de todas maneras tengo que estudiar en las vacaciones. A ver si tengo tiempo para visitar a mi tía en Salamanca … ¿Y tú, Carlos?

Carlos: Yo no voy a estudiar. Voy a relajarme, voy a jugar al fútbol y claro, mis padres y yo vamos a pasar unas semanas en nuestra casa en la costa.

Todos: ¡Guay!

1 Planes para las vacaciones

a. ¿Qué planes tienen para las vacaciones Daniel y Sofia, María y Carlos? Escribe un texto.

b. ¿Cuáles son tus planes para las vacaciones? Preséntalos en una charla de dos minutos a tu compañero/a.

2 El sistema de educación en España

a. Describe el sistema de educación en España. Ch 2 p.134

b. Compara el sistema de educación de Alemania con el de España.

c. Compara el año escolar en Alemania con el año escolar en España.

+ideas Discutid en grupos: ¿Qué sistema de educación preferís: el de Alemania o el de España? ¿Por qué?

Sistema educativo de España:

educación superior no obligatoria*	edad	estudios (universidad)		
	17/18	Bachillerato	2°	Formación
	16/17		1°	

educación básica obligatoria*	15/16	educación secundaria obligatoria (ESO)	4°
	14/15		3°
	13/14		2°
	12/13		1°
	11/12	educación primaria	6°
	10/11		5°
	9/10		4°
	8/9		3°
	7/8		2°
	6/7		1°

educación no obligatoria*	5/6	educación infantil	segundo ciclo	3°
	4/5			2°
	3/4			1°
	2/3		primer ciclo	
	1/2			
	0/1			

Caja de herramientas

A los … años …
Entrar en la primaria / secundaria / …
Estudiar juntos / separados
los tres tipos de escuelas secundaria
el bachillerato

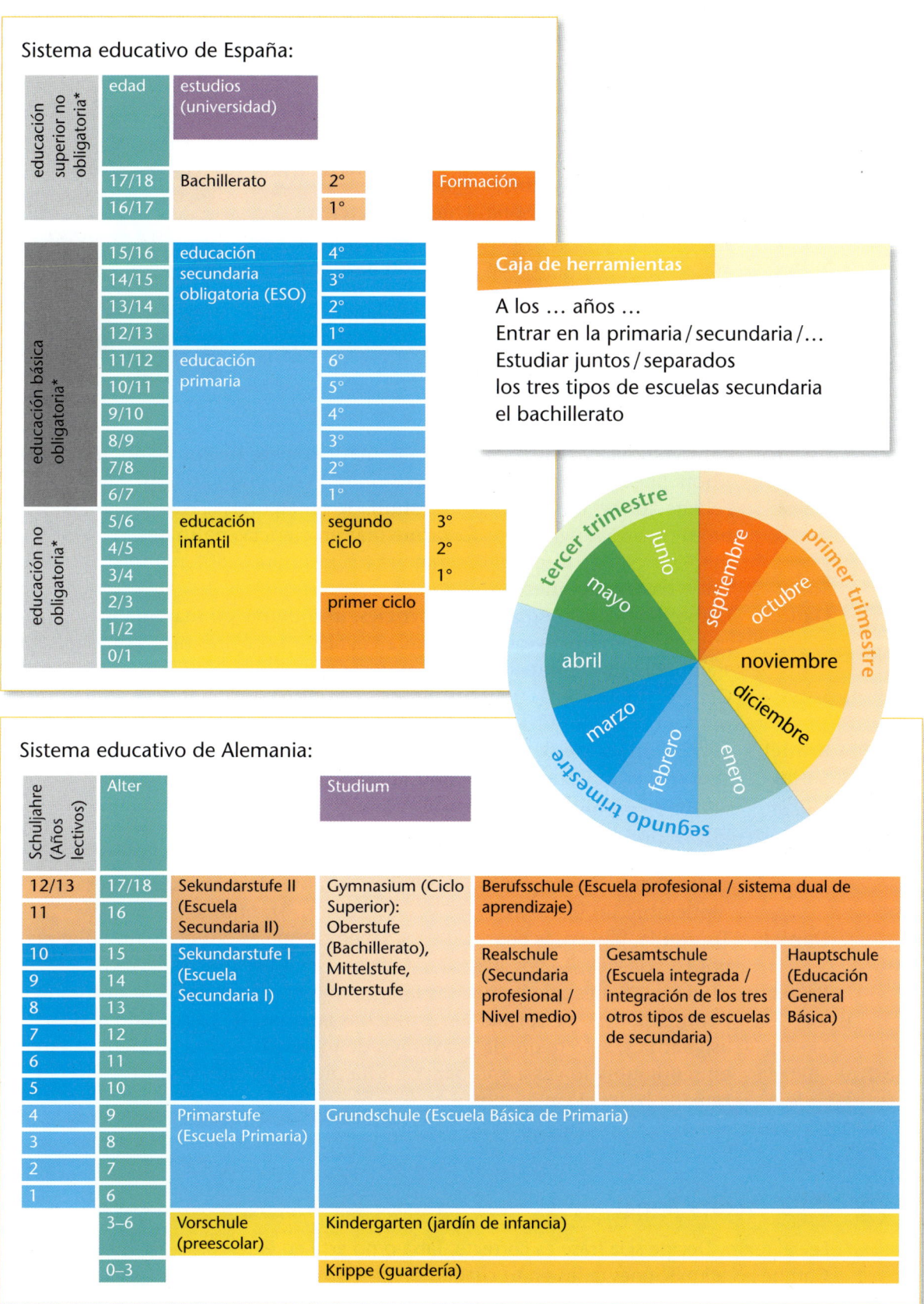

Sistema educativo de Alemania:

Schuljahre (Años lectivos)	Alter	Studium			
12/13	17/18	Sekundarstufe II (Escuela Secundaria II)	Gymnasium (Ciclo Superior): Oberstufe (Bachillerato), Mittelstufe, Unterstufe	Berufsschule (Escuela profesional / sistema dual de aprendizaje)	
11	16				
10	15	Sekundarstufe I (Escuela Secundaria I)		Realschule (Secundaria profesional / Nivel medio)	Gesamtschule (Escuela integrada / integración de los tres otros tipos de escuelas de secundaria)	Hauptschule (Educación General Básica)
9	14					
8	13					
7	12					
6	11					
5	10					
4	9	Primarstufe (Escuela Primaria)	Grundschule (Escuela Básica de Primaria)		
3	8				
2	7				
1	6				
	3–6	Vorschule (preescolar)	Kindergarten (jardín de infancia)		
	0–3		Krippe (guardería)		

¿Qué tal los exámenes?

80022-01
CD
2·26—28

Profe: Buenos días, chicos, sabéis que ya empieza la semana de proyectos. Vamos a trabajar en el proyecto "El camino a la escuela". Pero seguro que antes queréis saber los resultados de las pruebas finales, ¿verdad?

5

María: (se dirige a su amiga Sofia) Qué miedo tengo. Me siento muy mal, ya tengo ganas de llorar.

Sofia: Tranquila. Seguro que has aprobado todos los exámenes.

10 **Profe:** Lo siento mucho, pero no todos los alumnos han aprobado. Algunos tienen que presentarse otra vez para el examen en septiembre.

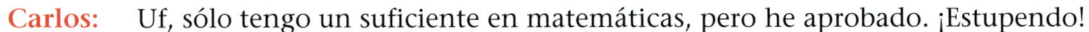

(El profesor les da las hojas con los resultados a los alumnos.)

Carlos: Uf, sólo tengo un suficiente en matemáticas, pero he aprobado. ¡Estupendo!

15 Ahora puedo disfrutar de mis vacaciones. ¿Y qué tal vosotros?

Daniel: Felicitaciones. Y eso que te has esfumado en algunas clases. Bueno, el próximo año tengo que esforzarme más en ciencias naturales, pero de todas maneras estoy contento. Déjame ver tus resultados, Sofia.

Sofia: Estoy bastante contenta.

20 **Daniel:** Empollona! Un sobresaliente en inglés, un notable en matemáticas. ¿Cómo es posible? Siempre mejores notas que yo. Seguro que has utilizado chuletas. Y siempre les haces la pelota a los profesores, jeje …

Sofia: Cállate, no he copiado nunca. Bueno, estudio más que tú y hago menos saltos por los obstáculos de nuestra ciudad, paso menos tiempo en el hospital …

25 **Daniel:** jajaja. (Mira a María que está llorando) … Oye, Sofia, ¿qué le pasa a María?

Sofia: ¿Por qué estás llorando? ¿No has aprobado el examen de matemáticas?

María: (entre sollozos) El de matemáticas sí lo he aprobado. Pero he fallado en inglés. ¡Es todo una pesadilla!

Sofia: ¡Ay, lo siento mucho! Qué lástima, pero mira, no es para tanto. Son cosas que

30 pasan. No te preocupes, vas a estudiar durante el verano y después en septiembre sin falta vas a aprobar el examen. Tranquila.

Daniel: Tranquila, hay cosas peores. Todos sabemos que es por el tiempo que perdiste por La voz kids. Te voy a ayudar. Vamos a estudiar juntos.

Profe: María, no tienes que llorar. Has faltado mucho tiempo al cole a causa del

35 casting, por eso es normal tener muchas lagunas. Has aprobado casi todas las asignaturas, sólo te queda el examen de inglés. Te voy a dar algunas tareas y en septiembre lo vas a aprobar. Y ahora piensa en algo bonito. ¡Sólo falta una semana hasta el fin de curso!

3 ¡Empollona!

Lee el texto. Decide si la frase es correcta, falsa o no está en el texto.
Corrige las afirmaciones falsas en tu cuaderno. +ideas p. 162

1. Antes de empezar con los proyectos los alumnos reciben los resultados de sus exámenes.
2. María es la única alumna que no ha aprobado sus exámenes.
3. Carlos está contento con sus resultados.
4. Carlos ha salido bien porque utiliza chuletas durante sus exámenes.
5. Daniel ha salido mejor que su hermana.
6. María tiene que estudiar durante las vacaciones.

   4 **¿Seis o uno?**

El sistema de calificaciones en Alemania:
1 – muy bien
2 – bien
3 – satisfactorio
4 – suficiente
5 – insuficiente
6 – deficiente

 España: Calificaciones en secundaria
10 ó 9 = Sobresaliente
8 ó 7 = Notable
6 = Bien
5 = Suficiente
4 – 1 = Insuficiente

Pablo:

Hola, estoy preparando una ponencia sobre el sistema educativo en Alemania para un proyecto escolar.
¿Alguien me puede explicar el sistema de calificaciones en Alemania?

Contesta la pregunta de Pablo y explícale el sistema de calificaciones de Alemania en comparación con España. `80022-02`

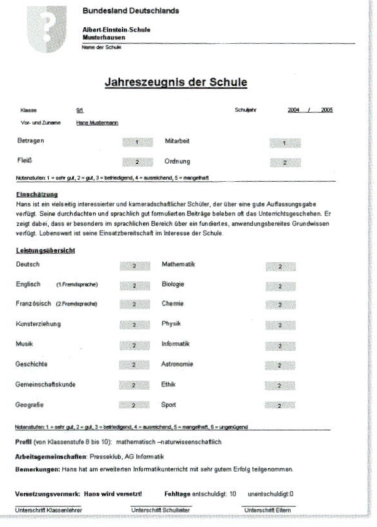 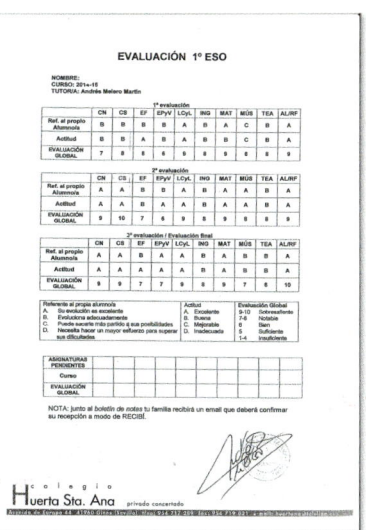

5 ¿Qué sorpresa nos tenéis?

a. En las siguientes frases encuentras pronombres de objeto indirecto (¿a quién?). Cópialas en tu cuaderno y subraya los pronombres de objeto indirecto con líneas rojas y sus formas tónicas con líneas azules. ¿Reconoces las formas? `Ch 1` p. 134 `G` `5.2`

> **Modelo:** Carlos: A ver, ¿qué me espera a mí?
>
> Profe, ¿nos explicas a nosotros qué vamos a hacer en los proyectos?
>
> Te lo voy a explicar a ti en unos minutos.
>
> Os quiero dar los resultados de las pruebas finales a vosotros.
>
> La profesora les da las hojas a sus alumnos.
>
> ¿Qué le pasa a María?

b. Escribe la tabla en tu cuaderno y completa las formas del complemento indirecto:

		escribe una carta.
A mí	…	regalan algo tus padres porque has sacado un sobresaliente.
…	te	
A él / ella / usted	…	manda saludos su abuelo.
…	nos	explica la tarea.
A vosotros/as	…	gustan los proyectos.
…	les	espera una sorpresa, porque han aprobado los exámenes.

c. Completa con el pronombre indirecto:

> En casa Dörfler los padres de los mellizos ■ hacen muchas preguntas.
>
> **Madre:** La abuela quiere saber a quién ■ va a regalar los 10 Euros para un sobresaliente.
>
> **Sofia:** ¡■!
>
> **Padre:** Daniel, el abuelo ■ manda muchos saludos y dice que tienes que estudiar más. Si quieres, ■ explica ciencias naturales.
>
> **Daniel:** Hmmm vale, pero no estoy seguro si ■ puede explicar todo bien …
>
> **Madre:** ¿Y María? Pobrecita, ¿quién ■ va a prestar los apuntes de clase para preparar el examen en septiembre?
>
> **Daniel:** ■ voy a escribir un mensaje a María y decirle que podemos estudiar juntos.
>
> **Sofia:** Jaja, ¿■ gusta María?
>
> **Daniel:** Somos amigos, ya sabes … Mamá, Papá, ¿y qué sorpresa ■ espera ahora?
> Porfa, es justo ehhhh, ¡hemos estudiado mucho!

6 ¡Hay cosas peores!

a. Pobrecita, María, no ha aprobado en inglés. Busca en el diálogo cómo expresa María que no se siente bien y lo que dicen los amigos y la profe, así María puede sentirse mejor. Copia la tabla y complétala. `Ch 3` p. 134

Expresar tristeza	Darle ánimo a alguien
estar triste …	Lo malo pasa con el tiempo. Sigue adelante. …

b. Elegid una de las siguientes situaciones y redactad un diálogo.

1. Tu mejor amigo/a te llama por teléfono y te dice que tiene que repetir el año escolar porque no ha aprobado en matemáticas e inglés.

2. Mañana vais a recibir las notas finales de química. Tu amigo/a a no se siente bien. Tiene miedo porque con un insuficiente va a tener muchos problemas con sus padres.

7 Consejos para María

¡Pobre María! ¿Qué consejos le puedes dar? Utiliza las formas del imperativo. Las imágenes te van a dar algunas ideas. `+ayuda` p. 155

Modelo: escribir menos poemas durante las clases – ¡Escribe menos poemas!

 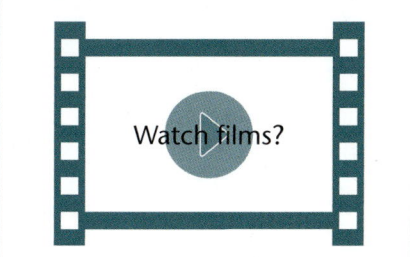 

8 El blog de Daniel

Daniel ahora sabe que María no ha aprobado su examen de inglés. En su blog expresa sus emociones. Lee el blog y contesta las preguntas.

> Hola a todos:
> hoy es un día muy triste para mí. En el colegio le han dicho a María que no ha aprobado el examen de inglés.
> Os he contado sobre la invitación a las "audiciones a ciegas" de La voz kids que
> 5 recibió María. Fuimos a Madrid sus padres, Pablo, Sofia y yo para acompañarla. La actuación de María fue muy emocionante para mí. Pulsó el botón David Bisbal y María entró en su equipo. Pasó un tiempo estupendo y dice que David Bisbal es fascinante. Por eso tuvo que practicar mucho para el show. Por fin llegó al final del espectáculo donde terminó su aventura. La pobre casi ganó el concurso, no faltó
> 10 mucho, pero finalmente casi se queda sin nada. Bueno, en su gira estuvo en varias ciudades españolas.
> En conclusión, María no ha podido participar durante tres meses en las clases. Le mandamos todos los apuntes y los deberes. María estudió lo máximo posible en su tiempo libre y, a pesar de todo, no pudo aprobar el examen de inglés.
> 15 Me siento un poco culpable también porque la apoyé para participar en el concurso. Mejor dicho, hemos sido Sofia y yo quienes le mostramos el artículo en "El País" sobre la posibilidad de presentarse en "La voz kids". Me gustaría tanto ayudarla en esta situación difícil. Quiero escribirle una carta para mostrarle que yo me siento triste también, para darle ánimo y para ofrecerle estudiar conmigo
> 20 durante las vacaciones. Pero no sé cómo hacerlo.
>
> Muchísimas gracias,
> Daniel

 a. Resume por qué María no ha aprobado el examen de inglés.

 b. Ayúdale a Daniel a escribirle una carta a María.

9 La semana de proyectos

CD 2·29–30

Escucha y contesta las preguntas. +ayuda p. 155   +ideas p. 162

1. ¿Cuántas veces el colegio de Daniel y Sofia ya ha participado en la semana de proyectos?
2. ¿En qué ocasión se van a exponer los resultados de los proyectos?
3. ¿Qué recibe el mejor grupo del proyecto?
4. ¿Qué se dice sobre la película "El camino a la escuela?
5. ¿Qué día los alumnos quieren ir al cine?
6. ¿Qué tareas tienen los alumnos durante la semana de proyectos?
7. ¿Dónde vive la familia de Carlos?

socialización
organizar
exposición
participar
proyecto
resultado
cooperar
grupos estructura

10   Cotilleo en el cole

DVD
25+26

Mira el vídeo y contesta las preguntas:

- ¿Qué dice Ana sobre sus profes?
- ¿Qué opina Carolina sobre los alumnos en su clase?
- Para Gabriel, ¿cuál es su asignatura favorita y por qué?
- ¿Qué piensa Curro sobre los hábitos de sus compañeros de clase?

11   Y luego en la cafetería ...

a. Completa con el vocabulario adecuado de las herramientas.   **+ayuda** p. 156

Caja de herramientas

Hablar de los profes
- ser un hueso • ser exigente • ser un rollo ≠ buenrollero • ser despistado/a
- tener mucha/poca autoridad
- saber explicar bien
- (no) estar motivado/a

Hablar del año escolar
- el semestre/el trimestre
- la semana de proyectos
- las vacaciones

Hablar de los/las compañeros/as
- ser vago/a • perezoso/a • estudioso/a • travieso/a • aplicado/a

Hablar de las notas
- sacar un/a ...

Lenguaje juvenil para hablar del insti
- el empollón/la empollona
- hacer pelota al profe/a la profe
- pillar a alguien
- hacer novillos/pellas

Los tipos de estudiantes

El Pellero: Sólo va a las clases que quiere, si no quiere ■.

■ : Todo se lo estudia, todo se lo sabe, ■ 10 en todo y siempre hace los trabajos voluntarios ... ¿para qué? Sólo sirven para subir la nota ... ¿qué pretende? ¿sacar un 11?

El Pesado: siempre está hablándote, riéndose, o jugando ... no le gusta escribir con sus bolis ... prefiere los de sus compañeros ...

El Chuletero: No le gusta estudiar, es ■; suele ser una persona normal, incluso inteligente, pero esa inteligencia sólo la utiliza para hacer ■ en lugar de estudiar. Y si por cualquier circunstancia le ■ los profes, siempre tiene una excusa.

El „Todo-qué-fácil": Siempre dice que se sabe las cosas ... pero luego llega al examen y ■. Hecho inexplicable.

El Pelota: Mejor amigo de los profes, siempre les da la razón ... les ■ y piensa que por eso le van a subir la nota ... puzz ...

texto adaptado, fuente: http://www.3djuegos.com/foros/tema/506438/0/tipos-de-estudiantes/.

b. ¿Con qué tipo de estudiante te identificas? ¿Por qué?

c. Describe los tipos de profes.

 d. Os encontráis en la cafetería de vuestro insti. Al día siguiente vais a escribir un examen de … . Redactad el diálogo y presentadlo en clase.

Contenido obligatorio:
- Un/a alumno/a tiene miedo de suspender.
- Un/a alumno/a piensa en escribir chuletas.
- ¿Qué tal el profe de matemáticas? ¿Qué tipo es?
- ¿Qué tipos de estudiantes tenéis en vuestra clase? Hablad de ellos/ellas.

12 No estudiamos para la escuela, sino para la vida, pero … M II 1.2

Haz un mapa mental con las herramientas de la tarea 11 y otros temas relacionados con el insti.

> las aulas • las asignaturas • los profes • los exámenes •
> el sistema educativo • los/las compañeros/as • las clases

13 Poemas sobre el cole

A María le gusta mucho la poesía. Siempre escribe poemas, también en el cole. Aquí tienes como ejemplo un cuarteto y un oncito (poema de once palabras) de María.

  Seguid los modelos de María y escribid un cuarteto y un oncito. Presentadlos en grupo y elegid los dos mejores. Luego haced un concurso en la clase y presentad los resultados en un cartel.

Un cuarteto

La diferencia entre ser y estar
no me quiere interesar
porque ya sé cómo es
y me aburre cada vez.

Un oncito (poema de once elementos)

Sigue este modelo.

lineas	ejemplo	condiciones
1-ª línea	El español	un sustantivo con su artículo
2-ª línea	en la clase, en casa, en el tiempo libre,	tres lugares donde se encuentra
3-ª línea	interesante, divertido, fascinante	tres adjetivos que definen cómo es
4-ª línea	se estudia, se canta, se habla,	tres verbos que dicen lo que hace, qué función tiene
5-ª línea	me encanta.	una frase que se relaciona con la palabra de la primera línea

14 ¡A cantar!

Escucha la canción de Parchís: 80022-03 .
Resume de qué se trata en alemán.

> Nada de matracas,
> nada de problemas,
> ciencias naturales,
> lenguaje y sociales.

15 Un caramelo para ti: Jaimito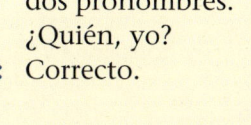

Jaimito, un niño pequeño y bastante travieso, es el protagonista principal de chistes en España y muchos países de Hispanoamérica.

a. ¿Cómo se llama el protagonista principal de chistes en Alemania?

b. Lee los chistes y explícaselos a tus padres (en alemán).

Profesora: Jaimito, ¿qué quieres ser de mayor? –
Jaimito: Carnicero.
Profesora: ¿Por qué carnicero?
Jaimito: Porque en el colegio ya aprendí a hacer chuletas.

Profesora: Jaimito, dime dos pronombres.
Jaimito: ¿Quién, yo?
Profesora: Correcto.

Llevamos todos uniforme

Un correo electrónico enviado por Gaby a Carlos:

¿Qué bolá, primito? ¿Qué tal va tu proyecto "El camino a la escuela"? ¿Ya tienes mucho material? Aquí te mando la información sobre mi escuela que me pediste la semana pasada. Voy a la Escuela Secundaria Básica "Julio Antonio Mella" en Santiago de Cuba.

5 Mi escuela funciona desde 1974. Aquí estudian 622 alumnos del séptimo hasta noveno grado. Todos tenemos entre 12 y 15 años de edad. Y todos llevamos uniforme. Todos los días por la mañana a las 7.45 los pioneros

10 cantamos el himno nacional: `80022-03`. Después, desde las 8 hasta las 10.15 tenemos tres turnos de 45 minutos. ¡Qué duro, compay! A las 10.15 hay una pausa de sólo 15 minutos. Luego tenemos dos turnos más hasta el mediodía. Entonces es hora del almuerzo. Hay varias

15 opciones: algunos alumnos, los que viven cerca, comen en su casa. Otros traen su almuerzo de la casa y el resto come la merienda escolar. Es la que nos da el estado gratuitamente. Siempre nos dan un yogur y un bocadito con queso o mortadela o perros calientes.

20 Después del almuerzo, a la 1.40 pm tenemos otras tres clases. En total tenemos ocho turnos por día. ¡Qué palo! A las 3.55 empieza mi clase favorita. Es opcional. Podemos practicar deporte, hay cursos de teatro, danza u otras actividades. A las 4.40 vamos a casa. Pero todavía tenemos

25 que hacer nuestros deberes. Yo estoy en el octavo grado. En mi aula somos 34 alumnos, 18 chicas y 16 chicos. En mi escuela por lo general hay grupos de 30 hasta 35 alumnos. Tenemos clases de lunes a viernes. Los sábados no hay

30 clases, pero tenemos diferentes actividades o vamos de excursiones. Este día ya terminamos al mediodía. El domingo es libre. Los libros para los alumnos son gratis. También los materiales de clases aquí en Cuba son gratis. Por mes nos dan dos lápices y una libreta. A veces escribimos controles y a finales del curso escolar tenemos que escribir una prueba

35 final. Podemos sacar 100 puntos como máximo. El mínimo para aprobar son 60 puntos. Cada mes tenemos una asamblea de pioneros. Durante esta asamblea se evalúa cómo estudiamos: excelentemente, regularmente o insuficientemente. Evalúan si somos puntuales, cómo cuidamos de nuestros materiales de estudio, si hacemos nuestros deberes y si siempre asistimos a la escuela. El mes pasado sólo me dieron un regular.

40 Bueno, soy dormilona y tengo mis dificultades con la puntualidad por la mañana. A ver qué tal el próximo mes. Me voy a esforzar. Todos los grupos tenemos a un profesor guía. Nuestra profesora guía es María Antonia. Es simpática pero también muy estricta. A propósito María Antonia: cada mes tiene que visitar a los padres y hoy viene a mi casa. Primo, te dejo ahora, pues tengo que ordenar mi habitación.

45 Si tienes alguna pregunta, entonces escríbeme.

Abrazos, Gaby

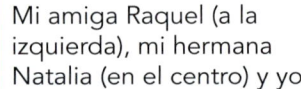

Mi amiga Raquel (a la izquierda), mi hermana Natalia (en el centro) y yo.

La escuela Julio Antonio Mella en Santiago de Cuba.

1 ¿Cómo es en Cuba?

Lee el texto y soluciona las siguientes tareas.

1. ¿Qué edad tienen los alumnos que visitan una Escuela Secundaria Básica en Cuba? ¿En qué grados estudian allí?
2. ¿Con qué acto empiezan las clases en Cuba todas las mañanas?
3. ¿Cuántas clases por día tienen los alumnos de la Secundaria Básica? ¿Cuántas tienen lugar por la mañana y cuántas por la tarde?
4. ¿Cuáles son las actividades que pueden elegir los alumnos para la clase opcional?
5. ¿Qué hacen los alumnos cubanos los sábados?
6. Apunta todas las cosas que les da gratis el estado cubano a los alumnos.
7. Explica el sistema de calificaciones en la escuela secundaria cubana.
8. ¿Por qué Gaby en la evaluación del mes pasado sólo recibió un regular?
9. ¿Qué tienen que hacer todos los profesores guía una vez por mes?

2 ¿Cómo se llama tu escuela?

La escuela de Gaby se llama Julio Antonio Mella. El periodista y revolucionario Julio Antonio Mella nació en 1903 en la Habana. Lo asesinaron en México en 1929.

Gaby quiere saber cómo se llama tu escuela y por qué lleva ese nombre. Escríbele un correo eléctronico.

+ayuda Usa las herramientas del capítulo 4A, tareas 9 y 11.

3 El uniforme de los niños cubanos

a. Mira la foto en el texto y describe el uniforme de Gaby y Raquel. En esta foto ves a Henry, el compañero de Gaby y Raquel. Describe su uniforme también. **M** I 4.3

b. ¿Qué diferencias hay entre el uniforme de Gaby y el de su hermana Natalia? ¿Te puedes imaginar por qué?

c. Escucha ahora lo que dice Natalia. Compara con tus suposiciones.

CD
2·31

d. ¿Llevar uniforme o no? Discutid los pros y los contras.
+ayuda p. 156

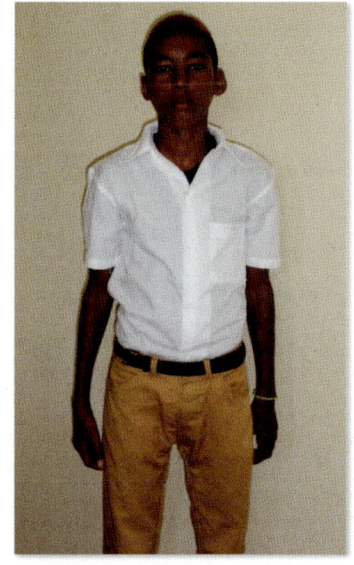

4   El sistema de educación en Cuba

Compara los sistemas de educación en Alemania, España y Cuba.

`+ideas` Investiga en internet sobre los sistemas de educación de otros países latinoamericanos y compáralos.

> Preescolar: un año   **Cuba**
>
> Escuela Primaria: seis años –
>   primer grado hasta sexto grado
>
> Escuela Secundaria Básica: tres años – séptimo hasta
>   noveno grado
>
> Preuniversitario: décimo hasta duodécimo grado
>   (depués los alumnos van a la universidad)
>
>   o Enseñanza Técnica: formación profesional, tres años

5   Cubanismos   `+ideas` p.162

a. En el correo electrónico de Gaby se encuentran tres palabras que sólo se utilizan en Cuba, son cubanismos. Busca los cubanismos en el texto y escríbelos con su explicación en español en tu cuaderno.   `+ayuda` p.156

b. En la siguiente página encuentras más cubanismos: `80022-03`. Elige cinco palabras y preséntalas en la clase. Haced una lista con vuestros cubanismos favoritos.

6   El horario de Gaby

hora	lunes	martes	miércoles	jueves	viernes
8.00–8.45	Educación Cívica	Historia Moderna	Química	Reflexión	Física
8.45–9.30	Física	Geografía	Geografía	Taller de Plástica	Biología
9.30–10.15	Historia Moderna	Educación Laboral	Educación Física	Educación Cívica	Educación Física
pausa					
10.30–11.15	Educación Física	Química	Educación Laboral	Taller de Plástica	Historia Moderna
11.15–12.00	Formación Vocacional	Informática	Biología	Matemáticas	Matemáticas
almuerzo					
1.40–2.25	Formación Vocacional	Español y Literatura	Matemáticas	Matemáticas	Inglés
2.25–3.10	Revista Pioneril	Inglés	Matemáticas	Español y Literatura	Español y Literatura
3.10–3.55	Matemáticas	Español y Literatura	Brigada de Trabajo	Inglés	Español y Literatura
3.55–4.40	Taller de Teatro	Danza	Danza	Baloncesto	Taller de Teatro

a. Lee lo que responde Carlos al correo de Gaby.

Respuesta de Carlos, después de recibir el correo de su prima:

> Hola cubañolita,
> gracias por la información. Qué horario más extraño tienes. ¿Me puedes explicar algunas cositas?¿Qué significa clase de reflexión, educación cívica, educación laboral, educación vocacional y qué es revista pioneril? ¿Todos los alumnos tenéis las mismas asignaturas o hay diferencias? Ah, y lo más importante. ¿Cuándo tenéis vacaciones?
> ¿Podemos chatear mañana a las seis de la tarde de nuestra hora por skype?
> Hasta luego,
> Tu primo Carlos

 b. Escucha el chat y contesta por escrito todas las preguntas de Carlos.

 c. Habla con tu compañero/a. Comparad vuestro horario con el de Gaby. ¿Qué tenéis en común, qué diferencias hay?

 d. En su encabezamiento Carlos le dice "cubañolita" a su prima Gaby. Lee el siguiente texto y responde las siguientes preguntas en alemán:

1. Wer ist ein "cubañolito"?
2. Welche Voraussetzungen sind nötig, um die spanische Staatsbürgerschaft zu bekommen?
3. Erkläre den Unterschied zwischen Nationalität und Staatsbürgerschaft.
4. Was denkt der Autor, wenn er die Menschenschlange vor dem spanischen Konsulat sieht?
5. Was ist, laut dem Autor des Blogs, die Ursache dafür, dass viele Kubaner auswandern möchten?

> El término „Cubañolito" se refiere al número considerable de cubanos que reclaman la ciudadanía española. Se trata de encontrar una abuela o abuelo gallego, asturiano o hasta catalán y así obtener la ciudadanía hispana.
> Ciudadanía y nacionalidad son dos términos bien diferentes. La nacionalidad no se
> 5   puede cambiar. El vocablo nacionalidad, tiene igual raíz de Nación, lugar de origen, de nacimiento. En cambio, la ciudadanía puede cambiarse; es un instrumento jurídico, con el cual un Estado le da al ciudadano deberes y derechos.
> Veo la multitud de cubanos en interminables filas frente al Consulado español, solicitando la ciudadanía de ese país. Tal espectáculo lastima mi orgullo de cubano.
> 10   Esta fiebre reclamante de españolidad me hace reflexionar muy seriamente: Son las duras condiciones que nos impone la economía actual.
> Los que emigran quieren elevar su nivel de vida o de consumo porque en su país no ven posibilidad de lograrlo.
>
> *texto adaptado, fuente: http://jorgecolivaespinosa.blogspot.de/2013_01_01_archive.html*

7 Un caramelo para ti: La película "El camino a la escuela"

a. Mira el trailer de la película: `80022-03`. Haz un resumen e indica de qué tema va a tratar el documental.

b. Uno de los protagonistas es Carlos. Descríbelo y piensa en sus circunstancias de vida.
M I 4.3

Carlos, 11 años, Argentina

c. Lee ahora el artículo de periódico sobre Carlos y resume lo que llegas a saber sobre él y su hermana.

La historia de Carlitos, el alumno rural que llegó a Hollywood

Un productor de cine contactó a Carlos Yáñez y le propuso contar su historia en un documental. Desde los 6 años el chico ha-
cía 18 kilómetros a caballo todos los días
5 desde su casa, un ranchito sin electricidad ni agua de red, al pueblo de Chapúa (La Patagonia) para asistir a la escuela primaria más cercana. Un esfuerzo que terminó lla-mando la atención de los responsables del
10 filme francés "Camino a la escuela".
El niño necesitaba una hora y media en rea-lizar el camino junto a su pequeña herma-na Micaela.
Hoy, tres años después, Carlos Yáñez va a la
15 escuela secundaria en Chos Malal a casi 50 kilómetros de su casa. Vive en un interna-do. Para ir a su casa cada viernes hace dedo durante tres, cuatro o cinco horas hasta que un automovilista lo acerca a Chapúa.
20 Del pueblo a la casa de sus padres hay otros 18 kilómetros que hace a pie. Cuan-do su madre tiene dinero le paga un taxi por 350 pesos. Hay un colectivo entre Chapúa y Chos Malal pero no funciona
25 regularmente todo el año.
Quien todavía hace diariamente el trayec-to de 18 kilómetros hasta la escuela es Micaela. La niña va a cuarto grado y, como su padre necesita el caballo para su traba-
30 jo, debe caminar tres horas para asistir a clases.

texto adaptado, fuente: http://www.clarin.com/ sociedad/historia-Carlitos-alumno-rural-Hollywood_0_1340266306.html, 16.04.2015

d. Compara el camino a la escuela de Carlos con el tuyo.

e. ¿Qué opinas? ¿Cuál es el mensaje de la película?

8 Una postal de papá

El papá de Sofía y Daniel está en Argentina. Leed la postal.
Después visitad la página oficial del lugar `80022-03` y preparad
una presentación. Haced un programa de visita para la familia
de Sofía y Daniel. Tiene que contener el horario, los precios
de las entradas, la historia de la República
de los niños, los talleres
educativos, los espectáculos,
el parque y los edificios que se
pueden visitar. M I 4.1+2

Hola familia:
os mando saludos desde Buenos Aires.
He tenido un día libre y he hecho una
excursión a la República de Los Niños
5 que está en La Plata a 60 km de la
capital argentina. La República de Los
Niños ya existe desde 1951. Es el primer
parque temático de América. No sólo
sirve para la diversión sino que tiene
10 también una tarea educativa para los
niños: aprender a ejercer los derechos y
obligaciones que tienen los ciudadanos. La
próxima vez vamos a visitar juntos este
lugar maravilloso. Si tenéis tiempo, por
15 favor, investigad en la red de la página
de la República.
A propósito: Walt Disney visitó el lugar
y sorprendido por tanta belleza se
inspiró para construir Disneylandia.
20 Un fuerte abrazo de   Papá

1 El complemento indirecto

forma tónica del complemento indirecto	forma átona del complemento indirecto	ejemplo
A mí	me	escribe un e-mail.
A ti	te	escribe una carta.
A él, ella, usted	le	escribe una postal.
A nosotros / nosotras	nos	escribe casi nunca.
A vosotros / vosotras	os	escribe mucho.
A ellos, ellas, ustedes	les	escribe sólo a veces.

La forma átona del complemento indirecto siempre se encuentra delante de la forma conjugada del verbo y nunca puede faltar. El complemento indirecto ya lo conoces del verbo gustar. Hay más verbos de este tipo: interesar, importar, encantar.

No me importan nada mis notas, sólo quiero aprobar.

2 Describir el sistema educativo

- a los … años …
- entrar en la primaria / secundaria /…
- estudiar juntos / separados
- los tres tipos de escuelas de secundaria
- el bachillerato
- la formación profesional

3

Expresar desesperación y tristeza	Darle ánimo a alguien
estar triste tener ganas de llorar sentirse mal Es una pesadilla.	Lo malo pasa con el tiempo. Sigue adelante. ¡Ánimo! Hay cosas peores. Piensa en algo bonito. Qué lástima. No es para tanto. Son cosas que pasan. No te preocupes. Tranquilo/a. No tienes que llorar.

Tus retos, paso por paso `80022-04` (+ Autocontrol)

Elige una tarea que te gusta.

Tu reto 1:

Vas a participar en un proyecto de Erasmus+ en Madrid. Antes de ir a Madrid en un blog describeles a los alumnos españoles tu día escolar.

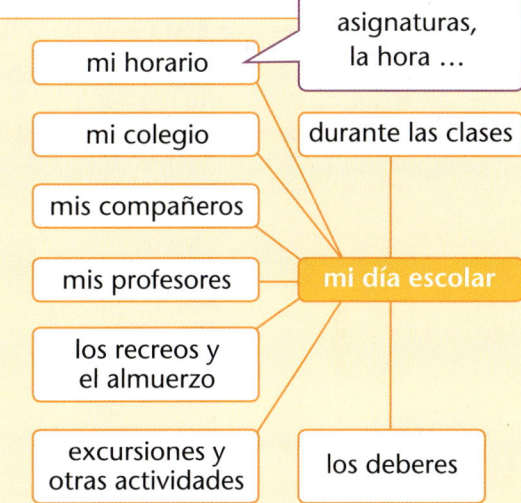

Paso uno: Apunta todo el vocabulario que necesitas para describir tu día escolar en un mapa mental. `M II 1.2`

Paso dos: Reflexiona qué necesitas para escribir en un blog. Por ejemplo, cómo dirigirse a los otros miembros del blog.

Paso tres: Escribe ahora el texto en presente.

Paso cuatro: Puedes añadir algo personal, por ejemplo tu alegría de poder participar en el encuentro en Madrid. También puedes hacerles preguntas a los otros participantes o expresar deseos para el encuentro.

Paso cinco: Revisa tu texto.

Tu reto 2:

El primer día del encuentro tienes que presentar tu escuela y para el segundo día junto con un compañero tenéis que preparar una ponencia sobre el sistema escolar de un país hispanohablante. `M I 4.1+2`

El primer día – presentación de la escuela

Paso uno: Decídete por una forma adecuada para presentar tu escuela. Puede ser una presentación powerpoint, un cartel, un folleto o un vídeo.

Paso dos: Busca el material sobre tu escuela y saca fotos.

Paso tres: Ordena tu material y escribe los textos. Si te has decidido por un vídeo tienes que grabar el texto. En caso contrario tienes que practicar la ponencia.

El segundo día – la ponencia sobre un país hispanohablante

Paso uno: Junto con tu compañero/a elegid un país hispanohablante. Buscad información sobre su sistema de educación en internet. Podéis encontrar información en las páginas de las embajadas de los países en Alemania.

Paso dos: Definid quién habla sobre qué tema y elaborad una estructuración de la ponencia.

Paso tres: Preparad la presentación power point.

Paso cuatro: Escribid las palabras clave en una ficha y practicad la ponencia.

Paso cinco: Abrid la ponencia con una introducción y dirigid algunas palabras a los otros participantes. Dad a los oyentes la oportunidad de haceros preguntas al final de vuestra ponencia.

Las fiestas primaverales

El abecedario de la Pascua

La Pascua es una fiesta muy importante cristiana de primavera. Tal vez algunos de vosotros tenéis otra religión …
¿Qué fiestas primaverales celebráis?

Capuchón – En las procesiones durante la Semana Santa en España muchos hombres llevan túnicas amplias y un capuchón.

Bollos de forma de conejo o cordero – Se fabrican en Alemania como símbolo de la fertilidad.

Cruz – La cruz simboliza la crucifixión de Jesús.

Hoguera de Pascua – En muchos pueblos alemanes la gente enciende Hogueras de Pascua.

Huevos pintados – En Alemania hay huevos pintados. Los niños pequeños creen en el conejo de Pascua que esconde los huevos en el jardín y les trae chocolates y juguetes.

Pascua – Es la fiesta central del cristianismo. Se celebra la resurrección de Jesús al tercer día de su crucifixión.

Procesiones – En España hay muchas procesiones religiosas durante la Semana Santa. Las más famosas y gloriosas son las de Andalucía.

Jesucristo – En las procesiones en España algunos hombres traen un trono con una estatua de Jesucristo.

Quema de Judas – En muchos pueblos de España se quema una representación de Judas Iscariote.

Torrija – Pan frito, empanado en leche o miel.

Rosquillas – Un dulce típico que se come durante la Semana Santa en España.

La Pascua en Alemania

La Pascua es una de las fiestas más importantes en Alemania. Dura cinco días y anuncia la llegada de la primavera. Empieza el Jueves Santo y llega a su fin el Lunes de Pascua. Como es una festividad cristiana, muchas personas van a la iglesia el Domingo de Pascua. Hoy en día hay varias tradiciones en la Semana Santa:

El conejo de Pascua lleva huevos pintados, dulces y juguetes y los esconde dentro de la casa o en el jardín. El domingo toda la familia se pone a buscar los nidos con las pequeñas sorpresas.

El Sábado Santo, mucha gente se reúne en las plazas mayores de los pueblos y las ciudades para encender una Hoguera de Pascua. Las personas se despiden del espíritu del invierno y dan la bienvenida a la primavera. Es un período alegre sobre todo por las decoraciones coloridas. Todos los árboles están decorados con huevos de plástico o de chocolate.
Y claro, lo que no puede faltar son los dulces. En todas las panaderías se pueden comprar unos bollos con forma de conejo o cordero.

Semana Santa en España

La Semana Santa es muy famosa en todo el mundo por sus **procesiones** impresionantes. Cada año vienen muchísimos turistas a España para participar en esta festividad espectacular.

Dura siete días desde el **Domingo de Ramos** hasta el **Domingo de Pascua**. Cada día pasa una procesión por las calles de las ciudades. Unos hombres llevan un trono con una estatua de Jesucristo y están vestidos con trajes amplios y capuchones. Así los españoles recuerdan la pasión de Jesucristo. Se celebra en toda España pero las festividades en Andalucía son las más gloriosas.

En algunos pueblos españoles y muchos países latinoamericanos hay una tradición particular. El Domingo de Pascua la gente se reúne en la Plaza enfrente de la iglesia para apedrear o quemar un muñeco de tela, madera o de paja que representa a Judas Iscariote, el compañero de Jesucristo que lo traicionó. Así expulsan también el mal espíritu de la comunidad para empezar la primavera.

S

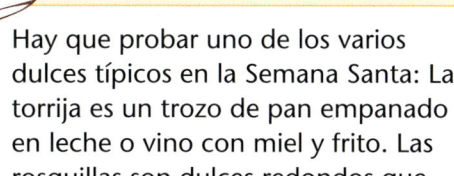

Hay que probar uno de los varios dulces típicos en la Semana Santa: La torrija es un trozo de pan empanado en leche o vino con miel y frito. Las rosquillas son dulces redondos que tienen una masa muy tierna.

1. Busca los días correspondientes en español.

SO	Palmsonntag	■
…		
DO	Gründonnerstag	*Jueves Santo*
FR	Karfreitag	
SA	Ostersamstag	
SO	Ostersonntag	■
MO	Ostermontag	■

2. Busca la palabra clave:

1. El conejo de Pascua lleva huevos ■ (1ª letra)
2. Con la Pascua empieza la ■ (5ª letra)
3. La festividad empieza el Jueves ■ (1ª letra)
4. El ■ lleva los huevos (1ª letra)
5. Para quitar el espíritu del invierno en muchos pueblos se enciende una ■ (4ª letra)
6. El Domingo de Pascua algunas personas van a la ■ (7ª letra)

3. Apunta en la tabla las tradiciones típicas para celebrar la Pascua o Semana Santa en España y Alemania.
- Bollos en forma de conejo o cordero
- Decorar los árboles con huevos de plástico o de chocolate
- Hacer procesiones
- Llevar un trono con una estatua de Jesucristo
- Buscar huevos pintados y nidos con dulces y pequeñas sorpresas en el jardín
- Encender una hoguera de Pascua para despedirse del espíritu del invierno y dar la bienvenida a la primavera
- Pintar huevos
- Llevar trajes con capuchas en la procesión
- Torrijas y rosquillas
- Apedrear o quemar a Judas
- Ir a la misa

España	Alemania
■	■

4. Un amigo español se interesa por las tradiciones de la Semana Santa en Alemania. Mándale un correo electrónico y explícale cómo tú celebras la Pascua en tu casa.

 5. Mira en internet el vídeo sobre una procesión en Sevilla y describe lo que ves. `80022-03`

Una receta

Las rosquillas

Ingredientes para 6–8 personas:

- 1 taza de leche
- 1/2 taza de aceite
- una corteza de naranja
- 1/2 taza de anís
- 1/2 taza de azúcar
- 1 huevo
- 1 sobre de levadura (16 gr de polvo para hornear)
- harina (la necesaria)
- aceite de oliva (para freír)
- azúcar y canela en polvo (para adornar)

Hierve la leche con el aceite, el anís y la naranja. Añade el azúcar y deja templar todo.

Pon 2 tazas de harina y la levadura en un bol. Incorpora la leche templada con el resto de los ingredientes y añade el huevo batido. Después de mezclar todo muy bien, añade más harina, poco a poco, hasta que la masa quede bien dura.

Ahora forma las rosquillas y fríelas en aceite no muy caliente. Mezcla azúcar y canela en polvo y espolvorea las rosquillas fritas antes de servirlas.

fuente: http://www.hogarmania.com/cocina/recetas/postres/201404/rosquillas-fritas-semana-santa-24473.html

Sant Jordi

El día 23 de abril los catalanes celebran su patrón Sant Jordi. Según la leyenda Sant Jordi mató a un dragón para salvar a una princesa joven. La sangre del dragón se convirtió en una rosa. Por lo tanto, en este día los hombres les regalan una rosa a las mujeres. Es un símbolo del amor. Por ello, Sant Jordi también es conocido como el patrón de los enamorados en Cataluña.

Por otra parte, el 23 de abril es el día de la muerte de *Miguel de Cervantes,* uno de los autores españoles más famosos (Don Quijote), y de *William Shakespeare.* Así nació la tradición de que las mujeres les regalan un libro a los hombres.

Dibuja un cómic sobre la leyenda de Sant Jordi.

Las Fallas

Otra fiesta primaveral se celebra en la Comunidad Valenciana. Se llama las Fallas. Durante la semana desde el 15 hasta el 19 de marzo los valencianos están muy emocionados con la fiesta más grande del año.

En todos los barrios se encuentran figuras de cartón y madera inmensas que tienen una altura hasta unos 20 metros. Las figuras que se llaman en valenciano **ninots** caricaturizan políticos, deportistas u otras personas conocidas.

En la noche del 19 de marzo se queman las Fallas para dar la bienvenida a la primavera.

En las calles se ven a unas mujeres que llevan un traje tradicional. Son **las falleras** que participan en las proceciones.

1. Explica con tus propias palabras qué son los ninots.

2. Busca información o fotos sobre algunas de las personas famosas que fueron caricaturizadas en las Fallas.

Zu Seite 11 (Kapitel 1A)

1 a Lee las tres postales y completa la tabla.

¿Quién?			Marta
¿Dónde?		Santiago de Compostela, Galicia	
¿Con quién?	los padres		
¿Qué hace?	nadar, tomar el sol, practicar el surf, comer paella		

Zu Seite 12 (Kapitel 1A)

3 El vocabulario siguiente te ayuda:

¡Buenos días a todos! Me llamo … y os presento el tiempo en España hoy.
Empezamos con … Aquí hay nieve / lluvia / … / hace sol / viento / … .
En … hace (muy) buen / mal tiempo.
Hace … grados en … y hay nieve / lluvia / … .
La temperatura máxima es … .
Esperamos sol / viento / … .

4 Completa la tabla.

Nombre		Carlitos	Juan
Ciudad	Alicante		México
Tiempo			
¿Le gusta?			

Zu Seite 14 (Kapitel 1A)

8 ¿Recuerdas? Completa con la forma correcta del pronombre reflexivo.

En las vacaciones los hermanos Daniel y Sofia ■ levantan muy tarde. Antes del desayuno con sus padres, Sofia ■ ducha y Daniel ■ baña. Sofia necesita mucho tiempo en el cuarto de baño. ■ cepilla los dientes y ■ maquilla. Chicas …

A las tres y media Sofia quiere quedar con sus amigos en la Plaza Mayor.

Sofia: Daniel, ¿quieres venir?
Daniel: No, Speedy y yo ■ quedamos en casa porque quiero jugar un poco a la consola.
Sofia: Bueno, ■ voy. ¡Hasta luego!

En la Plaza Mayor, Paloma, una amiga, pregunta:

Paloma: Sofia, te veo cansada, jiji… ¿cuándo ■ acuestas y cuándo ■ duermes en las vacaciones? Yo veo mucho la tele o chateo con amigos de Argentina. Por eso ■ duermo muy tarde.
Sofia: Normalmente, Daniel y yo ■ dormimos a las nueve y media porque ■ despertamos muy temprano para ir al colegio en Gines. Pero en las vacaciones, yo ■ acuesto a las doce de la noche.

Zu Seite 14 (Kapitel 1A)

9

 A las ■ Sofia se despierta.

 ■ Sofia come paella.

 ■ Sofia queda con amigos.

 ■ Sofia se ducha.

 ■ Sofia ve la tele.

 ■ ella va al cine.

Wenn du über deinen Tagesablauf sprechen willst, kannst du die Uhrzeit angeben oder diese Konnektoren verwenden:
primero • luego • más tarde • al final • entonces • ahora • después • a continuación • por la mañana/tarde/noche • pero • antes de + infinitivo • después de + infinitivo • durante + sustantivo

Zu Seite 20 (Kapitel 1B)

5 a Schau mal, wo Daniel und Lupe vom Essen sprechen. Die Formen von subir findest du dort, wo Lupe von den Pyramiden spricht.

Zu Seite 21 (Kapitel 1B)

8 Pon los verbos en la forma y el orden correctos:

> cepillarse los dientes • peinarse •
> acostarse • desayunar •
> levantarse • bañarse

Ojo: Im Indefinido werden die Reflexiv-pronomen vor das Verb gestellt!

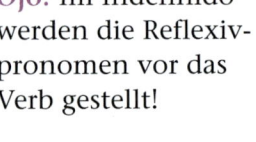

Zu Seite 23 (Kapitel 1B)

14 Busca la respuesta correcta:

a. ¿Adónde fue Sofia en Alemania y con quién?
   1. Sofia fue al teatro con sus padres.
   2. Sofia fue al concierto de Mark Forster con Claudia.
   3. Sofia fue al parque de atracciones con Alina.

b. ¿Qué tiene Lupe para ella?
   1. Una postal de los maya.
   2. Un CD de Lila Downs.
   3. Un Speedy Gonzales.

c. ¿Qué quieren hacer las dos chicas el fin de semana y por qué?
   1. Sofia y Lupe van a preparar comida mexicana porque le interesa mucho a Sofia.
   2. Sofia y Lupe van a comer comida española porque le gusta a Lupe.
   3. Sofia y Lupe van a ir al cine porque hay una película mexicana.

Zu Seite 27 (Kapitel 2)

Para una fiesta: pizza, palomitas, gomitas, gusanitos, coca-cola, zumo
La decoración: el globo
Las frutas: las manzanas, las naranjas, los plátanos
Las verduras: las aceitunas, los tomates, las patatas
Más ingredientes: Los huevos, el pan, la leche, el jamón, el queso, el agua

En mi fiesta de cumpleaños hay … Necesito comprar …

Zu Seite 30 (Kapitel 2A)

3 Contesta en alemán:

1. Kann deine Schwester ihren 15. Geburtstag im parque acuático feiern?
2. Kann man mit einer achtköpfigen Gruppe Geburtstag feiern?
3. Gibt es auch Hamburger?
4. Musst du die Dekoration für die Party selbst mitbringen?

Zu Seite 31 (Kapitel 2A)

5 Modelos:

Los mellizos celebran la fiesta de cumpleaños el el parque acuático **porque** es su primer cumpleaños en España y el año pasado no lo celebraron por la mudanza.

En el coche de los Dörfler no caben todos **por eso** quedan con los invitados en la taquilla norte.

Zu Seite 38 (Kapitel 2B)

4

		buenísimo/a	bueno/a	soso/a	quemado/a
la comida	está ...				
el plato		■	■	■	■
...		■	■	■	■

Zu Seite 39 (Kapitel 2B)

7 Relaciona.

- ¿Nos trae otra ración de … , por favor?
- De primero … /De segundo … /De postre …
- ¿Todo bien?
- En seguida traigo las bebidas.
- ¿Qué quieren para beber/comer?
- ¿Qué lleva … ?
- Para mí, … /Pido … /Quiero … , por favor.
- ¿Necesitan algo más?

Zu Seite 43 (Kapitel 2B)

12 b Elige la frase correcta:

Para Lupe la comida mexicana es	… menos picante que la comida española.
	… la más rica del mundo.
El chile habanero es	… el más picante de México.
	… soso, no pica mucho.
El maíz, los frijoles, el chile y los tomates son	… muy importantes para preparar palomitas.
	… los ingredientes más importantes de la comida mexicana.
El chapulín es	… el ingrediente más extraño para los alemanes.
	… el ingrediente más picante de la comida mexicana.

12 d+e Copia la tabla en tu cuaderno y rellénala:

	en España (lo que dicen los chicos)	en mi país
horarios	almuerzo: ■ cena: ■	■
¿qué comen?	desayuno: almuerzo – primer plato: ■ segundo plato: ■ postre: ■	■
otras costumbres	1. ■ 2. ■ 3. ■	■

Zu Seite 48 (Kapitel 3A)

1

palabra nueva	comprendo la palabra	
	por otra lengua	por el español
el / la artista	artist (inglés)	
el / la participante	to participate (inglés)	participar
…	…	…

Zu Seite 49 (Kapitel 3A)

2 b Estas preguntas te ayudan para estructurar el texto:

- ¿Qué es "La voz kids"?
- ¿Cuántos participan?
- ¿Cuántas fases del concurso hay y cómo se llaman?
- ¿Qué premios hay?

Zu Seite 51 (Kapitel 3A)

6 a Im Spanischen gibt es einige Adjektive, die eine verkürzte Form (die Apokope) haben. Sie verlieren das „■", wenn sie vor einem ■ Substantiv im Singular stehen. Bei der ■ Form und den Pluralformen ändert sich nichts.

6 c

si conoces a Violetta:	si no conoces a Violetta:
Cuéntales a tus compañeros todo lo que sabes de Violetta.	Qué piensas: ¿quién es Violetta? ¿Qué hace?
Diles por qué te gusta/no te gusta la serie.	¿Te gusta?

Zu Seite 58 (Kapitel 3B)

3 b

- Dar un paseo con Speedy
- Comer algo
- Buscar las entradas
- Quedar con María y Pablo a las tres

- Ir a la parada del autobús
- Tomar el autobús para ir al estadio
- Ir de tapas
- Pararse cerca del escenario

Zu Seite 58 (Kapitel 3B)

5 a Piensa en la estructura de un correo electrónico y usa conectores como primero, luego, después, además …

Auch wenn du „nichts" machst, kannst du etwas schreiben, z. B. dass du lange / viel schläfst, zuhause bist, im Internet surfst, wann du ungefähr isst … !

5 b Invítale por escrito a tu compañero/a a hacer algo contigo el fin de semana.

Te invito a mi fiesta
Hola _____
organizo una fiesta
el día _____ a las _____
horas.
Tiene lugar en_____

Te espero.

Invitación a ir al museo con tu mejor amigo

Querido/a _____

te invito a ir conmigo al museo _____

el día _____ a las _____.
Nos vamos a divertir mucho.

Zu Seite 69 (Kapitel 4A)

4 a **Modelo:** Me gusta más el ciclismo que el fútbol, porque prefiero practicar el deporte solo. Usa los adjetivos:

> interesante • aburrido • excitante • tranquilo

4 b Busca en el texto las reacciones al vídeo que muestra el profe.

(No) me gusta, porque ... | (No) me gusta, como ... | Me parece ...

Usa los adjetivos de Ch 2 p.44 . Otros adjetivos: aburrido/a, elegante, rápido/a, lento/a, peligroso/a.

Zu Seite 70 (Kapitel 4A)

7 a Estos son los deportes que los chicos describen: el ciclismo, el baloncesto, el tenis y el yudo. ¿Quién describe qué deporte?

Zu Seite 72 (Kapitel 4A)

10 Completa con la forma correcta de los verbos en indefinido.

> Fernando Alonso (nacer) el 29 de julio de 1981 en Oviedo, Asturias (España).
> Con sólo 3 años (empezar) a interesarse por los coches. En 1988 (lograr) su primer título de infantiles. Sólo 5 años después (ganar) el Campeonato de España con Genikart y (empezar) a coleccionar muchos premios más. Su debut en la Formula 1 (ser) en 2001 en Australia con Minardi. En 2002 (entrenar) por primera vez con Jaguar y en 2003 (hacerse) piloto oficial. El 25 de septiembre de 2005 (ganar) el campeonato mundial como el piloto más joven de la historia.

Zu Seite 73 (Kapitel 4A)

13 b Markiert die Verbendungen des indefinido in rot und vergleicht die Verben miteinander.

Zu Seite 76 (Kapitel 4B)

5 **b** Estas palabras te pueden ayudar:

Me dieron …

Tengo que quedarme …

Tengo …

Me siento …

Zu Seite 77 (Kapitel 4B)

7 **b** Estas ideas te pueden ayudar:

Der Arzt / die Ärztin fragt, was passiert ist.
Daniel / Lupe / der Junge / Sofia erzählen es ihm / ihr.
Der Arzt/die Ärztin fragt, was weh tut und bekommt eine Antwort.
Der Arzt / die Ärztin sagt, was nun passiert: Schmerzmittel, Krankenhausaufenthalt …
Lupe und Sofia trösten: No es para tanto. / Pronto te vas a sentir mejor. /
Tranquilo/a.

Zu Seite 78 (Kapitel 4B)

8 **b** Puedes usar las siguientes palabras para sustituir las manchas:
tomar una pastilla (2x), garganta, muy poco, resfriado, cabeza, infusión, médico, bebida

Zu Seite 79 (Kapitel 4B)

10 Estas frases te pueden ayudar:

médica	Lupe
… cómo … qué (pasar)	Tengo … y además pienso que … y me duelen … grave?
Primero quiero … Abre … es … Tienes … Creo que tienes …	Hacer (cuidado, verbo es irregular)
Te doy … para … y … Tienes que … y hay que …	… tengo que …
No es … porque estás …	Vale … me … en …
De nada. Que te …	

Zu Seite 85 (Kapitel 5A)

1

		Destino	¿Por qué?	¿Qué hacer?	¿Qué opinan los demás?
Madre	1. ■	■	■	■	¡Sí!
	2. Las Cataratas del Iguazú	Hace más calor que en la Patagonia. Está cerca de Brasil.	Cruzar a Brasil. Hacer un safari por la jungla. Ver muchos animales y plantas exoticas.	■
Padre	1. ■	■	■	■
	2. ■	■	■	Hay muchos caminos de serpentina y le dan mareos a Flor.
Santi	■	■	■	■
Flor	1. ■	■	■	■
	2. ■	■	■	■

Zu Seite 86 (Kapitel 5A)

3 a Achte darauf, dass du als Álvaro fragst und sprichst!
Du musst also das Verb und die Pronomen anpassen.

3 d Frases útiles:

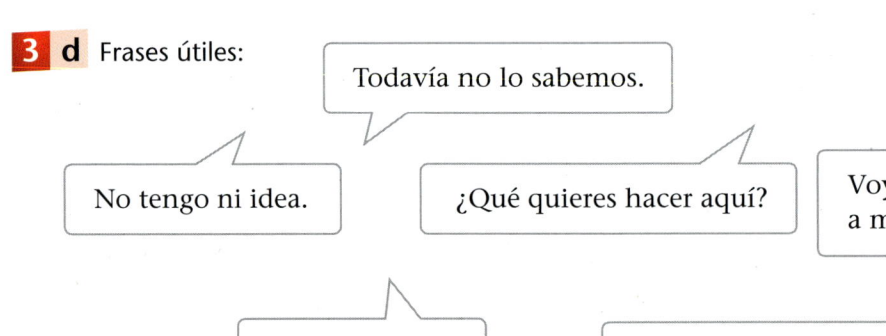

Todavía no lo sabemos.

No tengo ni idea.

¿Qué quieres hacer aquí?

Voy a preguntarles a mis padres.

¡Qué emoción!

¡Ya no falta mucho!

Zu Seite 88 (Kapitel 5A)

7 Si no entiendes bien, lee el texto aquí:

Padre de Santi:	Perdón, para ir al hotel *La familia Apart Hotel*?
Señor:	Ah, sí, es un hotel muy moderno. ¿Tiene usted la dirección?
Padre:	Sí, Avenida Guaraní 177. ¿Está lejos?
Señor:	No, a unos 25 minutos en coche.
Padre:	¿Nos puede explicar entonces cómo llegamos allí?, por favor.
Señor:	Sí claro, mire, usted sigue la Ruta Nacional número 12 hasta la entrada a la ciudad. Allí va todo recto por la Avenida Victoria Aguirre. En el cruce de calles Tareferos y Guembe gira a la derecha en la calle Tareferos. Luego toma la segunda calle a la izquierda. La calle se llama Hipólito Yrigoyen. Pasa la calle Pombero y la calle siguiente es la Avenida Guaraní, entonces usted gira a la izquierda y allí está el hotel que ustedes buscan.
Padre de Santi:	¡Muchas gracias! Adiós.
Señor:	Adiós y ¡que disfruten su viaje!

Zu Seite 92 (Kapitel 5B)

1 c Busca los conectores:

Daniela y Sandra prefieren un viaje ■ para Florencia una fiesta es el sueño de su vida.

Una fiesta es divertida ■ en un viaje conoces a gente nueva.

Les pregunto a mis amigas ■ decido.

En una fiesta puedes bailar mucho ■ (en una fiesta) recibes regalos bonitos.

Me compro un vestido elegante ■ zapatos con tacones muy altos.

Preparas la fiesta al aire libre ■ puede llover.

El hermano de Sandra toca la guitarra ■ José Luis, un amigo, toca el piano y el saxofón.

Daniela y Sandra prefieren un viaje ■ a Laura y a Mariana les gustan las fiestas.

Escriben las invitaciones ■ buscamos un sitio para festejar.

En un viaje ves muchas cosas ■ en una fiesta recibes regalos bonitos.

2 b Si no tienes ideas qué hacer, mira otra vez las páginas 26 y 27.

Zu Seite 94 (Kapitel 5B)

5 El orden correcto de los verbos:

> pasar • pasar • divertirse • ponerse (pus-) • llegar • recibir • estar (estuv-) •
> sacar • posar • bailar • bailar • irse (fu-) • servir (sirv-) • ser (fu-)

6 a Estas palabras te ayudan:

> El señor / la señora • El hombre / la mujer • La imagen de ... • La carne •
> El dulce • Las casas de muchos colores

Zu Seite 104 (Kapitel 6A)

2 Relaciona:

... puede ser privada o pública. Es de madera y de tela.
... es la entrada oficial al recinto de la Feria. Se ilumina por las noches con miles de bombillas.
... es un vestido tradicional para mujeres con muchos volantes y colores.
... son un baile que tiene cuatro partes.
... es una de las fiestas más importantes de España y se celebra en abril.
... hay muchos caballos arreglados y peinados y coches de caballos.
... es el recinto de atracciones como el látigo, la noria, los coches locos o la montaña rusa.

En el desfile de caballos ...
La Feria de Sevilla ...
El traje de gitana ...
La Calle del Infierno ...
Una caseta ...
Las Sevillanas ...
La portada principal ...

3 b Copia la tabla en tu cuaderno y rellénala:

Infinitivo	haber	participio	párrafo
pasar	hemos		1er
estar		estado	1er
subirse			3er
comer	he		3er
aprender			3er

Zu Seite 105 (Kapitel 6A)

6 busca las formas irregulares del pretérito perfecto de estos verbos en el texto:

abrir, poner, volver, escribir, hacer, decir, ir, ver

Zu Seite 107 (Kapitel 6A)

12 Ayuda para escribir un texto informativo:

1. Busca un título.
2. Empieza con las informaciones más importantes.
3. Habla de las atracciones más importantes y de la comida típica. Estas preguntas te ayudan: ¿Quién? ¿Qué? ¿Cuándo? ¿Dónde? ¿Cómo?

Zu Seite 109 (Kapitel 6B)

1 Describe las fotos:

2 **c** Utiliza la forma correcta de estos adjetivos o adverbios:

- rápido/a, rapidamente
- fácil, facilmente
- tranquilo/a, tranquilamente
- normal, normalmente

Zu Seite 110 (Kapitel 6B)

3 b Puedes utilizar estas ideas:

- Die Eltern fragen, was in der Schule passiert ist
- María erzählt, dass sie eingeschlafen ist
- Die Eltern drücken aus, dass das nicht geht (eso no puede ser). Die Eltern kündigen Konsequenzen an (imperativo oder tienes que …): nicht mehr ausgehen, weniger Musikunterricht, mehr für die Schule machen, nicht so viel mit Freunden treffen bzw. chatten, mehr schlafen.
- María beschwert sich über den langweiligen Unterricht und dass sie deswegen eingeschlafen ist…

- Sofia fragt Daniel, was er in ihrem Zimmer gemacht hat und beschwert sich über die Unordnung.
- Daniel sagt, dass er nichts gemacht hat, dass er nur mit Speedy gespielt hat.
- Sofia fordert Daniel auf, aufzuräumen und verbietet ihm, in ihrem Zimmer zu spielen (no puedes jugar en mi habitación).
- Daniel beschwert sich über das Verbot.
- Sofia sagt, dass Daniel in seinem Zimmer spielen soll.
- Daniel erklärt sich bereit, beim Aufräumen zu helfen.

5 Busca en los párrafos 2, 3, 8, 9 y 10.

Zu Seite 111 (Kapitel 6B)

6 a Utiliza las siguientes palabras:

alta / baja • gordita / delgada • pelo largo / corto / liso / rizado •
rubio / negro / castaño • ropa …

Zu Seite 112 (Kapitel 6B)

8 También puedes utilizar los conectores: primero, entonces, después, al final Ch 2 p. 98

Zu Seite 117 (Kapitel 7)

a Relaciona las asignaturas con las fotos. Atención: ¡aquí hay más palabras que fotos!

Matemáticas • Física • Biología • Química • Geografía •
Historia • Inglés • Francés • Latín • Lengua y Literatura Alemana •
Arte • Ética • Religión • Educación Física

Zu Seite 123 (Kapitel 7A)

7 Las siguientes expresiones te van a ayudar a darle consejos a María:

> cantar en inglés, estudiar inglés, estudiar la gramática inglesa, participar en un intercambio tándem, hacer un proyecto e-Twinning en inglés, ir a Inglaterra, hacer un curso de inglés en Inglaterra, estudiar inglés por las tardes en la escuela Oficial de Idiomas, repasar el vocabulario, tomar clases particulares, estudiar junto con los compañeros del curso, estudiar inglés, todos los días dos horas, estar atento durante la clase, aprender inglés con películas

Zu Seite 124 (Kapitel 7A)

9

1.
- dos veces
- cuatro veces
- trece veces

2.
- durante el día de las puertas abiertas
- durante el día de la cultura
- durante la semana cultural

3.
- dinero
- un premio
- libros

4.
- es un documental del año 2013
- trata de cuatro niños de diferentes países y su camino a la escuela
- trata de niños latinoamericanos y su camino al colegio

5.
- el jueves
- el viernes
- el sábado

6.
- tienen que escribir un artículo para el periódico sobre el proyecto
- tienen que hacer una presentación sobre el sistema de educación de un país hispanohablante
- tienen que escribir un blog y un diario

7.
- en Santiago de Compostela
- en Santiago de Chile
- en Santiago de Cuba

Zu Seite 125 (Kapitel 7A)

 a

Hablar de los profes

- ser un hueso – knallhart sein
- ser exigente – fordernd sein
- ser un rollo ≠ buenrollero – anstrengend / kumpelhaft nett sein
- ser despistado/a – zerstreut sein
- tener mucha/poca autoridad – viel oder wenig Autorität haben
- saber explicar bien – gut erklären können
- (no) estar motivado/a – (nicht) motiviert sein

Hablar del año escolar

- el semestre/el trimestre ● las vacaciones
- la semana de proyectos

Hablar de los/las compañeros/-as

- ser vago/a / perezoso/a – faul sein
- estudioso/a – eifrig, fleißig
- travieso/a – frech, aufgeweckt
- aplicado/a – fleißig

Hablar de las notas

- sacar un/a … – die Note … erzielen

Lenguaje juvenil para hablar del insti

- el empollón/la empollona – Streber/-in
- pillar a alguien – jemanden erwischen
- hacer novillos/pellas – schwänzen
- copiar de alguien – von jemandem abschreiben

Pon las palabras en el orden correcto en los huecos:

hace pelotas ● hace novillas ● saca un ● pillan ● vago ● no aprueba ● chuletas

Zu Seite 129 (Kapitel 7B)

3 d Estas ideas te pueden ayudar:

Pro:
- Se puede ver de qué instituto eres, te puedes identificar con ello y puedes reconocer a tus compañeros en el camino a la escuela
- No tienes que pensar cada mañana en qué ponerte
- Te puedes concentrar mejor en tus cursos
- Todos son iguales, no hay discriminación por la ropa

Contra:
- Es casi imposible encontrar un uniforme que les guste a todos
- Puede ser caro comprar el uniforme
- Somos individuos, ¿por qué no mostrarlo?
- No es moderno llevar uniforme

Zu Seite 130 (Kapitel 7B)

5 a Escribe la tabla en tu cuaderno y llénala con las siguientes palabras/expresiones.

¿Qué bolá?, la guagua, das belegte Brötchen, Wie gehts?, compay, el bocadillo, der Bus, amigo, ¿Cómo estás?, Freund, el bocadito, el autobús

ideas

Zu Seite 11 (Kapitel 1A)

2 a Busca más vocabulario sobre el tiempo en un diccionario.

Zu Seite 12 (Kapitel 1A)

3 Mira el vídeo `80022-03`. ¿Qué tiempo hace en … ? Apunta las ciudades y el tiempo allí.

Zu Seite 13 (Kapitel 1A)

6 b Escribe una pequeña historia sobre tus vacaciones con los verbos de b).

Zu Seite 15 (Kapitel 1A)

12 a Leed las informaciones sobre los tres monumentos en la ciudad y dad a Claudia las informaciones más importantes.

Zu Seite 19 (Kapitel 1B)

4 b ¿Cómo es México para Lupe? ¿Qué relaciona con México?

Zu Seite 22 (Kapitel 1B)

9 b ¿Tienes una buena memoria? Jugad en grupos de cuatro personas Hago mi maleta con actividades en las vacaciones.

Modelo:
A: En las vacaciones, yo visité un museo.
B: En las vacaciones, yo visité un museo y nadé en el mar.
C: En las vacaciones, yo visité un museo, nadé en el mar y compré ropa bonita.

Zu Seite 23 (Kapitel 1B)

12 ¿Conoces más comida o bebida de México o de un país dónde se habla español? Habla con un/a compañero/a. Haced una lista.

País	Comida	Bebida
México	Tacos de Pollo, empanadas, …	■
España	■	Sangría
Perú	■	■

Zu Seite 28 (Kapitel 2A)

1 Además puedes utilizar:

- Me gusta más / menos + infinitivo
- Además (no) tengo que ... Y puedo ...

Zu Seite 29 (Kapitel 2A)

2 c ¿Nativos? Compara las siguientes atracciones:

Usa también los adjetivos largo / corto, curvado / recto.

- La piscina de olas / Tirolina
- Rapids / ZigZag
- Turbolance / Jacuzzi
- Kamikaze / Speed Race

Zu Seite 32 (Kapitel 2A)

6 Busca en internet los ingredientes para magdalenas, ensaladilla rusa y torrijas y escribe la lista de compras para los mellizos. Piensa también en las bebidas.

Zu Seite 41 (Kapitel 2B)

10 b Puedes usar también esas palabras:

gratinado/a con ... • relleno/a de ... • empanizado/a • acompañado de ...

Zu Seite 42 (Kapitel 2B)

11 3 ¡Qué rollo!: El camarero es un desastre, la comida muy mala. ¿Qué más puede pasar?

12 b Describe la comida alemana para un blog y utiliza las formas del superlativo como Lupe.

Zu Seite 49 (Kapitel 3A)

2 a Investiga sobre los jurados españoles y preséntalos en clase:

le edad • de dónde son • su estilo de música • su canción más famosa ...

2 c Investiga sobre los shows de casting en otros países hispanohablantes. Compáralos con España. Presenta un show a tus compañeros de clase.

Zu Seite 50 (Kapitel 3A)

3 Encuentra más argumentos a favor y en contra de participar en castings y apunta las palabras clave en la tabla.

Zu Seite 55 (Kapitel 3A)

 10 c Escribe un comentario sobre una canción de uno de los cantantes o grupos presentados en la página 53.

Zu Seite 56 (Kapitel 3B)

 1 a ¿También quieres participar en un evento en las próximas semanas? Cuéntales a tus compañeros de tus planes y responde las siguientes preguntas:

Si todavía no tienes planes, busca un evento que te interesa en la cartelera cultural de tu región.

- ¿Qué evento es?
- ¿Qué día y a qué hora tiene lugar?
- ¿Dónde tiene lugar?
- ¿Cuánto cuesta la entrada?

Zu Seite 59 (Kapitel 3B)

 6 a Imagínate que participas en uno de los siguientes eventos. ¿Qué te pones? Puedes ilustrar tu texto con un dibujo de tu look:

  7 b Álvaro quiere saber qué eventos van a tener lugar en el Estadio Olímpico de Múnich. Escríbele un correo electrónico e infórmale.

- un partido de fútbol
- un concierto de música clásica
- el cumpleaños de tu abuela
- la fiesta de carnaval en tu instituto
- una cita con tu novio / tu novia

Veranstaltungskalender Olympiastadion München			
Event	**Datum**	**Uhrzeit**	**Preis**
Fußball EM Public Viewing Irland – Deutschland	Dienstag, 21.06.	18.00 Uhr	8,00 €
Justin Bieber	Montag, 16.09.	19.30 Uhr	181,00 €
Peter Maffay Tabaluga "Es lebe die Freundschaft"	Donnerstag, 13.10.	18.30 Uhr	50,00 €
Laura Pausini	Freitag, 28.10.	20.00 Uhr	70,00 €
Selena Gomez	Samstag, 29.10.	20.00 Uhr	65,00 €

Zu Seite 67 (Kapitel 4A)

2 a Escribe un texto estructurado por conectores y usa también las informaciones que te dan las imágenes.

Zu Seite 69 (Kapitel 4A)

5 A discutir: ¿Es el Parkour demasiado peligroso? Busca argumentos a favor y en contra. O escribe un comentario o discute en clase con otros compañeras/os.

> Me parece … • En mi opinión … • pienso que … • por un lado •
> por otro lado … • no pienso como tú …, • estoy de acuerdo

Zu Seite 70 (Kapitel 4A)

8 Inventa un nuevo deporte y preséntalo a los demás. Piensa …

1. en las personas que participan,
2. en el lugar dónde se practica el deporte,
3. en los aparatos que se necesita posiblemente,
4. en las reglas,
5. y en por qué puede ser divertido.

Zu Seite 72 (Kapitel 4A)

11 d Mira la página web de Fernando Alonso donde presenta su biografía: `80022-03` . Diseña un póster.

Zu Seite 74 (Kapitel 4B)

1 Seguro que tú también participas en el cotilleo en internet. A veces es muy divertido, pero no siempre. ¿Qué piensas tú sobre el cotilleo en internet? Escribe un texto corto y da tu opinión. `Ch 3` `p. 62`

Zu Seite 76 (Kapitel 4B)

4 ¿Qué pasa después? Escribe la continuación de la escena en forma de un texto o en forma de una conversación.

5 b Describe el comportamiento de la madre de Pablo. Estas palabras te pueden ayudar:

> • exagerar – übertreiben
> • estar preocupado/a – besorgt sein
> • darle vergüenza a alguien – jmdm ist etwas peinlich

Zu Seite 79 (Kapitel 4B)

9 Imagínate: ¿Qué les pasó a los pacientes? Apunta tus ideas.

Zu Seite 83 (Kapitel 5)

2 a Mira el vídeo y describe lo que ves: `80022-03`

Zu Seite 86 (Kapitel 5A)

3 d Más temas de conversación:

- Dónde se van a quedar – ¿en un hotel, en casa de la familia de Santi?
- ¿Qué llevar a Argentina?
- ¿Qué tal la comida / el tiempo?

Zu Seite 89 (Kapitel 5A)

7 c Mira otra vez el mapa. ¿Qué te llama la atención? Fíjate en la ubicación geográfica de la ciudad y descríbela.

8 c Busca en internet qué actividades se pueden hacer dentro del Parque Nacional de Iguazú. Aquí tienes algunas páginas web: `80022-03`

Zu Seite 92 (Kapitel 5B)

1 c Piensa en más frases con los conectores del ejercicio.

2 a Habla también sobre las fiestas de cumpleaños de tus hermanos, tus padres, tus abuelos, personas famosas. ¿Cómo las celebran? ¿A ti te gustaría celebrar como una de estas personas?

Zu Seite 97 (Kapitel 5B)

10 Flor utiliza palabras típicas argentinas. Mira el vídeo otra vez y busca palabras en castellano (el español de España) para estas palabras:

bárbaro • Estoy re bien • la muchacha • la mina • los pibes • la torta • la guita • ¡Qué bueno!

11 Dibuja y escribe tu propio cómic y preséntalo a tu clase.

Zu Seite 105 (Kapitel 6A)

7 b Puedes hacer más preguntas…

- ¿Qué más habéis hecho?
- ¿Qué más habéis visto/comido/bebido?
- ¿Qué es lo que más os ha gustado?

Zu Seite 107 (Kapitel 6A)

10 Inventa más preguntas: montar un caballo – ir en coche de caballo – comer pescaíto frito – ir con los amigos a una fiesta popular – subir a una montaña rusa – …

ideas

 11 Cuenta de la comida típica y atracciones típicas de la kermés en Alemania. Puedes utilizar estas palabras, pero antes busca el significado y escribe las parejas en tu cuaderno.

Zuckerwatte • Lebkuchenherzen • Brezel • kandierte Früchte • Schmalzgebäck • gebrannte Mandeln

el corazón de pan de especias • el algodón / la nube de azúcar • la fruta abrillantada • el pretzel • el mantecado • las almendras garapiñadas

Autoscooter • Riesenrad • Geisterbahn • Achterbahn • Karussell • Schießbude • Losbude

el tren fantasma • los coches chocadores • la montaña rusa • el tiovivo • la noria • la barraca de tiro • los puestos de tómbola

Zu Seite 110 (Kapitel 6B)

3 b Inventad otra situación y escribid el diálogo.

5 ¿Qué más les puedes contar a tus padres sobre la Feria?

Zu Seite 120 (Kapitel 7A)

 3 Escríbele a María algunas frases e intenta darle ánimo.

> Hola María,
> felicidades por tu éxito en La voz kids. Todo el tiempo te he cruzado los dedos.
> …
> Y ahora no has aprobado el examen de inglés. ¡Qué lástima!
> …

Zu Seite 124 (Kapitel 7A)

9 Escucha el texto otra vez y soluciona las siguientes tareas.

1. ¿Cuántas escuelas de Andalucía participan en el proyecto de este año?
2. ¿Qué es la UNESCO?
3. Apunta dos tareas de la UNESCO.

Zu Seite 130 (Kapitel 7B)

5 Jugad el juego de la memoria de los cubanismos. Podéis elaborar el material vosotros o el profe os va a dar las fotocopias.

Método

I. Sprache

I 3.   Schreiben

I 3.1   Wie präsentiere ich mit einer Wandzeitung?

Manchmal arbeitet ihr in Gruppen oder zu zweit zu unterschiedlichen Themen. Damit eure Klassenkameraden sehen, was ihr erarbeitet habt, könnt ihr Plakate oder eine Fotostory mit Hilfe der Wandzeitung (un periódico mural) präsentieren. Wie eine Tageszeitung informiert eine Wandzeitung deine Klasse, weil sie in eurem Raum aufgehängt wird.

So erstellst du eine Wandzeitung:

Vorbereitung: Bereite dein Material vor. Du brauchst: Plakate, Stifte, Lineal, Kleber, Schere, Bilder, Zeitungsausschnitte, …

Ideensammlung: Schreibe dein Thema als Überschrift auf die Wandzeitung! Mache dir Gedanken, welche Informationen du deinen Mitschülern präsentieren willst. Wichtig ist, dass deine Wandzeitung übersichtlich ist. Mach dir deshalb, bevor du mit der Wandzeitung beginnst, eine Skizze auf ein DIN A 4 Blatt, wie du Texte und Bilder anordnen willst.

Gestaltung: Verwende verständliche Texte und Bilder, um das Interesse deiner Leser zu wecken. Die Schrift der Texte sollte groß genug und gut lesbar sein, damit man sie auch aus der Entfernung lesen kann. Text und Bild müssen zueinander passen. Um Wichtiges hervorzuheben, kannst du verschiedene Farben benutzen und unterstreichen. Bevor du die Ergebnisse auf die Wandzeitung schreibst, solltest du sie von einem Mitschüler oder deinem Lehrer korrigieren lassen. M II 2.2

Präsentation: Wenn du deine Wandzeitung fertig gestaltet hast, hängst du sie im Klassenraum auf. Deine Klasse kann sich erstmal bei einem Rundgang durch den Raum einen Überblick über die verschiedenen Themen verschaffen. Anschließend kannst du mit deiner Wandzeitung präsentieren, was du zu einem Thema gerne mitteilen möchtest.
Sieh dir hierzu an, wie man ein Thema präsentiert: M I 4.2 .

I 4. Sprechen

I 4.1 Wie bereite ich eine Präsentation vor?

Wenn du deinen Mitschülern in einer Präsentation ein Thema, z. B. eine Sehenswürdigkeit in Mexiko oder deinen Lieblingssportler, vorstellen möchtest, findest du hier hilfreiche Tipps.

So kannst du vorgehen:

1. Informationen sammeln
Wenn du ein Thema allein oder mit deinen Mitschülern auf Spanisch präsentieren möchtest, überlege dir zuerst, woher du die notwendigen Informationen bekommst.

- Gibt es geeignete Texte im Lehrwerk?
- Hast du ein Buch zum Thema oder kannst du eines in einer Bücherei ausleihen?
- Wie kannst du spanische Informationen im Internet recherchieren?

Internetrecherche
Sammle zuerst auf einem Blatt oder in einem Schreibdokument auf deinem Computer alles, was du bereits über dein Thema weißt.
Verbinde dich nun mit dem Internet und nutze Suchmaschinen wie google.es. Gib dein Thema oder Unterpunkte deines Themas auf Deutsch und Spanisch ein.
Informiere dich nicht nur auf einer Internetseite, sondern vergleiche auf mehreren Seiten, ob die Informationen, die du gefunden hast, richtig sind. Die freie Enzyklopädie Wikipedia z. B. bietet Informationen in vielen Sprachen zu vielen Themen. Jedoch kann jeder einen Artikel bearbeiten, so dass die angezeigten Informationen leider nicht immer richtig sind.

 Tipp: Auch wenn es dir leicht fallen wird, Seiten auf Deutsch zu deinem Thema zu lesen, solltest du diese nur am Anfang nutzen, um dir einen ersten Überblick über das Thema zu verschaffen. Es ist nämlich viel schwieriger, deutsche Seiten auf Spanisch zu übersetzen, als Informationen von spanischen Seiten zu entnehmen.
Gib bei deinen Texten immer die Internetquellen direkt dazu an, da es sonst sehr schwer wird, genau diese wiederzufinden.

2. Deinen Vortrag gliedern

Sicher hast du gemerkt, dass es im Internet sehr viele Informationen zu einem Thema gibt und du dir deshalb einen Überblick darüber machen musst, welche Informationen sich genau für dein Thema eignen.

Stelle dir dabei diese Fragen:

- Was ist das Ziel meiner Präsentation? Worüber will ich meine Mitschüler informieren?
- Welche Unterthemen sind sinnvoll und in welcher Reihenfolge sollen sie stehen?
- Wie ausführlich soll meine Präsentation werden?
- Bei Gruppen: Wer soll welchen Teil der Informationen präsentieren?

Kopiere nun die wichtigsten Informationen, die du gesammelt hast, in dein Textbearbeitungsprogramm oder drucke sie aus. Lies dir die Texte durch und markiere die wichtigsten Informationen farbig. Informationen, die du nicht für deine Präsentation benötigst, kannst du löschen bzw. durchstreichen.

Lege jetzt fest, wie du deine Präsentation gliedern möchtest. Welche Unterpunkte eignen sich? Was sollen die Zuhörenden zuerst erfahren und was zum Schluss?

Lila Downs
1. Vida privada
2. Carrera profesional
3. Canciones conocidas
4. Premios
5. Bibliografía

3. Deinen Vortrag ausgestalten

Mache dir Stichpunkte aus den Texten, die du gelesen hast.

Tipp: Achte darauf, dass du keine zu schwierigen Texte aus dem Internet einfach kopierst, da deine Mitschüler während der Präsentation nichts verstehen würden. Schreibe in deinen eigenen Worten Informationen aus den Texten auf.

Wenn dir einzelne Vokabeln fehlen, kannst du deinen Lehrer um Hilfe bitten und in einem Wörterbuch (auch online oder im Vokabelteil von Arriba) nachsehen. Besser ist es aber, wenn du einen Text in deinen eigenen Worten schreibst und nur Vokabeln, die du nicht umschreiben kannst, übernimmst. In diesem Fall gibst du die Vokabel mit Übersetzung an.

Es gibt viele Möglichkeiten, ein Thema vorzustellen. Sie können deine Präsentation für deine Mitschüler interessanter machen. Wähle eines der folgenden Präsentationsmedien aus, von dem du denkst, dass es gut zu deinem Thema passt:

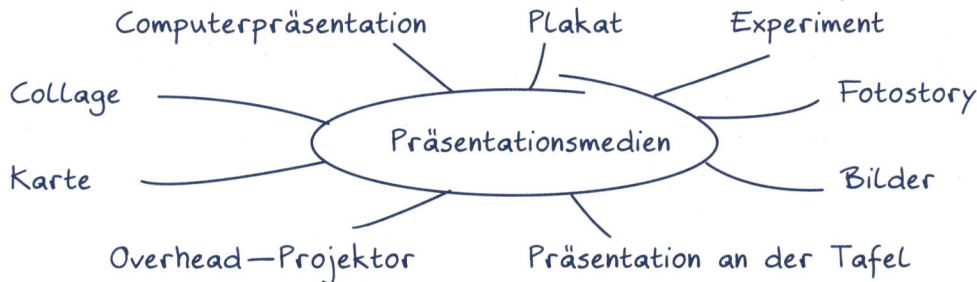

Wenn du Hilfe beim Schreiben von Texten benötigst, sieh hier nach: `80022-02`.
Ihr könnt eure Texte auch in der Gruppe gegenseitig Korrektur lesen, indem ihr eure Texte auf typische Fehler hin untersucht `M II 2.2`.

4. Deine Präsentation einüben

Um möglichst frei zu präsentieren, kannst du mit dem Kniff mit dem Knick arbeiten.
Du kennst diese Technik bereits aus dem letzten Schuljahr: 80022-02 .
Eine andere Möglichkeit bieten Stichpunkte auf Karteikärtchen. Schreibe keine kompletten
Sätze auf, weil diese dich während der Präsentation verleiten können, von den
Karteikärtchen nur abzulesen. Mit Stichpunkten und Zeichen ≠ + ↔ ♥ ☀ → schaffst du es,
möglichst frei zu sprechen.
Egal für welche Methode du dich entscheidest, solltest du deine Stichpunkte mehrmals laut
durchlesen und auf deine Aussprache achten. So lernst du, flüssiger Spanisch zu sprechen.

> **Tipp:** Um nicht nur abzulesen, sondern möglichst frei
> zu sprechen und dein Publikum bei der Präsentation
> anzusehen, kannst du zu Hause vor dem Spiegel üben.
> Sieh dich immer wieder an, während du deine
> Präsentation laut übst.

Du kannst deinen Text auch z. B. mit deinem Handy aufnehmen und
dann beim Hören darauf achten, ob du alle Wörter richtig aussprichst.
Achte auch auf die Lautstärke und die Sprechgeschwindigkeit. Sprichst du zu leise oder zu
schnell, können deine Mitschüler deiner Präsentation nur schwer folgen. Wenn du nicht
weißt, wie ein Wort auf Spanisch ausgesprochen wird, frage deinen Lehrer oder suche es in
einem Online-Wörterbuch, lasse es dir dort vorsprechen und wiederhole es.

I 4.2 Wie halte ich eine Präsentation?

Etwas frei auf Spanisch zu präsentieren ist nicht gerade einfach. Wenn du deine Präsentation
aber sorgfältig vorbereitest und sprechen übst, kannst du dich der Aufgabe stellen.

Hier ein paar Tipps:
- Schreibe schwierige Vokabeln, die du nicht umschreiben konntest, vor der Präsentation
  an die Tafel!
- Lasse dir deine Aufregung nicht anmerken.
  Atme tief durch! Du schaffst das!
- Begrüße deine Mitschüler:

  > ¡Buenos días! Hoy quiero presentaros …

- Sage den Zuhörenden, wie sich
  die Präsentation gliedert, damit sie
  dir gut folgen können:

  > Primero voy a hablar sobre … Después …
  > Entonces quiero presentar … Por fin …

- Versuche, nicht zu viel auf deine
  Notizen zu schauen, sondern halte
  Blickkontakt mit deinen Mitschülern!
- Sprich laut und deutlich!
- Unterstütze deinen Vortrag mit Mimik und Gesten!
- Bedanke dich am Ende der Präsentation für die
  Aufmerksamkeit und erkundige dich, ob deine
  Mitschüler Fragen haben:

  > Gracias por vuestra atención.
  > ¿Tenéis preguntas?

4.3 Wie beschreibe ich Bilder?

Bilder beschreiben

Wenn du ein Bild, eine Zeichnung oder ein Foto auf Spanisch beschreiben willst, sieh es dir erst einmal genau an, achte dabei auf Details.
Beschreibe dann, was du siehst. Wenn sich Personen auf dem Bild befinden, beschreibe ihr Aussehen. Die deutschen W-Fragen und diese Vokabeln helfen dir dabei.

Achte bei der Beschreibung besonders darauf,
wie du hay und estar benutzt!

| ¿Quién(es)? | ¿Dónde? | ¿Cómo? | ¿Cuándo? | ¿Cuánto(s)? | ¿Qué? |

En la imagen
A la izquierda
A la derecha
En el centro
Al lado del / de la …
Detrás (de) / Delante (de)
En el primer plano
Al fondo

hay un/a / muchos/as / pocos/as …
está el / la …
se puede(n) ver (a) …
veo (a) …

Bei manchen Bildern hast du bestimmt auch eine Idee, was sie bedeuten sollen.
Hier stellst du dir die Frage:

¿Por qué ?

Pienso / Creo que …   La foto muestra que …   Probablemente …

ciento sesenta y siete **167**

II. Lernen

II 1. Allein lernen

 ## II 1.1 Wie benutze ich ein Wörterbuch?

Wenn du im Wörterbuch ein Wort nachschlägst, findest du viele Informationen, Abkürzungen und Übersetzungen. Um eigene Texte zu schreiben oder Wörter, die du dir nicht herleiten kannst, nachzuschlagen, verschaffe dir einen Überblick über die Abkürzungen in deinem Wörterbuch. Meistens befindet sich das Abkürzungsverzeichnis ganz vorne im Wörterbuch.

Dein Wörterbuch besteht wie auch das Glossar ganz hinten in deinem ¡Arriba! – Buch aus zwei Teilen: Spanisch – Deutsch und Deutsch – Spanisch.

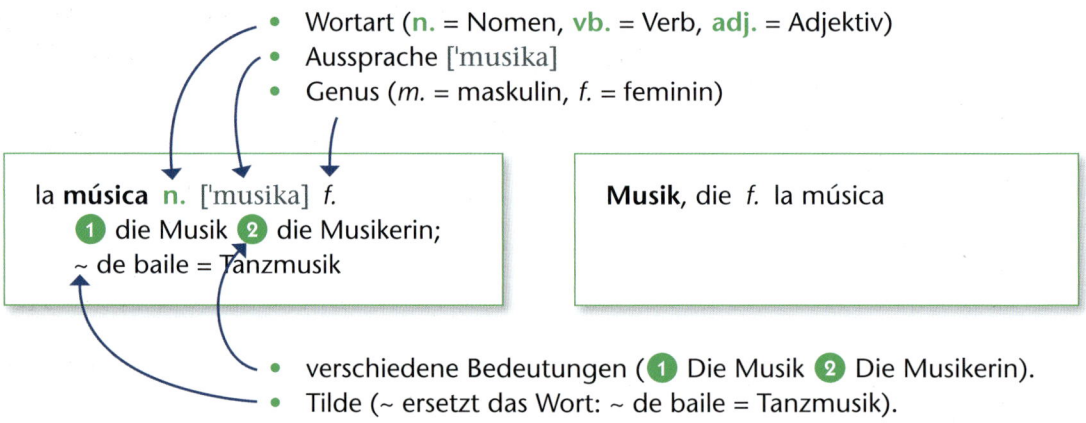

- Wortart (**n.** = Nomen, **vb.** = Verb, **adj.** = Adjektiv)
- Aussprache [ˈmusika]
- Genus (*m.* = maskulin, *f.* = feminin)

la **música n.** [ˈmusika] *f.*
   1 die Musik **2** die Musikerin;
   ~ de baile = Tanzmusik

Musik, die *f.* la música

- verschiedene Bedeutungen (**1** Die Musik **2** Die Musikerin).
- Tilde (~ ersetzt das Wort: ~ de baile = Tanzmusik).

Hier gibt es noch ein paar hilfreiche Tipps:

Finde zuerst heraus, welche Wortart das gesuchte Wort hat.
- Bei einem Nomen, suche die Singularform.
- Bei einem Adverb, schau bei dem dazugehörigen Adjektiv nach.
- Bei einem konjugierten Verb musst du den Infinitiv suchen. Online kannst du auch oft konjugierte Verbformen eingeben.

Achtung: Ein Wort hat meistens mehrere Bedeutungen. Lies dir deshalb den gesamten Eintrag durch, um die richtige Übersetzung für „deinen" Satz zu finden.

Zusammengesetzte Nomen oder Redewendungen findest du unter einem Teil des Wortes:
- z. B. kannst du Orangensaft unter Saft nachschlagen und findest dann el zumo und ~ de naranja.
- z. B. kannst du estar de acuerdo unter acuerdo nachschlagen und findest estar de ~ con – einverstanden sein mit.

Bist du nicht sicher, ob du das richtige Wort gefunden hast? Suche dieses Wort zur Kontrolle einfach im anderen Teil des Wörterbuches und prüfe, ob du es dort findest.

II 1.2 Wie erstelle ich eine Mindmap?

In einer Mindmap (un mapa mental) kannst du Vokabeln eines Themas in einem Wortnetz anordnen. Schreibe hierzu den Oberbegriff in die Mitte und suche dir danach Unterthemen, zu denen du Vokabeln aufschreibst. Deine Mindmaps kannst du immer wieder mit neuen Wörtern oder Stichpunkten ergänzen. So wird dein Wortschatz zu einem Thema immer größer! In der Mindmap kannst du Wörter einer Wortfamilie (amor 👥 enamorarse) oder Wortpaare (guapo = atractivo / triste ≠ alegre) kennzeichnen.

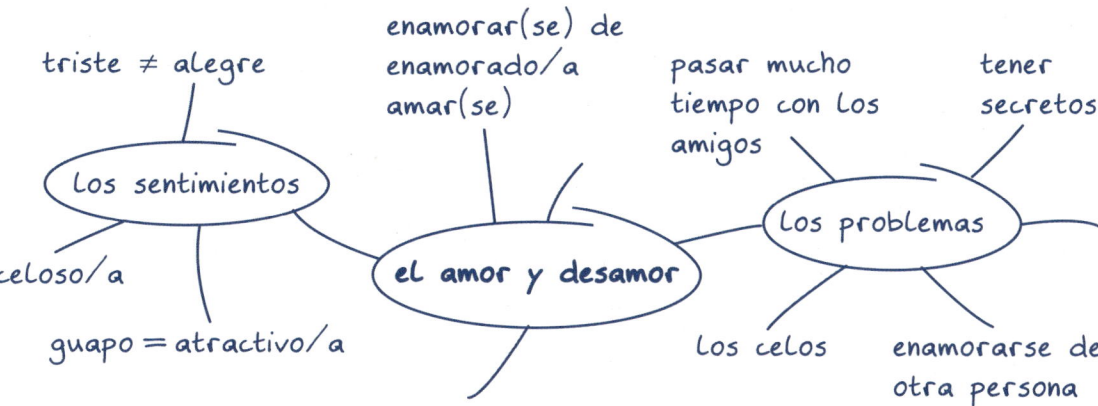

II 2. Gemeinsam lernen

II 2.1 Wie gebe ich Feedback?

Ihr könnt eure Präsentationen in der Klasse gemeinsam mit eurem Lehrer bewerten und euch gegenseitig ein Feedback geben. Hierzu solltet ihr gemeinsam Kriterien festlegen, auf die ihr achten wollt, z.B. Inhalt oder kreative Umsetzung des Themas. Ihr solltet auch über sprachliche Aspekte sprechen, auf die ihr achtet, z.B. ob das indefinido korrekt verwendet wird. Bei deinem Feedback solltest du mit einem positiven Aspekt beginnen. Was hat dir besonders gut gefallen und warum? Danach kannst du Fragen stellen und deinen Mitschülern Vorschläge machen, was sie noch verbessern könnten.
Einen Beispiel-Feedbackbogen findet ihr hier: `80022-02` .

II 2.2 Mit einem Partner Texte überarbeiten

Bestimmt ist dir schon aufgefallen, dass es schwierig ist, eigene Texte nach dem Schreiben auf Fehler zu überprüfen. Du kannst aber auch mit einem Partner zusammenarbeiten. Schreibe deinen Namen über deinen Text und tauscht die Texte untereinander aus.
Lies dir nun den Text deines Partners durch. Wenn du Fehler findest, unterstreiche sie farbig. Diese Tabelle mit typischen Fehlerquellen zeigt dir, worauf du besonders achten kannst:
`80022-02`

Wenn du den Fehler verbessern kannst, schreibe eine Zahl in der Farbe an das falsche Wort. Unter dem Text oder auf der Rückseite des Blattes kannst die Zahl und das korrigierte Wort notieren.

En las vacaciones de verano mis padres y yo fuimos al 1
costa. No visitamos muchas 2 museos. Me relajo 3 solamente
en la playa, nadé en el mar y tomé el sol.
1 en la costa,   2 muchos museos,   3 me relajé

Du kannst deinen Mitschülern auch einen oder zwei Sätze als Feedback unter ihren Text schreiben. Beginne wie beim Feedback für eine Präsentation mit etwas Positivem, schreibe danach, was du nicht verstanden hast und gib abschließend Ratschläge, wie sich dein Mitschüler verbessern könnte. Hier findest du ein paar Beispiele:

Me gusta (mucho) tu texto porque …
– hay frases/expresiones adecuadas como …
– usas las formas correctas de los verbos.
– no he encontrado (muchos) errores.
– tu texto tiene una introducción/parte principal/conclusión
  interesante.
– usas conectores como … (primero, después, por fin, en
  cambio, pero, además, por eso, …)
– tu texto es fácil de entender porque tiene una
  estructura lógica.

Preguntas:
– No he entendido esta palabra/frase/parte del texto.
– ¿Qué significa …?

Mis consejos:
– En general, no hay muchos errores, pero …
– Puedes escribir un poco más/frases más cortas/…
– ¿Por qué no usas más/menos … ?
– Cuidado con …
– ¿Por qué no revisas la introducción/parte principal/
  conclusión?

1 Volvemos a clase

volver	zurückkehren, wiederkommen	
el hotel	das Hotel	
el hostal	das Hostel, das Gasthaus	
el camping	der Campingplatz	
el apartamento para las vacaciones	die Ferienwohnung	
la organización de jóvenes	die Jugendorganisation	= un grupo de chicos
el/la joven, los jóvenes	der Jugendlicher, die Jugendliche, die Jugendlichen	≠ un adulto
caminar	wandern, herumlaufen, spazieren	
el centro comercial	das Einkaufszentrum	
bucear	tauchen	
la experiencia	die Erfahrung	🇬🇧 experience
el álbum de fotos	das Fotoalbum	

🇩🇪 Alemania	🇹🇷 Turquía	🇨🇭 Suiza
🇪🇸 España	🇬🇧 Gran Bretaña	🇸🇪 Suecia
🇫🇷 Francia	🇦🇹 Austria	🇩🇰 Dinamarca
🇮🇹 Italia		

A Saludos a los amigos

la costa	die Küste	España tiene muchas **costas**, por ejemplo la Costa Brava y la Costa del Sol.
¡Es un sueño!	Es ist ein Traum!	
quemar	(ver)brennen, einen Sonnenbrand verursachen	El sol quema mucho.
cada	jede/r	
tomar el sol	sich sonnen	
practicar el surf	surfen	
típico/a	typisch	Una comida **típica** de Valencia es la paella.
por supuesto	selbstverständlich, natürlich	
rápidamente	schnell (Adv.)	
agotador/a	anstrengend	
el beso/besito	der Kuss/das Küsschen	
el recuerdo	die Erinnerung	
¡Recuerdos a todos!	Grüße an alle!	

mandar	senden, schicken	Los amigos **mandan** postales y mensajes a Daniel y Sofia.
desde	von …, aus …, seit	
el norte	der Norden	north
compartir	teilen	Comparto la habitación con mi hermana.
fenomenal	phänomenal, toll	phenomenal
el/la peregrino/a	der/die Pilger/in	
desafortunadamente	leider	unfortunately
el tiempo	das Wetter, die Zeit	Si hace buen **tiempo** voy a la playa. Puedes venir si tienes **tiempo**.
echar de menos a algo/algn	jemanden/etwas vermissen	
¡Qué barbaridad!	Wie gemein!	
Espero que estéis bien.	Ich hoffe, es geht euch gut.	
por aquí	hier	
por eso	daher, deshalb	
la nota	die Note	
las (ciencias) naturales	die Naturwissenschaften	
¡Qué rollo!	Wie langweilig!	= ¡Es muy aburrido!
mejor	besser	
el/la mejor	beste/r	
las pelis románticas	romantische Filme	
maquillarse	sich schminken	

Hace/Estamos a … grados (sobre/bajo cero).	Wir haben … Grad (über/unter Null).	**Hace/Estamos a 32 grados.**
Hace sol.	Die Sonne scheint	Merke dir bei den Ausdrücken zum Wetter gleich, ob hay oder hace verwendet wird.
Hay nubes.	Es ist bewölkt.	
la nube	die Wolke	
el calor	die Hitze, die Wärme	
Hace viento.	Es ist windig.	
el viento	Der Wind	
(No) Hace buen tiempo.	Es ist (kein) gutes Wetter.	
llover (o → ue)	regnen	 
Hace frío.	Es ist kalt.	
el frío	die Kälte	En Galicia **llueve** mucho.
Hay una tormenta.	Es ist stürmisch/Es gibt ein Gewitter.	
Hace mal tiempo.	Es ist schlechtes Wetter.	
Hace (mucho) calor.	Es ist (sehr) heiß.	Verben, die eine Wettererscheinung beschreiben, können nur in der 3. Person Singular stehen!
la nieve	der Schnee	
nevar (e → ie)	schneien	En invierno a veces **nieva**.
el hielo	das Eis, die Glätte	**el hielo** ≠ el helado
la niebla	der Nebel	En otoño hay mucha **niebla**.

el saludo	der Gruß	¡Muchos **saludos** a todos en Alemania!
feliz, Pl: felices	glücklich, zufrieden	
2 la lluvia	der Regen	👥 llover

Las estaciones del año:

la primavera	el verano	el otoño 🇬🇧 autumn	el invierno

el pronóstico (del tiempo)	die Wettervorhersage	
4 el mundo hispanohablante	die spanischsprachige Welt	
7 donde	wo (Relativpronomen)	¿Dónde? ≠ donde
lo malo	das Schlechte, das Schlimme	
malo/a	schlecht, schrecklich	≠ bueno/a
el senderismo	das Wandern	
amable	freundlich	
la montaña	der Berg, das Gebirge	Paso mis vacaciones en **la montaña**.
el actor, la actriz	der Schauspieler, die Schauspielerin	🇬🇧 actor, actress
8 cansado/a	müde	👥 descansar
10 el país	das Land	
tanta/o	so viel, so sehr	
la Comunidad Autónoma	die autonome Region in Spanien	
el sur	der Süden	
el oeste	der Westen	
la isla	die Insel	🇬🇧 island
11 a continuación	im weiteren Verlauf	
cuando	wenn (temporal)	
12 el folleto	der Flyer, die Infobroschüre	
la capital	die Hauptstadt	
la geografía	die Geographie, Landschaft	🇬🇧 geography
los habitantes	die Einwohner	🇬🇧 inhabitants
la lengua	die Sprache	= el idioma 🇬🇧 language
la costumbre	der Brauch	🇬🇧 custom

B   Viajes inolvidables

el viaje	die Reise	
viajar	reisen	
notar algo	etwas bemerken, gleich erkennen	
la piel	die Haut	Daniel toma mucho el sol, ahora tiene **la piel** muy morena.
moreno/a	braun, dunkel (Haare oder Haut)	
obviamente (Adv.) / obvio/a (Adj.)	absolut, selbstverständlich	
parar	Halt machen	**Paramos** en un hotel cerca de Málaga.
la vista	der Ausblick, die Aussicht	🇬🇧 view 👥 ver
¡Qué chulada!	Wie toll!	= ¡Qué guay!/¡Qué chulo!
pasárselo genial	viel Spaß haben, eine tolle Zeit haben	Sol, playa y tiempo libre – te lo pasaste genial, ¿a que sí?
el palacio	der Palast	🇬🇧 palace
árabe	arabisch, der/die Araber/in	
me parece	mir scheint …	
la salchicha	die Wurst	🇬🇧 sausage
el acento	der Akzent	
1 el baile	der Tanz	
2 difícil	schwierig	≠ fácil
la actividad	die Tat, Unternehmung	
el pasado	die Vergangenheit	
3 lindo/a	schön	= bonito/a
la maravilla	das Wunder, das Großartige	🇬🇧 marvel Las vacaciones de Lupe fueron **de maravilla**.
¡Qué envidia!	Ich beneide dich!	
tanto/a	so sehr, so viel	
hasta	sogar	
el kilómetro	der Kilometer	1 kilómetro = 1000 metros
estar a unos (XX) kilómetros de …	einige (ca. XX) Kilometer entfernt sein von …	
las/los gemelas/os	(eineiige) Zwillinge	≠ mellizos
la parte	der Teil	
la piñata	die Piñata (Pappmaschéfigur gefüllt mit Süßigkeiten)	
romper	kaputt machen, zerschlagen	El día del cumpleaños los amigos **rompen** la piñata.
los peques	die Kinder	= los pequeños

fuerte	stark, laut, kräftig	
deberle algo a alguien	jemandem etwas schulden	Me debes dos euros.
acordarse	sich erinnern	
subir	hinaufsteigen	En México se puede **subir** las pirámides maya.
la pirámide	die Pyramide	
la energía	die Energie	
especial	speziell, besonders	🇬🇧 especially
sagrado/a	heilig	Las pirámides maya son lugares **sagrados**.
¡Súper chido!	Super toll! (mex.)	= ¡Guay!
el/la azteca	der Azteke, die Aztekin (Ureinwohner Mexikos)	
chistoso/a	witzig	= gracioso
el volcán	der Vulkan	
mexicano/a	mexikanisch, Mexikaner/in	
el dios, la diosa	der Gott, die Göttin	Los aztecas tuvieron muchos **dioses**.
mágico/a	magisch	🇬🇧 magical
el Zócalo	zentraler Platz in Städten Mexikos	
el convento	das Kloster	
el siglo	das Jahrhundert	el siglo 21 = 2000, 2001, 2002, …
el cerro	der Hügel	un cerro = una montaña pequeña
la subida	der Aufstieg	👥 subir
disfrutar de algo	etwas genießen	Si subes las pirámides en Teotihuacán, puedes **disfrutar de** una vista impresionante.
hacer una barbacoa	grillen	🇬🇧 barbecue
salvaje	wild	En casa mi perro es mi mascota, pero en los bosques de México hay perros **salvajes**.
el bosque	der Wald	= muchos árboles
la carne	das Fleisch	
picante	scharf	El chili con carne mexicano es muy **picante**.
el chile	die Chilischote	
picar	scharf sein, auf der Zunge brennen	
costarle a algn	eine Weile dauern, schwer fallen	A Lupe le cuesta acostumbrarse a la comida picante.
acostumbrarse	sich an etwas gewöhnen	👥 una costumbre
¡Qué lástima!	Wie schade!	
en serio	ernsthaft, wirklich	
la próxima vez	nächstes Mal	

¡Qué lástima! Ya tengo que irme.

6	el gazpacho	das Gazpacho (kalte Gemüsesuppe)	El gazpacho es una sopa fría típica de Andalucía.
	la sopa	die Suppe	
	el tinto de verano	Sommerwein: Mix aus Rotwein und Zitronenlimonade	
	la mezcla	die Mischung	
	la limonada	die Limonade	
	la discoteca	die Diskothek	
	alojarse	unterkommen, sich einquartieren	
	viejo/a	alt	
	la piscina	das Schwimmbad	
10	el medio de transporte	das Verkehrsmittel	
11	gustaría	es würde gefallen, würde gerne	Me gustaría ir de vacaciones al Caribe.
12	el pollo	das Hähnchen	
	deber	etwas tun müssen, sollen, jemandem etwas schulden	los deberes
13	el/la cantante	der/die Sänger/in	cantar
	estadounidense	US-amerikanisch	Estados Unidos

2   Celebramos nuestro cumple en España

la tarta con velas	der Geburtstagskuchen mit Kerzen darauf	
la hamburguesa	der Hamburger	
los espaguetis	die Spagettis	
la pasta con salsa boloñesa	Nudeln mit Bolognese-Soße	
el parque de ocio	der Freizeitpark	El fin de semana la familia Dörfler va **al parque de ocio** en Granada.
proponer algo	etwas vorschlagen	≠ rechazar
rechazar algo	etwas ablehnen	
algunos/as	einige	
el plato	das Gericht	
la costumbre	der Brauch	

A   Un cumple mellizo – ¡qué guay!

ya no	nicht mehr	
la (primera) vez	das (erste) Mal	👥 otra vez, tal vez, la próxima vez
el parque acuático	das Erlebnisbad	👥 el agua
lo	das, es	**Lo** sé.
sonar (o → ue)	klingen, sich anhören	
más	mehr, plus	
excitante	aufregend, spannend	🇬🇧 exciting
por otro lado	auf der anderen Seite	Por un lado quiero ir al parque acuático, **por otro lado** me interesa el parque de ocio.
menos	weniger; außer	Una entrada al parque acuático es menos **cara** que una entrada al cine.
caro/a	teuer	
prestar	(aus)leihen	¿Me **prestas** tu nuevo libro, por favor?
el tablet	der Tablet-PC	
1 la opinión	die Meinung	🇬🇧 opinion
pensar (e → ie)	denken, etwas vorhaben	
2 la atracción	die Attraktion, das Fahrgeschäft, hier: die Rutsche	
alto/a	hoch	
de alta emoción	sehr aufregend	
moderado/a	gemäßigt, mittelmäßig, moderat	
ambos/as	beide	
alucinante	beeindruckend, wahnsinnig	= impresionante, genial
rápido/a	schnell	≠ lento/a
refrescante	erfrischend	👥 el refresco 🇬🇧 refreshing
relajado/a	entspannt	🇬🇧 relax
lento/a	langsam	≠ rápido Me gustan las atracciones más **lentas**, tengo un poco miedo.
bajar(se)	heruntergehen; aussteigen; hier: rutschen	👥 bajo, debajo de
la velocidad	die Geschwindigkeit	
el miedo	die Angst	
atreverse a hacer algo	sich trauen, etwas zu tun	No tengo miedo. **Me atrevo a** bajar del tobogán.
seguro/a	sicher	≠ inseguro
valiente	mutig	Una persona que no tiene miedo es **valiente**.
el tobogán	die Rutsche	

3 cumplir (los) … años	… Jahre alt werden, Geburtstag haben	Hoy mi madre **cumple** 45 **años**.
importar	wichtig sein; jemandem etwas ausmachen	👥 importante
la edad	das Alter	
posible	möglich	🇬🇧 possible ≠ imposible
el mínimo	das Minimum, das Mindeste	
las patatas fritas	die Pommes Frites	
llevar	mitbringen, mitnehmen	Los mellizos **llevan** una decoración bonita al parque acuático.
incluido/a	darin enthalten, inklusive	
T flipar	ausflippen, ganz begeistert sein	🇬🇧 flip out ¡Flipo!
pasado/a	vergangen, vorherig	🇬🇧 past 👥 el pasado El sábado **pasado** celebaron su cumple.
por	wegen	
la mudanza	der Umzug	
majo/a	nett	= amable
planear algo	etwas planen	
saber	wissen	¿Adónde van los mellizos? – No lo **sé**.
el curso	die Klasse, der Kurs	
de mi parte	von meiner Seite	
quedar	übrig bleiben, übrig sein	Quedan tres patatas fritas, ¿las quieres comer tú?
repartir	ver-, austeilen	
¡Nada de eso!	Auf keinen Fall!, Nichts da!	
nadie	niemand	**Nadie** prepara la ensalada para la fiesta. ≠ todos
el pícnic	das Picknick	
el paquete	das Paket	
ofrecer	anbieten	
incluir	beinhalten	
cualquier/a	irgendein/e, egal welche/r	En el parque de ocio Daniel y Sofía pueden comer en **cualquier** momento.
la hamburguesería	Burgerlokal	👥 la hamburguesa
¡Qué pena!	Wie schade!	
caber	passen	
la taquilla norte	der nördliche Kassenschalter	
la semana	die Woche	👥 el fin de **semana**

6 la ensalada — die Salatmischung, der (angemachte) Salat

la **ensalada** = der (angemachte) Salat ≠ la lechuga = der Salatkopf

frutas y verduras

la pera	die Birne
la cereza	die Kirsche
el melocotón	der Pfirsich
la fresa	die Erdbeere
la frambuesa	die Himbeere
el mango	die Mango
la uva	die Traube
el melón	die Melone
la sandía	die Wassermelone
la piña	die Ananas
el aguacate	die Avocado
el ajo	der Knoblauch
las espinacas	der Spinat
la lechuga	der Kopfsalat
los guisantes	die Erbsen
el pimiento	die Paprika
la calabaza	der Kürbis
el maíz	der Mais
el pepino	die Gurke

🇬🇧 cherry

Wenn die Spanier **un melón** kaufen, meinen sie eine Honigmelone.

🇬🇧 pineapple

🇬🇧 calabash

medio kilo de …	ein halbes Kilo …
la barra	die Stange (z. B. Brot)
la botella	die Flasche
la bolsa	die Tasche, die Tüte

🇬🇧 bottle

Mit la bolsa meinen die Spanier eine Plastik- oder Papier(trage)tasche, el bolso bezeichnet eine Handtasche für Frauen.

el litro	der Liter
la lata	die Dose

1 litro = 1000 ml

la harina — das Mehl

Para preparar una tarta necesitamos medio kilo de **harina** y 200 gramos de **azúcar**.

el azúcar — der Zucker

🇬🇧 sugar

7 ayer — gestern

ayer – hoy – mañana

el céntimo — der (Euro-)Cent

1 € = 100 céntimos

algo más — noch etwas

es todo — das ist alles

dar — geben

Dame el agua, por favor.

¿Cuánto cuesta? — Wie viel kostet das?

9 regalar — schenken

el regalo

el balón de fútbol — der Fußball

estar de acuerdo — einverstanden sein

¿De acuerdo? = ¿Vale?

10	a tiempo	pünktlich	
	tarde	spät	
	¡Ni modo!	Macht nichts!, Halb so schlimm!	= No pasa nada.
	las torrijas	"Arme Ritter" (in Milch und Ei eingeweichtes und gebratenes Weißbrot)	
11	último/a	letzte/r/s	
12	prometer	versprechen	🇬🇧 promise

B La fiesta en familia

1	¿Cuál/es?	Welche/r/s?	
2	la carta	die Speisekarte	
	la entrada	die Vorspeise	
	el plato fuerte	das Hauptgericht	
	la sopa	die Suppe	
	el aderezo	die Beilage	
	el vinagre	der Essig	
	la enchilada	die Enchilada (gefüllter, weicher Tortillafladen)	
	el tamal	die Tamale (Gericht aus gefülltem Maisteig)	
	la salsa	die Soße	
	la res	das Rind	
	empanizado/a	paniert	
	el cerdo	das Schwein	
	el limón	die Zitrone	
	el salmón	der Lachs	
	las hierbas finas	feine Kräuter	
	el camarón	die Garnele, die Krabbe	
	el champiñón	der Champignon	
T	aún	(immer) noch	
	la oreja	das Ohr	Con **las orejas** se puede escuchar.
	tirar	ziehen	
	basta	es reicht	
	Ni idea	Keine Ahnung	
	no ... ni ...	weder ... noch ...	
	cierto/a	sicher, gewiss	🇬🇧 certain
	el puré	das Püree	
	asqueroso/a	fies, abstoßend	¡Qué **asqueroso**! No me gustan nada los aguacates.

odiar algo	etwas hassen	No me gusta nada el guacamole. = **Odio** el guacamole.
el sabor	der Geschmack, Sorte	🇬🇧 savour Los tacos tienen **un sabor** un poco picante.
soso/a	fad, geschmacklos, langweilig	= no tener sabor
el postre	der Nachtisch	Pido un helado como **postre**.
el arroz	der Reis	
ser alérgico/a a algo	allergisch auf etwas sein	🇬🇧 allergic 👥 una alergia Mi amiga tiene una alergia al gluten.
el gluten	das Gluten	
ser vegetariano/a	Vegetarier/in sein	🇬🇧 vegetarian = no comer carne
pobrecita	die Arme!	
de todo tipo	alles Mögliche	
sin	ohne; ~frei	≠ con
la lactosa	die Laktose	
la fructosa	die Fruktose	
ser intolerante a algo	~intolerant sein	
el camarero	der Kellner	= la persona que trae la comida en un restaurante
el agua mineral con gas/sin gas	das Mineralwasser mit/ohne Kohlensäure	
de primero	als Vorspeise	
de segundo	als Hauptgang	🇬🇧 second
ligero/a	leicht (Speise)	🇬🇧 light = un plato con menos calorías
en seguida	sofort	= ahora mismo
traer	(her-)bringen	Mamá, ¡ven ! – Ya voy. ¿Llevo algo? – Me **traes** un vaso de agua, ¿por favor?
el Estadio Olímpico	das Olympiastadion	
grasoso/a	fettig, fetthaltig	🇬🇧 greasy 👥 la grasa
quemado/a	verbrannt, verkohlt	
exagerar	übertreiben	🇬🇧 exaggerate
para nada	überhaupt nicht	
la ración	die Portion	¿Nos trae otra **ración** de guacamole?
de una vez	auf einmal, am Stück	
5 lleno/a	voll	≠ vacío; estoy lleno (umgspr.)
cremoso/a	cremig	

7

Pedir en un restaurante

El camarero dice:

¿Qué quieren para beber/comer?	Was möchten Sie trinken/essen?
En seguida traigo …	Gleich bringe ich …
¿Todo bien?	Ist alles in Ordnung?
¿Necesitan algo más?	Brauchen Sie noch etwas?

Tú dices:

Yo pido …	Ich bestelle …
Quiero …	Ich möchte …
Un/a …, por favor.	Bitte ein/e …
Para mí …	Für mich …
¿Qué llevan los platos?	Was ist in dem Essen?
De primero	Als Vorspeise
De segundo/plato fuerte	Als Hauptgericht
De postre	Als Nachtisch
¿Nos trae … , por favor?	Bringen Sie uns bitte noch … ?

9	el cilantro	der Koriander	
	echar	hinzufügen, dazugeben, hineintun	
	maduro/a	reif, erwachsen	
	mediano/a	halb	
	la lima	die Limette	
	fresco/a	frisch	refresco
10	el horno	der Ofen	
	la bola	die Kugel	**Una bola** de chocolate, por favor.
	el niño, la niña	das Kind	el niño + la niña = los niños
	salado/a	salzig	
	amargo/a	bitter	
	ácido/a	sauer	
11	pagar	bezahlen	
12	Hace muchos años que	Seit vielen Jahren	
	imaginarse algo	sich etwas vorstellen	imagine
	extraño/a	außergewöhnlich, ungewohnt, komisch	
	saber a	schmecken nach	
	abajo	unten	≠ arriba

3 Vamos al concierto

A Con talento hasta la final

el tipo de música	die Musikrichtung	
el/la cantante	der/die Sänger/in	
latinoamericano/a	lateinamerikanisch, aus Lateinamerika	
el programa	das Programm, die Sendung	
participar	teilnehmen	
el vídeo de solicitud	das Bewerbungsvideo	solicitar
la voz	die Stimme	voice
el show	die Show	
el casting	das Casting	
el futuro	das Futur, die Zukunft	
negar (e → ie)	verneinen	
el concurso	der Contest, der Wettbewerb	
solicitar algo	sich um etwas bewerben	solicitud
la participación	die Teilnahme	participar
la audición	die Tonaufnahme	
el tiempo libre	die Freizeit	En mi tiempo libre hago mucho deporte.
1 el/la artista	der/die Künstler/in	artist
2 el/la jurado	der/die Juror/in	
el/la candidato	der/die Kandidat/in	
en total	insgesamt	
la fase	die Phase, der Abschnitt	
el talento	das Talent (Person und Fähigkeit)	talent
la final	das Finale	final
el premio	der Preis	
recibir	erhalten, bekommen	
el/la ganador/a	der/die Gewinner/in	ganar
consultar	zu Rate ziehen	
televisivo/a	Fernseh-	la televisión
T la oportunidad	die Chance, Gelegenheit	opportunity
saber	können	
ningún, ninguno/a	kein/e/r	En este concurso no hay **ningún** candidato bueno.
el examen (Pl: exámenes)	die Prüfung	
ganarse	etwas gewinnen	
la beca	das Stipendium	

necesitar hacer algo	etwas tun müssen	
informarse	sich informieren	Para preparar una presentación **te informas** en internet.
inscribirse	sich einschreiben	= apuntar el nombre en una lista
el punto	der Punkt	
en público	öffentlich, vor Publikum	
3 a favor	dafür	
en contra	dagegen	
4 la duda	der Zweifel	Si no estás seguro, tienes **dudas**. 🇬🇧 doubt
en absoluto	absolut	
Por un lado… por otro lado…	Auf der einen Seite … auf der anderen Seite …	
a mi modo de ver	aus meiner Sicht	
6 perder (e → ie)	verlieren	
cambiar	sich ändern	
en el centro	in der Mitte	
en el fondo	im Hintergrund	
la serie de televisión	die Fernsehserie	
argentino/a	argentinisch, Argentinier/in	
el/la protagonista	der/die Hauptperson, Hauptdarsteller/in	
el amor	die Liebe	
la inteligencia	die Intelligenz	
regresar	zurückkehren	
el origen	die Herkunft, der Ursprung	🇬🇧 origin
la academia	die Akademie, die Schule	
hacerle un mal juego a alguien	jemandem übel mitspielen	
besar	küssen	👥 el beso
el éxito	der Erfolg	A todo el mundo le gusta la nueva canción de Melendi. Tiene mucho **éxito**.
la temporada	die Staffel	

7

el piano   la batería   el saxofón   la trompeta   el violín   el clarinete   la guitarra

tratar de algo	von etwas handeln	La canción **trata** del amor.
la estrofa	die Strophe	
el estilo de música	die Musikrichtung	
el ritmo	der Rhythmus	

la melodía	die Melodie			
personal	persönlich	🇬🇧 personal		la persona
8 la popularidad	die Beliebtheit	🇬🇧 popular		
mezclado/a	gemischt			
la influencia	der Einfluss	🇬🇧 influence		
definir	einordnen, bestimmen			
10 fácil	einfach, leicht	≠ difícil		
la pronunciación	die Aussprache	🇬🇧 pronounciation		
la sorpresa	die Überraschung	🇬🇧 surprise		
el carácter	der Charakter			
fundar	gründen			
romano/a	römisch, der/die Römer/in	En Salamanca hay un puente **romano**.		
el canal	der Kanal			
dejar	(hinter)lassen			
constructivo/a	konstruktiv			

B   ¡Nos vamos de concierto!

1 el evento	das Ereignis, die Veranstaltung	🇬🇧 event	
tener lugar	stattfinden		
T ¡Hombre!	Mensch!		
hace rato	erst neulich, vor kurzem		
Adivina adivinanza	Dreimal darfst du raten.		
en vivo	live		
el billete	das Ticket	= la entrada	
resultar	gelingen, hier: sich herausstellen	🇬🇧 result	el resultado
perdérselo todo	alles verpassen		
el asiento	der Sitzplatz	sentarse (e → ie)	
la zona general	die allgemeine Zone, hier: der Bereich im Stadion ohne Sitzplätze		
pararse	sich hinstellen, stehen bleiben		
el escenario	die Bühne		
la mano	die Hand		
presumir de algo	mit etwas angeben		
sacar fotos	Fotos machen		
gritar como loco/a	schreien wie verrückt		
2 el plan	der Plan		

el plan – der Plan ≠
el mapa – der Stadtplan

actuar	handeln, spielen	
arriba	oben	≠ abajo
comprender	verstehen	
menor de edad	minderjährig	
8 ¡Qué presumido!	Du Angeber!	👥 presumir
el comienzo	der Beginn	👥 comenzar
incluso	sogar	🇬🇧 inclusive
moverse (o → ue)	sich bewegen	🇬🇧 move
el efecto especial	der Spezialeffekt	
el periódico escolar	die Schülerzeitung	
aplaudir	klatschen, applaudieren	
el/la aficionado/a	der Fan	
el auditorio	die Zuhörer, das Publikum	

4   Practicamos deporte

A   ¡Con cuidado!

practicar deporte	Sport treiben	**¿Practicas** algún deporte? – Sí, claro. Me gusta mucho el tenis.
estar en forma	in Form sein, Kondition haben	
competir	konkurrieren, zu Wettkämpfen antreten	
divertirse	Spaß haben	👥 divertido/a

practicar/hacer atletismo	Leichtathletik machen
el deporte de canoa	das Kanufahren
el ciclismo	das Rad(renn)fahren
la natación	das Schwimmen
la equitación	das Reiten
los juegos de pelota	die Ballsportarten
la gimnasia	das Turnen
el esquí alpino	der Skialpin
el parkour	der Parkour, urbane Sportart
el slackline, el slacklining	die Slackline, das Slacklinen
el tenis	Tennis
entrenar para una carrera	professionell trainieren

la actividad extracurricular	die außerunterrichtliche Aktivität, der Wahlkurs
el accidente	der Unfall
¡Qué susto!	Was für ein Schreck!

la preferencia	die Vorliebe	
el/la deportista	der/die Sportler/in	👥 deporte
las partes del cuerpo	die Körperteile	
la consecuencia	die Folge	
T el hombre	der Mann, der Mensch	≠ la mujer
aprender	(er)lernen	No es fácil **aprender** el parkour.
Tía idiota	Blöde Ziege	
callarse	still sein, den Mund halten	
Es broma.	War doch nur ein Witz.	
espectacular	spektakulär	
estos chavales, estas chavalas	diese Jungs (oder auch Mädels)	
saltar	springen	👥 el salto
increíble	unglaublich	= no lo puedo creer 🇬🇧 incredible
romperse algo	sich etwas brechen	= quebrarse algo
el hueso	der Knochen	
¡Ni hablar!	Auf keinen Fall!	
peligroso/a	gefährlich	No tengo miedo, pero el parkour es un deporte un poco **peligroso**.
patear	treten, einen Ball schießen	
la pelota	der Ball	
o sea …	das heißt …, damit meine ich …	
correr	rennen, laufen	Speedy Gonzales **corre** rápidamente.
se ve …	es sieht … aus	
¡Venga!	Kommen Sie, umgangssprachlich: Los! Mach(t) schon!	
bárbaro/a	grausam, auch: toll, cool	
el fanfarrón	der Angeber	
la colchoneta	die Matte	
caerse	hinfallen, herunterfallen	
lastimarse	sich verletzen	
al mismo tiempo	gleichzeitig	María lee un libro y Sofia practica deporte. Dos acciones pasan **al mismo tiempo**.
tropezar con (e → ie)	stolpern über	
¡Dios mío!	Oh Gott!	
oír	hören	
el ojo	das Auge	
2 preocupado/a por	besorgt um/wegen	👥 la preocupación, preocuparse La madre está **preocupada** por Pablo.
explicar	erklären	

> Die Spanier benutzen **oír** (hear), um zu sagen, dass sie etwas akustisch gehört haben. Mit **escuchar** (🇬🇧 listen) drücken sie aus, dass sie z. B. der Musik genau zuhören.

	observar	beobachten	
	la cara	das Gesicht	
	la reacción	die Reaktion	🇬🇧 reaction
	entusiasmado/a	begeistert	
	deprimido/a	deprimiert	
	enfadado/a	verärgert	
	asustado/a	erschrocken	
3	lanzar/tirar	werfen	
	superar algo	etwas überwinden	
	el obstáculo	das Hindernis	
	patinar	Schlittschuh fahren	
	escalar	klettern	
9	morir (o → ue)	sterben	
	nacer	geboren werden	
	rico/a	reich	
	de adulto	als Erwachsener	
	casarse	heiraten	
	el rey	der König	
	enamorarse de	sich verlieben in	
	la relación	die Beziehung	
	familiar	familiär, bekannt, Familien-	
	el kinder	der Kindergarten	
	morirse	sterben	
	tener un/a hijo/a	ein Kind bekommen	
	terminar la relación	die Beziehung beenden	
	la educación	die Bildung, Erziehung	🇬🇧 education
	la profesión	der Beruf	
	el interés	das Interesse, Hobby	
	el logro	die Errungenschaft	
10	lograr	etwas erreichen	👥 el logro
	hacerse	etwas werden	Álvaro quiere hacerse ingeniero.
11	la biografía	die Biographie	🇬🇧 biography
13	el árbol	der Baum	👥 el árbol de Navidad
	el hospital	das Krankenhaus	🇬🇧 hospital
	se nos cortó el rollo	das hat unsere Stimmung heruntergezogen	
	¡Socorro!	Hilfe!	
	al princípio	zu Beginn	
	el balé	das Balett	
	repipi	etepetete, eingebildet	

el desastre	Desaster, Katastrophe	
de todos modos	in jedem Fall	
quédate con…	bleibe bei …	
la autopista	die Autobahn	
irse	(weg)gehen	
la ruta	die Straße, die Strecke, der Weg	
cruzar	überqueren	
de repente	plötzlich	
soltarse (o → ue)	sich losreißen	
chocar con	zusammenstoßen mit	
el señor	der Herr	

B ¡No es para tanto!

no es para tanto	Halb so schlimm	
el cotilleo	der Tratsch	
sangrar	bluten	
la ambulancia	der Rettungswagen	
el médico	der Arzt	**El médico** trabaja en el hospital y ayuda a personas con dolores.
reaccionar	reagieren	🇬🇧 react
¡Vaya susto!	Was für ein Schreck!	
la culpa	die Schuld	
prestar atención	aufpassen	
imitar	nachahmen	
el/la profesional	Profi (männlich/weiblich)	🇬🇧 professional
tonto/a	dumm	= idiota ≠ inteligente
tranqui	ruhig (umgs.)	tranquilizar
grave	schlimm, ernst	= malo
3 el dedo	der Finger	
la boca	der Mund	el bocadillo
la espalda	der Rücken	
la pierna	das Bein	
el estómago	der Bauch, der Magen	🇬🇧 stomach
la nariz	die Nase	
la cabeza	der Kopf	
la rodilla	das Knie	
el brazo	der Arm	el abrazo
el tobillo	der Knöchel	
el vendaje	die Bandage	Cuando te duele el tobillo tienes que ponerte un vendaje.

la herida	die Wunde, Verletzung		
el brazo roto	der gebrochene Arm		
estar mareado	schwindelig sein		
el dolor	der Schmerz	Hoy tengo dolores de la cabeza. doler	
doler (o → ue)	schmerzen, weh tun		
mostrar (o → ue)	zeigen, auf etwas deuten		
4 sentirse (e → ie)	sich fühlen		
tratar de hacer algo	versuchen, etwas zu tun		
el/la enfermero/a	der Krankenpfleger, die Krankenschwester		
la pastilla	die Pille, Tablette		
parecer	aussehen wie		
la momia	die Mumie		
extremadamente	extrem		
el doctor	der Doktor		
pálido/a	bleich, blass		
la conmoción cerebral	die Gehirnerschütterung		
el/la colega	der Kollege, die Kollegin		
culpable	schuldig; Schuldiger	la culpa	
6 la mala suerte	das Pech		
7 la historia	die Geschichte	🇬🇧 story / history	

la pastilla = die Tablette
la tableta = das Computer-Tablet
oder die Schokoladentafel

8
estar enfermo

enfermo/a	krank
la gripe	die Grippe
la receta casera	das Hausmittel
el síntoma	das Symptom, das Krankheitsanzeichen
la enfermedad	die Krankheit
la fiebre	das Fieber
el resfriado	die Erkältung
el dolor de garganta	Halsschmerzen
el remedio	das Heilmittel
la infusión	der Tee, Aufguss
la aspirina	die Aspirin-Tablette
el jarabe	der Saft (Medizin), der Sirup

caliente	heiß		
10 la consulta	die Sprechstunde	consultar	
12 consolar (o → ue)	trösten		

5   ¡Descubrimos Argentina!

descubrir	entdecken	🇬🇧 discover
estar situado/a en … / al …	sich befinden (im Verhältnis zu)	Argentina **está situada** en Latinoamérica.
limitar con	angrenzen an	¿Qué países **limitan** con Argentina?

el paisaje	Landschaft	
la montaña	der Berg, das Gebirge	🇬🇧 mountain
el desierto	die Wüste	🇬🇧 desert
la jungla	der Dschungel	🇬🇧 jungle
la cascada	der Wasserfall	
la estepa	die Steppe	
el glaciar	der Gletscher	🇬🇧 glacier
el lago	der See	🇬🇧 lake
la pampa	die Pampa (argentinisches Grasland)	

los puntos cardinales

Norte
Noroeste — Noreste
Oeste — Este
Suroeste — Sureste
Sur

la Quinceañera	der 15. Geburtstag; ein 15jähriges Mädchen	= una chica que cumple 15 años
el camino	der Weg	
las prendas de ropa	die Kleidungsstücke	

el elefante	der Elefant	
el león	der Löwe	🇬🇧 lion
la llama	das Lama	
el papagayo	der Papagei	
la cebra	das Zebra	
la tortuga	die Schildkröte	🇬🇧 turtle
el cóndor	der Kondor	
el puma	der Puma	
el pingüino	der Pinguin	
el tucán	der Tukan	
el tapir	der Tapir	
el rinoceronte	das Nashorn	
la ballena	der Wal	
el camello	das Kamel	

A   Un viaje a las Cataratas del Iguazú

T masticar	kauen	Cuando comes, **masticas** la comida en tu boca.
acabar de hacer algo	gerade etwas getan haben	¿Tienes hambre? – No, acabo de comer tres bocadillos …
la agencia de viajes	das Reisebüro	viajar, el viaje
		Si quieres ir a otro país, puedes comprar un viaje en **una agencia de viajes**.

el destino	das Ziel	🏴 destination
el recorrido	die Tour	
la sierra	das Gebirge	
seguir	weitergehen, weitermachen	
el/la europeo/a	der/die Europäer/in; europäisch	
esquiar	Ski fahren	= practicar esquí
el viñedo	der Weinberg	
la prueba de vino	die Weinprobe	Mis padres visitan el viñedo y hacen una prueba de vino en Argentina.
quedarse borracho	betrunken werden	
tener razón	Recht haben	**Tienes razón**, Argentina es genial.
la serpentina	die Serpentine, scharfe Kurve	
darle mareos a algn.	jemandem wird von etwas übel	
me encantaría	es würde mir gefallen	¡Me encantaría conocer los glaciares!
aguantar algo	etwas ertragen, aushalten können; durchhalten	¡Sabes que no **aguanto** nada las serpentinas. Me dan mareos!
cruzar	überqueren	🏴 cross
el safari	die Safari	🏴 safari
las plantas exóticas	die exotischen Pflanzen	
opinar	etwas meinen, seine Meinung äußern	
curioso/a	neugierig	🏴 curious
la provincia	Provinz (Verwaltungsbezirk in Argentinien)	
la ropa ligera/gruesa	die leichte/dicke Kleidung	
las gafas del sol	die Sonnenbrille	Brille ist im Spanischen immer im Plural.
el gorro	die Mütze	el gorro = die Mütze la gorra = die Kappe
las chanclas	die Flipflops, Gummisandalen	
la toalla	das Handtuch	🏴 towel
la crema solar	die Sonnencreme	el sol
el/la empleado/a	Angestellte/r, angestellt	employee
el aeropuerto	der Flughafen	🏴 airport
rentar un coche	ein Auto mieten	🏴 to rent
reservar	reservieren, vormerken	
la agencia de alquiler de coches	die Autovermietung	🏴 agency
todo recto	geradeaus	

girar	abbiegen	
pasar	vorbeigehen an	
el punto de salida	Ausgangspunkt	
secreto/a	geheim	🇬🇧 secret

| 8 | el dinero | das Geld | |
| | Mercosur (Mercado Común del Sur) | gemeinsamer Markt Südamerikas (wirtschaftlicher Zusammenschluss mehrerer Staaten) | |

B   Costumbres argentinas

T	elegir	auswählen, aussuchen	
	¡Qué alegría!	Ich freue mich!	
	pasarlo bomba	eine tolle Zeit haben, sich amüsieren	La fiesta de mi prima es genial. **Lo pasamos bomba**.
	en cambio	hingegen, im Gegensatz dazu	
	durar	dauern	
	conectarse con algn por internet	über das Internet mit jemandem in Kontakt treten/ bleiben	🇬🇧 connect
	acabarse	enden, zur Neige gehen	
	el sueño	der Traum	
	los zapatos	die Schuhe	
	el peinado	die Frisur	
	emocionarle a algn	jemanden in Aufregung versetzen	la emoción
	la princesa	die Prinzessin	🇬🇧 princess
	el sitio	der Ort	= el lugar
	al aire libre	draußen	≠ en casa/en un edificio
	el club	der Club, die Disco	
	convencer a algn.	jmdn überzeugen	🇬🇧 convince
	ocuparse de	sich um etwas kümmern	Yo **me voy a ocupar de** la música para la fiesta.
	quizás	vielleicht	= tal vez
	acompañar a algn	jmdn begleiten	🇬🇧 to accompany
	parar – *hier:* paren	aufhören; *hier: arg.* Hört auf!	
1	mientras tanto	inzwischen, derweil	Mi papá está cocinando, **mientras tanto**, mi mamá pone la mesa.
	mientras que	während	**Mientras que** está cocinando, mi papá canta en voz alta.
	los tacones (altos)	die (hohen) Absätze	
	decidir	entscheiden	

4	el ruido	der Lärm	Sofia escucha música a todo volumen. ¡Qué ruido!
	nervioso/a	nervös	
	el vals	der Walzer	
	aburrirse	sich langweilen	aburrido/a
	cheta	arg: schickimicki, etepetete, hochnäsig	
	la apariencia	das Aussehen	
5	enviar	senden, schicken	= mandar
	servir	servieren	
	posarse	posieren (für ein Foto)	
	anoche	gestern Abend	
	turquesa	türkis	
	el Selfie	das Selfie	
	la torta	arg.: Torte	= 🇪🇸 *cast:* tarta Vorsicht: = 🇪🇸 *cast.* torta = Ohrfeige!
	gigante	gigantisch, riesig groß	
6	la señora	die Dame, die Frau	≠ el señor
	el mate	Mate (Pflanze oder Tee)	**El mate** es la bebida tradicional en Argentina.
	tradicional	traditionell	
	soler (o → ue) hacer algo	etwas normalerweise tun, zu tun pflegen	Los fines de semana **suelo** levantarme tarde.
	el té	der Tee	¿Qué quieres, **té** o café?
	los alfajores rellenos con dulce de leche	argentinisches gefülltes Keksgebäck	
	el caramel	das Karamell	🇬🇧 caramel
	el asado	das Grillfleisch, auch: das Grillfest	
	la carne al grill	das gegrillte Fleisch	
	la vaca	die Kuh	
	el hueso	der Knochen	
	la parrilla	der Grillrost	Se pone la carne con el hueso a **la parrilla**.
	la costilla	die Rippe	
	reconocer	wiedererkennen	🇬🇧 recognize
	el ídolo	das Idol, Vorbild, Star	🇬🇧 idol
	la Selección Nacional	die Auswahl, hier: die Nationalmannschaft	La Selección Nacional de Argentina ganó un premio en el campeonato latinoamericano.
	el puerto	der Hafen	

el inmigrante	der Einwanderer	🇬🇧 immigrant
construir	bauen, errichten	
pintar	anmalen	🇬🇧 paint
el tango	der Tango	🇬🇧 tango
político,-a	politisch, Politiker/in	🇬🇧 politician
según	laut, nach, … zufolge	
por todas partes	überall	
Roma	Rom	
8 quebrado (quebrar)	gebrochen, kaputt	
¡Qué confusión!	Wie verwirrend!	🇬🇧 confusion
la diferencia	der Unterschied	🇬🇧 difference
pisar	jemanden treten, etwas betreten	
9 ser común y corriente	gebräuchlich, gewöhnlich, üblich sein	
la tradición	die Tradition	🇬🇧 tradition · tradicional

6 Vamos a la Feria

la Feria de Abril/Sevilla	großes Volksfest, Kirmes in Sevilla	
el traje	die Tracht	
el traje de gitana con volantes	typisches schwingendes Flamencokleid im Zigeunerstil	
la portada	das Portal	la puerta · 🇬🇧 portal
la Sevillana	typischer Tanz aus Sevilla	
la caseta	die Bude, kleineres Festzelt	la casa En la Calle del Infierno hay muchas **casetas** y atracciones.
el desfile (de caballos)	der Umzug, die Parade (Pferdeparade)	
la Calle del Infierno	Freizeitbereich mit Fahrgeschäften auf der Feria de Sevilla (el infierno = Hölle)	🇬🇧 infernal

Capítulo 6

A ¡Un día perfecto!

la prueba	die Probe, der Test	
el alumbrado, andalus.: alumbrao	die Beleuchtung	= muchas luces
encender (e → ie)	anzünden, anschalten	
la luz, Pl: luces	das Licht	
el recinto	der Bereich, das Gelände	La Feria empieza con el alumbrado de las luces en **el recinto**.
los fuegos artificiales	das Feuerwerk	
el/ la feriante	der Schausteller	la Feria = las personas que trabajan en la Feria
popular	beliebt, berühmt	
la cena	das Abendessen	cenar 8.00: el desayuno – 13.00: el almuerzo – 20.00: la cena
el pescaíto	typisches Essen zur Eröffnung der Feria (Fischgerichte)	
el socio	das Mitglied, der Gesellschafter	la sociedad associate
compuesto/a por	bestehend aus	componer
principalmente	vor allem	= sobre todo
la fritura de pescado	der frittierte Fisch	= pescaíto frito
sobre las 00.00	gegen 00.00 Uhr	
de manera + Adjektiv	auf … Weise	
el alcalde	der Bürgermeister	**El alcalde** es el político más importante en una ciudad.
activar	einschalten	= encender
el dispositivo	das Gerät, die Anlage	
la bombilla	die Glühbirne, Glühlampe	bulb
pondrán punto final a…	werden … ein Ende setzen	= terminar
media noche	Mitternacht	24.00: medianoche – 12.00: mediodía
apagar	ausschalten, löschen	≠ encender
el conjunto de…	die Gesamtheit aller …	= todos
componer algo	etwas bilden, zusammen etwas darstellen	compose

los cacharritos	die Fahrgeschäfte	
el látigo	(eigtl: Peitsche) *Hier:* Name eines Fahrgeschäfts auf der Feria	
la noria	das Riesenrad	
la montaña rusa	die Achterbahn	
los coches locos	der Autoscooter	= coches chocadores

innovador/a	innovativ	nuevo/a
		≠ tradicional
T el coche de caballos	die Pferdekutsche	
arreglar	herrichten, herausputzen	
vestirse	sich kleiden, anziehen	
la figura	die Figur, die Abbildung, hier: der Aufdruck	
la madera	das Holz	
la tela	der Stoff	
pasear	herumlaufen, spazieren	
enorme	sehr groß, riesig	🇬🇧 enormous
el folleto	der Informationsflyer, die Broschüre	
andaluz, Pl: andaluces	andalusisch	
4 a mediodía	mittags	
6 el atún	der Thunfisch	🇬🇧 tuna
la almeja	die Muschel	
la aceituna	die Olive	el aceite
el vaso	das Glas	
perezoso/a	faul	≠ trabajador
estar harto/a de hacer algo	etwas satt haben, nicht mehr mögen, die Nase voll haben von etwas	Toda la semana hemos comido pescado. ¡Ahora **estoy harto de comer pescado!**
9 los Reyes de España	das spanische Königspaar	
la boda	die Hochzeit	
el centro histórico	die Altstadt	
la corrida de toros	die Stierhatz/ der Stierkampf	
anteayer	vorgestern	**anteayer** – ayer – hoy – mañana
depende de	es kommt darauf an, ob … /es kommt auf … an	

B   En la Feria de Sevilla

el punto de encuentro	der Treffpunkt	encontrarse
justo/a	gerecht	
el alcohol	der Alkohol	
Basta de protestas.	Keine Widerrede.	
la esquina	die Ecke	
juntarse con	sich jemandem anschließen, sich treffen	= encontrarse
el mal humor	die schlechte Laune	≠ el buen humor

robar	klauen, stehlen, wegnehmen		
la calma	die Ruhe	= el silencio	
el refresco	die Erfrischung	fresco, refrescante	refresher
despistado/a	unaufmerksam, chaotisch		
cerrar	schließen		
¡Qué rabia!	Wie ärgerlich!		
detenido/a	gründlich, genau		
el bolsillo	die Hosen-/Jackentasche	el bolso	
¡Qué palo!	Wie schrecklich!	= horrible	
alejarse de	sich entfernen von		
2 único/a	einzig(artig)	unique	
la descripción	die Beschreibung	describir	description
3 desarreglado/a	unordentlich, unaufgeräumt, durcheinander	≠ ordenado	
5 el consejo básico	grundsätzlicher Rat		
la extensión	die Größe, der Umfang		
perderse	sich verlaufen	Necesito un mapa para no **perderme** en Sevilla.	
6 el/la policía	der/die Polizist/in		
7 las ruedas	Räder, Reifen		
el lunar	das Muttermal		
vender	verkaufen	el vendedor	
el enganche	der Zug/Umzug		
10 igual	gleich, egal		

7 Terminamos el año escolar

la asignatura	das Schulfach	Alemán, Historia y Naturales son **asignaturas**.
los experimentos	die Experimente	En la clase de biología hacemos experimentos.
aprender algo de memoria	etwas auswendig lernen	
calcular	rechnen	calculate
dar ponencias sobre	über etwas Referate halten	
redactar textos	Texte verfassen	
la escuela	die Schule	
aprobar (un examen)	(eine Prüfung) bestehen	

presentarse para un examen	eine Prüfung ablegen, zu einer Prüfung antreten	
el horario	der Stundenplan	
el sistema escolar	das Schulsystem	

A   ¡Ya no falta mucho!

T	volver a hacer algo	etwas wieder tun	
	¡Ojalá!	Hoffentlich! Schön wär's!	
	de todas maneras	auf jeden Fall	
	relajarse	sich entspannen	🇬🇧 relax = descansar
2	el trimestre	das Trimester	= 1/3 año
	la primaria	die Grundschule	🇬🇧 primary school
	la secundaria	die weiterführende Schule	🇬🇧 secondary school
	separado/a	getrennt	👥 separar(se)
	el tipo	der Typ, die Art	
	el bachillerato	≈ das Abitur	
T	el resultado	das Ergebnis	
	las pruebas finales	die Abschlussprüfungen	
	dirigirse a algn	sich an jemanden wenden	👥 la dirección
	llorar	weinen	
	el suficiente	ausreichend (Note)	
	las matemáticas	die Mathematik	🇬🇧 maths
	¡Estupendo!	Super!	= ¡Genial!
	las felicitaciones	die Glückwünsche	Hoy es el cumple de mi amigo. **¡Felicitaciones!**
	y eso que	und das, obwohl ...	
	esfumarse en una clase	eine Stunde schwänzen	
	esforzarse	sich anstrengen	= trabajar/aprender mucho, ser trabajador
	las ciencias naturales	die Naturwissenschaften	🇬🇧 natural science
	contento/a	zufrieden	= feliz, alegre
	el empollón, la empollona	der/die Streber/in	
	el sobresaliente	sehr gut, überragend (Note)	
	el notable	gut, bemerkenswert (Note)	
	la chuleta	der Spickzettel	
	hacer la pelota a algn.	sich einschmeicheln, "schleimen"	

copiar	etwas kopieren, abschreiben	copy
		la fotocopia
el sollozo	der Seufzer, das Schluchzen	
fallar	misslingen	≠ tener éxito
la pesadilla	der Albtraum	= un sueño negativo
la lástima	das Mitleid	
No te preocupes.	Mach dir keine Sorgen.	
sin falta	auf jeden Fall	
a causa de	wegen	because of
la laguna	die Lücke	
la tarea	die Aufgabe	
el fin de curso	das Kursende, Schuljahresende	
3 salir bien	gute Ergebnisse herausbekommen	
5 sacar una nota	eine Note bekommen	
6 adelante	vorwärts	
la química	die Chemie	
repetir	wiederholen	
9 la ocasión	die Gelegenheit, der Anlass	
11 sino	sondern	
12 la poesía	die Poesie	
el cuarteto	das Quartett	
el oncito	das Elfchen, Gedicht mit elf Wörtern	

B   El largo camino a la escuela   facultativo

el uniforme	die Uniform	
¿Qué bolá?	kub. Wie geht's?	= ¿Qué tal?
la Escuela Secundaria Básica	Sekundarschule	
funcionar	hier: bestehen, geöffnet sein	
séptimo/a	siebte/r	
noveno/a	neunte/r	
el grado	die (Jahrgangs-)Stufe	
el pionero	der Pionier; hier: die 12-bis 15jährigen Schüler	
el himno nacional	die Nationalhymne	
el turno	die Einheit, die Schicht	
duro/a	hart	= difícil
el compay	kub. Kumpel	= compañero

la pausa	die Pause	= el recreo
el almuerzo	das Mittagessen	almorzar (o → ue)
la merienda	der Imbiss am Nachmittag	
el estado	der Staat, der Zustand	
gratuitamente	gratis, kostenlos	= no hay que pagar para nada
el yogur	der Joghurt	
el bocadito	Sandwich, belegtes Brot	= bocadillo
la mortadela	die Mortadella (Wurst)	
el perro caliente	der Hotdog	
opcional	optional, Wahl-	
la danza	der Tanz	= el baile 🇬🇧 dance
octavo/a	achte/r	
la libreta	das Notizheftchen	el libro
el control	die Kontrolle, der Test	
la asamblea	die Versammlung	🇬🇧 assembly
evaluar	evaluieren, auswerten	🇬🇧 evaluate
		= sacar una nota
excelente	sehr gut	
cuidar de	sich kümmern um	
el dormilón, la dormilona	die Schnarchnase, Schlafmütze	
la puntualidad	die Pünktlichkeit	llegar puntualmente ≠llegar tarde
el profesor guía	der anleitende Lehrer	🇬🇧 guide
		Ojo: endet auf –a, ist aber männlich!
a propósito	A propos, übrigens	
el abrazo	die Umarmung	
1 el acto	die Handlung	
cubano/a	der/die Kubaner/in, kubanisch	
la evaluación	die Auswertung, Bewertung	
2 el/la periodista	der/die Zeitungsjournalist/in	= una persona que escribe artículos para un periódico
el revolucionario	der Revolutionär	
asesinar	töten, umbringen	= matar
3 la suposición	die Annahme	
4 preescolar	Vorschule, Vorschul-	
sexto/a	sechste/r	
séptimo/a	siebte/r	
preuniversitario/a	Universitätsvorbereitung	
décimo/a	zehnte/r	
5 el cubanismo	der kubanische Ausdruck	

Diccionario español – alemán

A

a causa de wegen (II 7.A-T)

a continuación im weiteren Verlauf (II 1.A-11)

a la derecha rechts (I 3.B-T)

a la izquierda links (I 3.B-T)

a menudo oft (I 5.A-T)

a mi modo de ver aus meiner Sicht (II 3.A-4)

A qué hora Um wie viel Uhr? (I 5.B-T)

a tiempo pünktlich (II 2.A-10)

a veces manchmal (I 4.B-T)

abajo unten (II 2.B-12)

el abrazo Umarmung (II 7.B)

el abril April (I 6.B-2)

abrir öffnen (I 3.A-T)

en absoluto absolut (II 3.A-4)

el / la abuelo/a Großvater/mutter Opa / Oma (I 1.B-T)

los abuelos Großeltern (I 1.B-T)

aburrido/a langweilig, gelangweilt (I 4.B-T)

aburrirse sich langweilen (II 5.B-4)

acabar de hacer algo gerade getan haben (II 5.A-T)

acabarse enden, zur Neige gehen (II 5.B-T)

la academia Akademie, Schule (II 3.A-6)

el accidente Unfall (II 4.A)

el aceite de oliva Olivenöl (I 7.B-T)

la aceituna Olive (II 6.A-6)

el acento Akzent (II 1.B)

ácido/a sauer (II 2.B-10)

acompañar a algn jmdn begleiten (II 5.B-T)

acordarse sich erinnern (II 1.B-3)

acostarse sich hinlegen (I 7.A-T)

acostumbrarse a sich gewöhnen an (II 1.B-3)

activar einschalten (II 6.A)

la actividad Tat, Unternehmung (II 1.B-2)

la actividad extracurricular außerunterrichtliche Aktivität, Wahlkurs (II 4.A)

activo/a aktiv (I 4.A-T)

el acto Handlung (II 7.B-1)

el / la actor/actriz Schauspieler/in (II 1.A-7)

actuar handeln, spielen (II 3.B-2)

adelante vorwärts (II 7.A-6)

además außerdem (I 4.B-T)

el aderezo Beilage (II 2.B-2)

Adiós Tschüss! (I 1.A-T)

Adivina adivinanza Dreimal darfst du raten. (II 3.B-T)

Adónde Wohin? (I 7.B-2)

de adulto als Erwachsener (II 4.A-9)

el aeropuerto Flughafen (II 5.A-7)

el / la aficionado/a Fan (II 3.B-8)

la agencia de alquiler de coches Autovermietung (II 5.A-7)

la agencia de viajes Reisebüro (II 5.A-T)

el agosto August (I 6.B-2)

agotador/a anstrengend (II 1.A)

el agua Wasser (I 7.B-T)

el agua mineral Mineralwasser (I 7.B-T)

el agua mineral con gas / sin gas Mineralwasser mit / ohne Kohlensäure (II 2.B-T)

el aguacate Avocado (II 2.A-6)

aguantar algo ertragen, aushalten können; durchhalten (II 5.A-T)

ahora jetzt (I 2.A-T)

al aire libre draußen (II 5.B-T)

el ajo Knoblauch (II 2.A-6)

al final de am Ende von (I 3.B-T)

al lado de neben (I 3.B-T)

el álbum de fotos Fotoalbum (II 1)

el alcalde Bürgermeister (II 6.A)

el alcohol Alkohol (II 6.B)

alegre fröhlich (I 4.B-T)

Qué alegría Ich freue mich! (II 5.B-T)

alejarse de sich entfernen von (II 6.B)

alemán/alemana deutsch (auch Sprache) (I 1.A-T)

Alemania Deutschland (I 1.A-T)

ser alérgico/a a algo allergisch sein (II 2.B-T)

los alfajores rellenos con dulce de leche argentinisches gefülltes Keksgebäck (II 5.B-6)

algo etwas (I 6.B-T)

algunos/as einige (II 2)

el alimento Lebensmittel (I 7.B-3)

allí dort, da drüben (I 6.A-T)

la almeja Muschel (II 6.A-6)

almorzar Mittag essen (I 7.A-T)

el almuerzo Mittagessen (II 7.B)

alojarse unterkommen, sich einquartieren (II 1.B-6)

alrededor de … um … herum (I 8.A-2)

alto/a groß (Körpergröße) (I 4.A-T), hoch (II 2.A)

alucinante beeindruckend, wahnsinnig (II 2.A-2)

el alumbrado Beleuchtung (II 6.A)

el / la alumno/a Schüler/in (I 3.A-T)

amable freundlich (I 1.A-7)

amargo/a bitter (II 2.B-10)

amarillo/a gelb (I 8.B-4)

ambos/as beide (II 2.A-2)

la ambulancia Rettungswagen (II 4.B)

el / la amigo/a Freund/in (I 1.A-T)

el amor Liebe (II 3.A-6)

ancho/a weit (I 8.B-9)

andaluz, Pl: andaluces andalusisch (II 6.A-T)

el animal Tier (I 4.B-T)

el año Jahr (I 2.A-T)

anoche gestern Abend (II 5.B-5)

anteayer vorgestern (II 6.A-9)

antes (de) vorher, vor, bevor (I 7.A-T)

antiguo/a alt, antik (I 8.A-T)

apagar ausschalten, löschen (II 6.A)

la apariencia Aussehen (II 5.B-4)

el apartamento para las vacaciones Ferienwohnung (II 1)

aplaudir klatschen, applaudieren (II 3.B-8)

aprender (er)lernen (II 4.A-T)

aprender algo de memoria auswendig lernen (II 7)

aprobar (un examen) (eine Prüfung) bestehen (II 7)

aquel/aquella jener dort, jene dort (I 8.B-T)

aquí hier (I 1.A-T)

árabe arabisch, Araber/in (II 1.B)

el árbol Baum (II 4.A-13)

argentino/a argentinisch, Argentinier/in (II 3.A-6)

el armario Schrank (I 6.A-2)

arreglar herrichten, herausputzen (II 6.A-T)

arriba oben (II 3.B-2)

el arroz Reis (II 2.B-T)

el / la artista Künstler/in (II 3.A-1)

el asado Grillfleisch, Grillfest (II 5.B-6)

la asamblea Versammlung (II 7.B)

asesinar töten, umbringen (II 7.B-2)

así so (I 6.A-T)

así así so lala (I 1.A-2)

el asiento Sitzplatz (II 3.B-T)

la asignatura Schulfach (II 7)

la aspirina Aspirin-Tablette (II 4.B-8)

asqueroso/a fies, abstoßend (II 2.B-T)

asustado/a erschrocken (II 4.A-2)

la atracción Attraktion, Fahrgeschäft (II 2.A-2)

atreverse hacer algo sich trauen, etwas zu tun (II 2.A-2)

el atún Thunfisch (II 6.A-6)

la audición Tonaufnahme (II 3.A)

el auditorio Zuhörer, Publikum (II 3.B-8)

el aula Klassenraum (I 3.A-T)

aún (immer) noch (II 2.B-T)

Austria Österreich (II 1)

el autobús Bus (I 8.A-8)

la autopista Autobahn (II 4.A-13)

el avión Flugzeug (I 8.A-10)

ayer gestern (II 2.A-7)

ayudar helfen (I 7.B-11)

el / la azteca Azteke/in (II 1.B-3)

el azúcar Zucker (II 2.A-6)

azul blau (I 8.B-4)

B

el bachillerato ≈ Abitur (II 7.A-2)

bailar tanzen (I 5)

el baile Tanz (II 1.B-1)

bajar(se) heruntergehen; aussteigen;
hier: rutschen (II 2.A-2)

bajo/a klein (Körpergröße) (I 4.A-T)

el balcón Balkon (I 6.A-9)

el balé Ballett (II 4.A-13)

la ballena Wal (II 5)

el balón de fútbol Fußball (II 2.A-9)

el baloncesto Basketball (I 5)

el balonmano Handball (I 5)

bañarse baden (I 7.A-3)

el baño (cuarto de baño)
WC, Toilette (I 3.B-T)

el bar Bar, Café (I 1.B-T)

barato/a billig, günstig (I 8.B-T)

Qué barbaridad. Wie gemein! (II 1.A)

bárbaro/a grausam, auch: toll,
cool (I 4.A-T)

la barra Stange (II 2.A-6)

el barrio Stadtviertel (I 8)

basta es reicht (II 2.B-T)

Basta de protestas. Keine
Widerrede. (II 6.B)

bastante ziemlich (I 5.A-T)

la batería Schlagzeug (II 3.A-7)

beber trinken (I 3.A-T)

la bebida Getränk (I 6.B-T)

la beca Stipendium (II 3.A-T)

besar küssen (II 3.A-6)

el beso / besito Kuss / Küsschen (II 1.A)

la biblioteca Bibliothek (I 3.B-T)

la bici(cleta) Fahrrad (I 8.A-10)

bien gut (I 1.A-T)

Bienvenidos/as Willkommen! (I 3)

el billete Ticket (II 3.B-T)

la biografía Biographie (II 4.A-11)

blanco/a weiß (I 8.B-1)

el blog Blog (I 3.B-T)

la blusa Bluse (I 8.B-1)

la boca Mund (II 4.B-3)

el bocadillo belegtes Brötchen (I 3.B-T)

el bocadito Sandwich, belegtes
Brot (I 7.B)

la boda Hochzeit (II 6.A-9)

la bola Kugel (II 2.B-10)

Qué bola *kub.* Wie geht's? (II 7.B)

la bolera Bowlingbahn (I 5)

el bolígrafo (boli) Kugelschreiber,
Kuli (I 3)

el bollo Gebäckstück (I 3.B-T)

la bolsa Tasche, Tüte (II 2.A-6)

el bolsillo Hosen-/Jackentasche (II 6.B)

la bombilla Glühbirne, Glühlampe
(II 6.A)

bonito/a schön, hübsch (I 4.A-T)

el borratintas Tintenkiller (I 3)

el bosque Wald (II 1.B-3)

la botella Flasche (II 2.A-6)

el brazo Arm (II 4.B-3)

bucear tauchen (II 1)

Buenas noches Gute Nacht! (I 2.A-2)

Buenas tardes Guten Abend! (I 2.A-2)

bueno also gut, naja (I 5.A-T)

bueno/a gut, nett (I 5.A-T)

Buenos días Guten Tag! (I 1.A-T)

el buñuelo Windbeutel (I 3.B-T)

buscar algo/a alguien etwas /
jemanden suchen (I 3.B-T)

C

el caballo Pferd (I 8.A-10)

caber passen (II 2.A-T)

la cabeza Kopf (II 4.B-3)

los cacharritos Fahrgeschäfte (II 6.A)

cada jede/r (II 1.A)

caerse hinfallen, herunterfallen
(II 4.A-T)

el café Kaffee, Café (I 1.B-T)

la caja Kiste, Karton (I 6)

la calabaza Kürbis (II 2.A-6)

la calculadora Taschenrechner (I 3.A-3)

calcular rechnen (II 7)

caliente heiß (II 4.B-8)

callarse still sein, den Mund halten
(II 4.A-T)

la calle Straße (I 2.A-T)

la Calle del Infierno Freizeitbereich
mit Fahrgeschäften auf der
Feria de Sevilla (II 6)

la calma Ruhe (II 6.B)

el calor Hitze, Wärme (II 1.A)

la cama Bett (I 5.B-4)

el camarero Kellner (II 2.B-T)

el camarón Garnele (II 2.B-2)

cambiar sich ändern (II 3.A-6)

en cambio hingegen, im Gegensatz
dazu (II 5.B-T)

el camello Kamel (II 5)

caminar wandern (II 1)

el camino Weg (II 5)

la camisa Hemd (I 8.B-1)

la camiseta T-Shirt (I 8.B-1)

el camping Campingplatz (II 1)

el campo Land, Feld (I 4.B-T)

el canal Kanal (II 3.A-10)

la canción Lied (I 5.A-T)

el / la candidato Kandidat/in (II 3.A-2)

cansado/a müde (II 1.A-7)

el / la cantante
Sänger/in (II 1.B-13) (II 3.A)

cantar singen (I 3.B-T)

la capital Hauptstadt (II 1.A-12)

la cara Gesicht (II 4.A-2)

el carácter Charakter (II 3.A-10)

el caramel Karamell (II 5.B-6)

cariñoso/a herzlich, liebevoll (I 4.A-T)

la carne Fleisch (II 1.B-3)

la carne al grill gegrilltes Fleisch
(II 5.B-6)

caro/a teuer (II 2.A)

la carpeta Schnellhefter (I 3.A-3)

la carta Brief (I 6.B-T),
Speisekarte (II 2.B-2)

la casa Haus (I 2.A-T)

en casa zu Hause (I 2.A-T)

casarse heiraten (II 4.A-9)

la cascada Wasserfall (II 5)

la caseta Bude, Festzelt (II 6)

casi fast (I 7.A-T)

castaño/a braun (Haare) (I 4.A-6)

el casting Casting (II 3.A)

Qué casualidad Was für ein
Zufall! (I 6.B-T)

catorce vierzehn (I 2.A-T)

la cebolla Zwiebel (I 7.B-T)

la cebra Zebra (II 5)

celebrar feiern (I 6.B-1)

la cena Abendessen (II 6.A)

cenar zu Abend essen (I 2.A-T)

el céntimo (Euro-)Cent (II 2.A-7)

el centro Zentrum (I 1.B-T)

en el centro in der Mitte (II 3.A-6)

el centro comercial
Einkaufszentrum (II 1)

el centro histórico Altstadt (II 6.A-9)

cepillarse los dientes
Zähne putzen (I 7.A-T)

cerca nah (I 6.A-T)

el cerdo Schwein (II 2.B-2)

la cereza Kirsche (II 2.A-6)

cerrar schließen (II 6.B)

el cerro Hügel (II 1.B-3)

el champiñón Champignon (II 2.B-2)

las chanclas Flipflops,
Gummisandalen (II 5.A-4)

la chaqueta Jacke (I 8.B-1)

charlar reden, sich unterhalten (I 5.A-T)

chatear chatten (I 5)

estos/as chavales/as Diese Jungs
(oder auch Mädels) (II 4.A-T)

el/la checo/a Tscheche/Tschechin,
tschechisch (I 2.A-6)

cheta schickimicki, etepetete,
snobistisch, hochnäsig (II 5.B-4)

el / la chico/a Junge / Mädchen (I 1.A-T)

el chile Chilischote (II 1.B-3)

chistoso/a witzig (II 1.B-3)

chocar con zusammenstoßen mit
(II 4.A-13)

el chocolate Schokolade, Kakao
(I 7.A-T)

Qué chulada. Wie toll! (II 1.B)

la chuleta Spickzettel (II 7.A-T)

chulo/a cool, toll (I 2.A-T)

los churros frittiertes Spritzgebäck
(I 7.B-T)

el ciclismo Radsport (I 5)

las ciencias naturales
Naturwissenschaften (II 1.a) (II 7.A-T)

cierto/a sicher (II 2.B-T)

el cilantro Koriander (II 2.B-9)

cinco fünf (I 2.A-T)

el cine Kino (I 5)

la ciudad Stadt (I 4.B-T)

el clarinete Klarinette (II 3.A-7)

claro na klar (I 1.A-T)

claro/a hell (I 8.B-4)

la clase Klasse, Unterricht (I 3.A-T)

el / la cliente Kunde/in (I 8.B-8)

el club Club, Disco (II 5.B-T)

el coche Auto (I 8.A-8)

el coche de caballos Pferdekutsche (II 6.A-T)

los coches locos / chocadores Autoscooter (II 6.A)

cocinar kochen (I 7.B-T)

la colchoneta Matte (II 4.A-T)

el cole(gio) Schule (I 2.A-T)

el / la colega Kollege/in (II 4.B-4)

el color Farbe (I 8.A-T)

el comedor Schulcafeteria (I 3.B-T)

comer essen (I 3.B-T)

la comida Essen (I 6.B-T)

el comienzo Beginn (II 3.B-8)

como wie (I 4.A-T)

Cómo Wie? (I 1.A-T)

Cómo se dice … Wie sagt man …? Was bedeutet …? (I 3.A-T)

cómodo/a bequem (I 8.B-3)

el / la compañero/a Mitschüler/in (I 3.B-T)

compartir teilen (II 1.A)

el compay kub. Kumpel (II 7.B)

competir konkurrieren, zu Wettkämpfen antreten (II 4.A)

complicado/a schwierig, kompliziert (I 4.B-T)

componer algo bilden, zusammen darstellen (II 6.A)

comprar kaufen (I 7.B-7)

comprender verstehen (II 3.B-2)

compuesto/a por bestehend aus (II 6.A)

ser común y corriente gebräuchlich, gewöhnlich, üblich sein (II 5.B-9)

la Comunidad Autónoma autonome Region in Spanien (II 1.A-10)

con mit (I 1.B-T)

el concierto Konzert (I 5.B-4)

el concurso Contest, Wettbewerb (II 3.A)

el cóndor Kondor (II 5)

conectarse con algn por internet über das Internet mit jemandem in Kontakt treten / bleiben (II 5.B-T)

Qué confusión. Wie verwirrend! (II 5.B-8)

el conjunto de … Gesamtheit aller … (II 6.A)

conmigo mit mir (I 5.B-T)

la conmoción cerebral Gehirnerschütterung (II 4.B-4)

conocer kennen, kennenlernen (I 8.A-T)

la consecuencia Folge (II 4.A)

el consejo básico grundlegender / grundsätzlicher Rat (II 6.B-5)

la consola Spielkonsole (I 5)

consolar trösten (II 4.B-12)

constructivo/a konstruktiv (II 3.A-10)

construir bauen, errichten (II 5.B-6)

consultar zu Rate ziehen (II 3.A-2)

contento/a zufrieden (II 7.A-T)

contigo mit dir (I 5.B-T)

en contra dagegen (II 3.A-3)

el control Kontrolle, Test (II 7.B)

convencer a algn. überzeugen (II 5.B-T)

el convento Kloster (II 1.B-3)

copiar kopieren, abschreiben (II 7.A-T)

el correo (electrónico) E-Mail (I 4.A-4)

correr rennen, laufen (II 4.A-T)

la corrida de toros Stierhatz / Stierkampf (II 6.A-9)

cortar schneiden (I 7.B-11)

se nos cortó el rollo das hat unsere Stimmung heruntergezogen (II 4.A-13)

corto/a kurz (I 4.A-6)

la cosa Sache (I 3)

la costa Küste (II 1.A)

costar kosten (I 8.B-T)

costarle a algn eine Weile dauern, schwer fallen (II 1.B-3)

la costilla Rippe (II 5.B-6)

la costumbre Brauch (II 1.A-12) (II 2)

el cotilleo Tratsch (II 4.B)

creer que glauben, dass (I 6.B-9)

la crema solar Sonnencreme (II 5.A-4)

cremoso/a cremig (II 2.B-5)

cruzar überqueren (II 4.A-13)

el cuaderno Heft (I 3)

el cuadro Bild (I 6.A-2)

cuál/es welche/r/s (II 2.B-1)

cualquier/a irgendein/e, egal welche/r (II 2.A-T)

cuando wenn (temporal) (II 1.A-11)

Cuándo Wann? (I 5.B-T)

Cuánto cuesta Wieviel kostet das? (II 2.A-7)

Cuántos/as Wie viele? (I 2.A-T)

el cuarteto Quartett (II 7.A-13)

el cuarto Zimmer, Raum (I 6.A-T)

cuatro vier (I 2.A-T)

el cubanismo kubanischer Ausdruck (II 7.B-5)

cubano/a Kubaner/in, kubanisch (II 7.B-1)

Cuidado Achtung! Vorsicht! (I 5.A-T)

cuidar de sich kümmern um (II 7.B)

la culpa Schuld (II 4.B)

culpable schuldig; Schuldiger (II 4.B-4)

el cumple(años) Geburtstag (I 4.A-T)

cumplir (los) … años … Jahre alt werden (II 2.A-3)

curioso/a neugierig (II 5.A-3)

el curso Klasse, Kurs (II 2.A-T)

D

la danza Tanz (II 7.B)

dar geben (II 2.A-7)

dar ponencias sobre Referate halten über (II 7)

darle mareos a algn. jemandem wird von etwas übel (II 5.A-T)

de von, aus (I 1.B-T)

de alta emoción sehr aufregend (II 2.A-2)

De dónde Woher? (I 1.A-3)

de manera + Adjektiv auf … Weise (II 6.A)

de mi parte von meiner Seite (II 2.A-T)

de nada bitte sehr! gern geschehen! (I 8.A-8)

De parte de quién Wer spricht? (I 5.B-T)

de primero als Vorspeise (II 2.B-T)

de segundo als Hauptgang (II 2.B-T)

de todo tipo alles Mögliche (II 2.B-T)

de todos modos in jedem Fall (II 4.A-13)

de una vez auf einmal, am Stück (II 2.B-T)

debajo de unter (I 6)

deber tun müssen, sollen, jmd. etw schulden (II 1.B-12)

los deberes Hausaufgaben (I 3.A-T)

deberle algo a alguien jmdm etw schulden (II 1.B-3)

decidir entscheiden (II 5.B-1)

décimo/a zehnte/r (II 7.B-4)

decir sagen (I 7.B-11)

el dedo Finger (II 4.B-3)

definir einordnen, bestimmen (II 3.A-8)

dejar (hinter)lassen (II 3.A-10)

delante de vor (I 6)

delgado/a schlank (I 4.A-T)

demasiado zu, zu viel, zu sehr (I 8.B-T)

por dentro von innen (I 8.A-T)

dentro de in, innerhalb, drinnen (I 8.A-T)

depende de es kommt darauf an, ob … / es kommt auf … an (II 6.A-9)

el deporte Sport (I 5)

el deporte de canoa Kanu fahren (II 4.A)

el / la deportista Sportler/in (II 4.A)

deportivo/a sportlich (I 8.B-3)

deprimido/a deprimiert (II 4.A-2)

la derecha rechte Seite (I 3.B-T)

desafortunadamente leider (II 1.A)

desarreglado/a unordentlich, unaufgeräumt, durcheinander (II 6.B-3)

el desastre Desaster, Katastrophe (II 4.A-13)

desayunar frühstücken (I 6.A-T)

el desayuno Frühstück (I 7.A-T)

descansar sich ausruhen (I 5)

la descripción Beschreibung (II 6.B-2)

descubrir entdecken (II 5)

desde seit, von … aus (II 1.A)

el desfile (de caballos) Umzug, Parade (II 6)

el desierto Wüste (II 5)

despertarse aufwachen (I 7.A-3)

despistado/a unaufmerksam, chaotisch (II 6.B)

después (de) danach, nachdem (I 3.A-T)

el destino Ziel (II 5.A-T)

detenido/a gründlich, genau (II 6.B)

detrás de hinter (I 6)

el día Tag (I 3)

el diciembre Dezember (I 6.B-2)

diecinueve neunzehn (I 2.A-T)

dieciocho achtzehn (I 2.A-T)

dieciséis sechzehn (I 2.A-T)

diecisiete siebzehn (I 2.A-T)

el diente Zahn (I 7.A-T)

diez zehn (I 2.A-T)

la diferencia Unterschied (II 5.B-8)

diferente anders, verschieden (I 4.B-T)

difícil schwierig (II 1.B-2)

Diga Ja, bitte? (I 5.B-T)

Dinamarca Dänemark (II 1)

el dinero Geld (II 5.A-8)

Dios mío. Oh Gott! (II 4.A-T)

el / la dios, diosa Gott, Göttin (II 1.B-3)

la dirección Adresse (I 6.B-1)

dirigirse a algn sich an jemanden wenden (II 7.A-T)

la discoteca Diskothek (II 1.B-6)

disfrutar de algo genießen (II 1.B-3)

el dispositivo Gerät, Anlage (II 6.A)

divertido/a lustig (I 4.A-T)

divertirse Spaß haben (II 4.A)

doce zwölf (I 2.A-T)

el doctor Doktor (II 4.B-4)

doler schmerzen, weh tun (II 4.B-3)

el dolor Schmerz (II 4.B-3)

el dolor de garganta Halsschmerzen (II 4.B-8)

el domingo Sonntag (I 5.B-T)

donde wo (Relativpronomen) (II 1.A-7)

Dónde Wo? (I 3.A-T)

el / la dormilón, dormilona Schnarchnase, Schlafmütze (II 7.B)

dormir(se) (ein)schlafen (I 7.A-T)

dos zwei (I 1.B-T)

ducharse duschen (I 7.A-T)

la duda Zweifel (II 3.A-4)

dulce süß (I 4.A-T)

duodécimo/a zwölfte/r (II 7.B-4)

durante während (I 7.A-6)

durar dauern (II 5.B-T)

duro/a hart (II 7.B)

E

echar hinzufügen, hineintun, dazugeben (II 2.B-9)

echar de menos vermissen (II 1.A)

echarle bronca a alguien böse mit jemandem sein (I 8.B-T)

la edad Alter (II 2.A-3)

la educación Bildung (II 4.A-9)

el efecto especial Spezialeffekt (II 3.B-8)

el elefante Elefant (II 5)

elegante elegant (I 8.B-3)

elegir auswählen, aussuchen (II 5.B-T)

Qué emoción Wie schön!, Wie aufregend! (I 6.B-T)

emocionarle a algn jemanden in Aufregung versetzen (II 5.B-T)

empanizado/a paniert (II 2.B-2)

empezar anfangen, beginnen (I 3.A-T)

el / la empleado/a Angestellte/r, angestellt (II 5.A-6)

el / la empollón, empollona Streber/in (II 7.A-T)

en in (I 1.A-T)

enamorarse de verlieben in (II 4.A-9)

encantador/a entzückend wunderschön (I 8.A-T)

me encantaría es würde mir gefallen (II 5.A-T)

encantarle a alguien jemanden entzücken, jemandem sehr gefallen (I 5.A-T)

encender anzünden, anschalten (II 6.A)

encima de über, auf (I 6)

encontrar finden (I 5.B-T)

encontrarse (en) sein (in), sich befinden (in) (I 8.A-T)

la energía Energie (II 1.B-3)

el enero Januar (I 6.B-2)

enfadado/a verärgert (II 4.A-2)

la enfermedad Krankheit (II 4.B-8)

el/la enfermero/a Krankenpfleger, Krankenschwester (II 4.B-4)

enfermo/a krank (II 4.B-8)

enfrente de gegenüber (I 6)

el enganche Umzug / Zug (II 6.B-7)

enorme riesig, sehr groß (II 6.A-T)

la ensalada Salatmischung (II 2.A-6)

entender verstehen (I 5.B-T)

entonces also, dann (I 2.A-T)

la entrada Eintrag, Eingang, Eintrittskarte (I 7), Vorspeise (II 2.B-2)

entrar eintreten, betreten (I 3.A-T)

entre zwischen (I 6)

entrenar para una carrera professionell trainieren (II 4.A)

entusiasmado/a begeistert (II 4.A-2)

enviar senden, schicken (II 5.B-5)

Qué envidia. Ich beneide dich! (II 1.B-3)

el equipo Team, Mannschaft (I 7.A-T)

la equitación Reiten (II 4.A)

es (todo) un rollo Wie langweilig! (II 2.B-T)

Es broma. War doch nur ein Witz. (II 4.A-T)

Es que … Es ist so, dass … (I 2.A-T)

es todo das ist alles (II 2.A-7)

Es un sueño. Es ist ein Traum! (II 1.A)

escalar klettern (II 4.A-3)

el escenario Bühne (II 3.B-T)

escribir schreiben (I 3.A-T)

el escritorio Schreibtisch (I 6.A-T)

escuchar hören, zuhören (I 3.A-4)

la escuela Schule (II 7)

la Escuela Secundaria Básica Sekundarschule (II 7.B)

ese / esa diese/r da (I 8.B-T)

esforzarse sich anstrengen (II 7.A-T)

esfumarse en una clase eine Stunde schwänzen (II 7.A-T)

los espaguetis Spagettis (II 2)

la espalda Rücken (II 4.B-3)

España Spanien (I 1.A-T)

el/la español/a Spanier/in, spanisch (I 2.A-T)

especial speziell, besonders (II 1.B-3)

espectacular spektakulär (II 4.A-T)

esperar a warten auf (I 3.B-T)

Espero que estéis bien. Ich hoffe, es geht euch gut. (II 1.A)

las espinacas Spinat (II 2.A-6)

la esponja Schwamm (I 3.A-3)

el esquí alpino Skialpin (II 4.A)

esquiar Ski fahren (II 5.A-T)

la esquina Ecke (II 6.B)

la estación Bahnhof (I 8.A-9)

el Estadio Olímpico Olympiastadion (II 2.B-T)

el estado Staat, Zustand (II 7.B)

(el/la) estadounidense US-Amerikaner/in, US-amerikanisch (II 1.B-13)

la estantería Regal (I 6.A-T)

estar sein, sich befinden (I 3.B-T)

estar en forma in Form sein, Kondition haben (II 4.A)

estar a unos (XX) kilómetros de … einige (ca. XX) Kilometer entfernt sein von … (II 1.B-3)

estar de acuerdo einverstanden sein (II 2.A-9)

estar de visita zu Besuch sein (I 5.B-T)

este/a diese/r (I 1.B-T)

el este Osten (II 5.A-4)

la estepa Steppe (II 5)

el estilo de música Musikrichtung (II 3.A-7)

el estómago Bauch, Magen (II 4.B-3)

estrecho/a eng, schmal (I 8.A-T)

la estrofa Strophe (II 3.A-7)

el estuche Mäppchen (I 3)

estudiar lernen, studieren (I 4.B-11)

Estupendo. Super! (II 7.A-T)

(el/la) europeo/a Europäer/in; europäisch (II 5.A-T)

la evaluación Auswertung, Bewertung (II 7.B-1)

evaluar evaluieren, auswerten (II 7.B)

el evento Veranstaltung (II 3.B)

exagerar übertreiben (II 2.B-T)

el examen (Pl: exámenes) Prüfung (II 3.A-T)

excelente sehr gut (II 7.B)

excitante aufregend, spannend (II 2.A)

la excursión Ausflug, Exkursion (I 5.B-4)

el éxito Erfolg (II 3.A-6)

la experiencia Erfahrung (II 1)

los experimentos Experimente (II 7)

explicar erklären (II 4.A-2)

la extensión Größe, Umfang (II 6.B-5)

extraño/a außergewöhnlich, ungewohnt, komisch (II 2.B-12)

extremadamente extrem (II 4.B-4)

F

fácil einfach, leicht (II 3.A-10)

la falda Rock (I 8.B-1)

fallar misslingen (II 7.A-T)

faltar fehlen (I 6.B-T)

la familia Familie (I 1.A-T)

familiar familiär, Familien-, bekannt (II 4.A-9)

famoso/a berühmt (I 8.A-T)

el fanfarrón Angeber (II 4.A-T)

la fase Phase, Abschnitt (II 3.A-2)

a favor dafür (II 3.A-3)

favorito/a Lieblings- (I 4.A-T)

el febrero Februar (I 6.B-2)

la fecha Datum (I 6.B-2)

las felicitaciones Glückwünsche (II 7.A-T)

feliz, Pl: felices glücklich (II 1.A)

fenomenal toll (II 1.A)

feo/a hässlich (I 8.B-3)

la Feria de Abril / Sevilla großes Volksfest, Kirmes in Sevilla (II 6)

el / la feriante Schausteller (II 6.A)

la fiebre Fieber (II 4.B-8)

la fiesta Fest, Feier (I 4.A-T)

la figura Figur, Abbildung, hier: Aufdruck (II 6.A-T)

el fin de curso Kursende, Schuljahresende (II 7.A-T)

el fin de semana Wochenende (I 7.A-T)

la final Finale (II 3.A-2)

el flamenco Flamenco (I 1.A-T)

flipar ausflippen, ganz begeistert sein (II 2.A-T)

la flor Blume (I 8.A-T)

el folleto Broschüre, Informationsflyer (II 1.A-12) (II 6.A-T)

en el fondo im Hintergrund (II 3.A-6)

estar en forma in Form sein, Kondition haben (II 4.A)

formal schick, formell (I 8.B-3)

el foro Forum (I 7)

la foto(grafía) Foto (I 4.A-T)

la frambuesa Himbeere (II 2.A-6)

francés französisch (I 2.A-6)

Francia Frankreich (II 1)

la fresa Erdbeere (II 2.A-6)

fresco/a frisch (II 2.B-9)

el frío Kälte (II 1.A)

la fritura de pescado frittierter Fisch (II 6.A)

la fructosa Fruktose (II 2.B-T)

la fruta Obst (I 8.A-T)

los fuegos artificiales Feuerwerk (II 6.A)

fuerte stark, laut (II 1.B-3)

funcionar hier: bestehen, geöffnet sein (II 7.B)

fundar gründen (II 3.A-10)

el fútbol Fußball (I 1.A-T)

el futuro Futur (II 3.A)

G

las gafas del sol Sonnenbrille (II 5.A-4)

el / la ganador/a Gewinner/in (II 3.A-2)

ganarse etwas gewinnen (II 3.A-T)

tener ganas de hacer algo Lust haben, etwas zu tun (I 5.A-T)

el garaje Garage (I 6.A-9)

el / la gato/a Kater / Katze (I 2.B-T)

el gazpacho Gazpacho (II 1.B-6)

las / los gemelas/os (eineiige) Zwillinge (II 1.B-3)

genial genial, toll (I 4.A-T)

la gente Leute (I 4.A-T)

la geografía Geographie, Landschaft (II 1.A-12)

gigante gigantisch, riesig groß (II 5.B-5)

la gimnasia Turnen (II 4.A)

el gimnasio Sporthalle, Fitnessstudio (I 3.B-T)

girar abbiegen (II 5.A-7)

el glaciar Gletscher (II 5)

el gluten Gluten (II 2.B-T)

la goma de borrar Radiergummi (I 3)

gordito/a mollig (I 4.A-T)

el / la gorro/a Mütze (I 8.B-1) (II 5.A-4)

gracias danke (I 2.A-T)

gracioso/a lustig (I 4.B-T)

el grado (Jahrgangs-)Stufe (II 7.B)

Gran Bretaña Großbritannien (II 1)

grande groß (I 4.A-T)

la granja Bauernhof (I 4.B-T)

grasoso/a fettig, fetthaltig (II 2.B-T)

gratuitamente gratis, kostenlos (II 7.B)

grave schlimm, ernst (II 4.B)

la gripe Grippe (II 4.B-8)

gris grau (I 8.B-4)

gritar como loco/a schreien wie verrückt (II 3.B-T)

el grupo (musical) Gruppe, Musikgruppe (I 3.B-T)

guapo/a hübsch, gutaussehend (I 4.A-T)

guay toll, super (I 2.A-T)

los guisantes Erbsen (II 2.A-6)

la guitarra Gitarre (I 5)

gustaría würde gefallen, würde gerne (II 1.B-11)

gustarle a alguien jemandem gefallen (I 5)

el gusto Vorliebe, Geschmack (II 2.B-10)

H

la habitación Zimmer, Raum (I 4.A-T)

los habitantes Einwohner (II 1.A-12)

hablar sprechen, reden (I 2.A-T)

hablar por teléfono telefonieren (I 5)

Hace (mucho) calor. Es ist (sehr) heiß. (II 1.A)

Hace frío. Es ist kalt. (II 1.A)

Hace mal tiempo. Es ist schlechtes Wetter. (II 1.A)

Hace muchos años que Vor vielen Jahren (II 2.B-12)

hace rato erst neulich, vor kurzem (II 3.B-T)

Hace sol. Die Sonne scheint. (II 1.A)

Hace viento. Es ist windig. (II 1.A)

Hace / No hace buen tiempo. Es ist (kein) gutes Wetter. (II 1.A)

Hace / Tenemos … grados (sobre / bajo cero). Es ist … Grad (über / unter Null). / Wir haben … Grad. (II 1.A)

hacer machen, tun (I 5)

hacer la pelota a algn. einschmeicheln, „schleimen" (II 7.A-T)

hacer la(s) compra(s) einkaufen gehen (I 7.B-T)

hacer una barbacoa grillen (II 1.B-3)

hacerle un mal juego a algn jemandem übel mitspielen (II 3.A-6)

hacerse etwas werden (II 4.A-10)

tener hambre Hunger haben (I 7.B-T)

el hambre Hunger (I 7.B-T)

la hamburguesa Hamburger (II 2)

la hamburguesería Burgerlokal (II 2.A-T)

la harina Mehl (II 2.A-6)

estar harto/a de satt haben (II 6.A-6)

hasta bis (I 6.A-T), sogar (II 1.B-3)

Hasta la vista Auf Wiedersehen! (I 1.A-T)

Hasta luego Bis später! (I 1.A-9)

Hasta mañana Bis morgen! (I 2.A-T)

Hasta pronto Bis bald! (I 3)

hay es gibt, es befindet/n sich (I 3.A-T)

hay lugar da ist Platz (I 6.A-T)

Hay nubes. Es ist bewölkt. (II 1.A)

hay que man muss (I 7.B-T)

Hay una tormenta. Es ist
  stürmisch / Es gibt ein
  Gewitter. (II 1.A)
la heladería Eiscafé (I 1.B-T)
el helado Eis (I 1.A-T)
la herida Wunde, Verletzung (II 4.B-3)
el / la hermano/a Bruder / Schwester
  (I 2.A-T)
los hermanos Geschwister (I 2.A-T)
el hielo Eis, Glätte (II 1.A)
las hierbas finas feine Kräuter (II 2.B-2)
el / la hijo/a Sohn, Tochter (I 4)
el himno nacional
  Nationalhymne (II 7.B)
la historia die Geschichte (II 4.B-7)
Hola Hallo! (I 1.A-T)
hombre Mensch, Mann (II 3.B-T)
la hora Uhrzeit, Stunde (I 5.B-T)
Qué hora es Wie spät ist es? (I 5.B-4)
el horario Stundenplan (II 7)
el horno Ofen (II 2.B-10)
horrible schrecklich (I 8.B-9)
el hospital Krankenhaus (II 4.A-13)
el hostal Hostel (II 1)
el hotel Hotel (II 1)
hoy heute (I 3.A-T)
el hueso Knochen (II 4.A-T) (II 5.B-6)
el huevo Ei (I 7.B-T)

I

la idea Idee (I 4.B-T)
el idioma Sprache (I 2.A-6)
el ídolo Idol, Star, Vorbild (II 5.B-6)
la iglesia Kirche (I 8)
igual gleich, egal (II 6.B-10)
imaginarse algo sich etwas
  vorstellen (II 2.B-12)
imitar nachahmen (II 4.B)
importante wichtig (I 7.A-T)
importar wichtig sein, jmdm etw
  ausmachen (II 2.A-3)
impresionante beeindruckend (I 8.A-T)
incluido/a enthalten, inklusive (II 2.A-3)
incluir beinhalten (II 2.A-T)
incluso sogar (II 3.B-8)
increíble unglaublich (II 4.A-T)
la influencia Einfluss (II 3.A-8)
informarse sich informieren (II 3.A-T)
la informática Informatik (I 3.B-T)
la infusión Tee, Aufguss (II 4.B-8)
inglés englisch (I 2.A-6)
el inmigrante Einwanderer (II 5.B-6)
innovador/a innovativ (II 6.A)
inscribirse sich einschreiben (II 3.A-T)
el insti(tuto) (weiterführende)
  Schule (I 3.B-T)
el instrumento Instrument (I 5)
la inteligencia Intelligenz (II 3.A-6)
el interés Interesse, Hobby (II 4.A-9)
interesante interessant (I 4.B-T)
ser intolerante a algo ~intolerant
  sein (II 2.B-T)

el invierno Winter (II 1.A-2)
la invitación Einladung (I 6.B-1)
el / la invitado/a Gast (I 6.B-1)
invitar einladen (I 6.B-1)
ir gehen (I 5)
ir bien con gut passen zu (I 8.B-T)
ir de compras shoppen, einkaufen
  gehen (I 5)
ir en monopatín / montar skateboard
  Skateboard fahren (I 5)
irse (weg)gehen (II 4.A-13)
la isla Insel (II 1.A-10)
Italia Italien (II 1)
(el/la) italiano/a Italiener/in,
  italienisch (I 2.A-6)
la izquierda linke Seite (I 3.B-T)

J

el jamón Schinken (I 7.B-T)
el jarabe Saft (Medizin), Sirup (II 4.B-8)
el jardín Garten (I 6.A-9)
la jaula Käfig (I 4.B-T)
el jersey Pullover, Sweatshirt (I 8.B-1)
el / la joven, los jóvenes
  Jugendliche/r (II 1)
los juegos de pelota Ballsportarten
  (II 4.A)
el jueves Donnerstag (I 5.B-T)
jugar spielen (Sport und Spiel) (I 5)
el julio Juli (I 6.B-2)
la jungla Dschungel (II 5)
el junio Juni (I 6.B-2)
juntarse con sich anschließen,
  treffen (II 6.B)
juntos/as zusammen, gemeinsam
  (I 7.A-T)
el / la jurado Juror/in (II 3.A-2)
justo/a gerecht (II 6.B)

K

el kilómetro Kilometer (II 1.B-3)
el kinder Kindergarten (II 4.A-9)

L

el laboratorio Labor (I 3.B-T)
la lactosa Laktose (II 2.B-T)
el lago See (II 5)
la laguna Lücke (II 7.A-T)
la lámpara Lampe (I 6.A-T)
lanzar werfen (II 4.A-3)
el lápiz (Pl: lápices) Bleistift (I 3)
largo/a lang (I 4.A-6)
la lástima Mitleid (II 7.A-T)
Qué lástima. Wie schade! (II 1.B-3)
lastimarse sich verletzen (II 4.A-T)
la lata Dose (II 2.A-6)
el látigo (eigtl: Peitsche) hier: Name
  eines Fahrgeschäfts auf der
  Feria (II 6.A)
latinoamericano/a
  lateinamerikanisch, aus
  Lateinamerika (II 3.A)

la leche Milch (I 7.A-T)
la lechuga Salatkopf (II 2.A-6)
leer lesen (I 3.A-T)
lejos (de) weit weg (von) (I 7.A-T)
la lengua Sprache (II 1.A-12)
lento/a langsam (II 2.A-2)
el león Löwe (II 5)
levantarse aufstehen (I 7.A-T)
libre frei (I 7.B-T)
la libreta Notizheftchen (II 7.B)
el libro Buch (I 3)
ligero/a leicht (Speise) (II 2.B-T)
lila lila (I 8.B-4)
la lima Limette (II 2.B-9)
limitar con angrenzen an (II 5)
el limón Zitrone (II 2.B-2)
la limonada Limonade (II 1.B-6)
lindo/a schön (II 1.B-3)
el lío Durcheinander (I 6)
el pelo liso glattes Haar (I 4.A-6)
la lista Liste (I 3)
la lista de la compra Einkaufsliste
  (I 6.B-T)
listo/a schlau, klug (I 4.A-T)
el litro Liter (II 2.A-6)
la llama Lama (II 5)
llamar rufen (I 5.B-T)
llamar por teléfono anrufen (I 5.B-T)
llamarse heißen (I 2.B-T)
llegar ankommen (I 6.A-T)
lleno/a voll (II 2.B-5)
llevar tragen, anhaben (I 8.B-1)
  mitbringen, mitnehmen (II 2.A-3)
llorar weinen (II 7.A-T)
llover regnen (II 1.A)
la lluvia Regen (II 1.A-2)
lo das, es (II 2.A)
Lo siento. Tut mir leid. (I 5.A-T)
loco/a verrückt (I 4.B-T)
lograr erreichen (II 4.A-10)
el logro Errungenschaft (II 4.A-9)
el lugar Ort, Platz (I 6.A-T)
el lunar Muttermal (II 6.B-7)
el lunes Montag (I 5.B-T)
la luz Licht (II 6.A)

M

la madera Holz (II 6.A-T)
la madre / mamá Mutter, Mama
  (I 2.A-T)
maduro/a reif, erwachsen (II 2.B-9)
mágico/a magisch (II 1.B-3)
el maíz Mais (II 2.A-6)
majo/a nett (II 2.A-T)
mal schlecht (I 1.A-2)
el mal humor schlechte Laune (II 6.B)
la maleta Koffer (I 8.B-2)
lo malo das Schlechte (II 1.A-7)
malo/a schlecht (II 1.A-7)
mañana morgen (I 2.A-T)
la mañana Morgen (I 5.B-4)
mandar senden, schicken (II 1.A)

el mango Mango (II 2.A-6)

la mano Hand (II 3.B-T)

el mapa (Land-)Karte (I 3.A-3)

maquillarse sich schminken (II 1.A)

el mar Meer (I 1.A-T)

la maravilla Wunder (II 1.B-3)

la marcha Nachtleben (I 8.A-T)

estar mareado/a schwindelig sein
(II 4.B-3)

marrón braun (I 8.B-4)

el martes Dienstag (I 5.B-T)

el marzo März (I 6.B-2)

más mehr, plus (II 2.A)

más despacio langsamer (I 3.A-T)

la mascota Haustier (I 2.B-T)

masticar kauen (II 5.A-T)

el mate Mate (Pflanze oder Tee)
(II 5.B-6)

las matemáticas Mathematik (II 7.A-T)

el mayo Mai (I 6.B-2)

me parece ich glaube (II 1.B)

Me puede poner con… Könnte ich
mit … sprechen? (I 5.B-T)

media noche Mitternacht (II 6.A)

mediano/a halb (II 2.B-9)

el médico Arzt (II 4.B)

el medio de transporte
Verkehrsmittel (II 1.B-10)

medio kilo de … ein halbes Kilo …
(II 2.A-6)

el mediodía Mittag (I 7.A-1)

a/al mediodía mittags (I 7.A-1)

mejor besser, beste/r (II 1.A)

el / la mellizo/a Zwilling, Zwillings-
(I 2.A-T)

el melocotón Pfirsich (II 2.A-6)

la melodía Melodie (II 3.A-7)

el melón Melone (II 2.A-6)

aprender algo de memoria
etwas auswendig lernen (II 7)

menor de edad minderjährig (II 3.B-2)

menos weniger, außer (II 2.A)

menos cuarto viertel vor (I 5.B-T)

el mensaje Nachricht (I 5.B-2)

el mercadillo Flohmarkt (I 8.B-T)

el mercado Markt (I 8)

Mercosur (Mercado Común del Sur)
gemeinsamer Markt
Südamerikas (II 5.A-8)

la merienda Imbiss am Nachmittag
(II 7.B)

la mermelada Marmelade (I 7.A-T)

el mes Monat (I 6.B-2)

la mesa Tisch (I 3.A-3)

la mesilla de noche Nachttisch (I 6.A-2)

el metro U-Bahn (I 8.A-10)

mexicano/a mexikanisch,
Mexikaner/in (II 1.B-3)

la mezcla Mischung (II 1.B-6)

mezclado/a gemischt (II 3.A-8)

mi mein/e (I 2.A-T)

el miedo Angst (II 2.A-2)

mientras während, währenddessen
(I 8.A-T)

mientras que während (II 5.B-1)

mientras tanto inzwischen, derweil
(II 5.B-1)

el miércoles Mittwoch (I 5.B-T)

el mínimo Minimum, das Mindeste
(II 2.A-3)

mirar schauen, sehen (I 3)

al mismo tiempo gleichzeitig (II 4.A-T)

la mochila Rucksack, Schulranzen (I 3)

moderado/a gemäßigt, mittelmäßig,
moderat (II 2.A-2)

moderno/a modern (I 8.B-3)

molar mucho total toll / super sein
(I 8.A-T)

el momento Moment (I 2.A-T)

la momia Mumie (II 4.B-4)

la montaña Berg, Gebirge (II 1.A-7) (II 5)

la montaña rusa Achterbahn (II 6.A)

montar a caballo reiten (I 5)

un montón (de) viele, eine Menge
(von) (I 8.B-4)

el monumento Denkmal (I 8)

moreno/a braun, dunkel (Haare oder
Haut) (I 4.A-T) (II 1.B)

morir sterben (II 4.A-9)

la mortadela Mortadella (Wurst)
(II 7.B)

mostrar zeigen, deuten auf (II 4.B-3)

moverse sich bewegen (II 3.B-8)

el móvil Handy (I 3.B-T)

mucho/a/os/as viel/e, sehr (I 4.A-T)

la mudanza Umzug (II 2.A-T)

el mueble Möbelstück (I 6.A-T)

la mujer Frau (I 4.A-T)

el mundo Welt (I 7)

el mundo hispanohablante
spanischsprachige Welt (II 1.A-4)

la música Musik (I 1.A-T)

muy sehr (I 1.A-T)

N

nacer geboren werden (II 4.A-9)

Nada de eso Auf keinen Fall!,
Nichts da! (II 2.A-T)

nadar schwimmen (I 5)

nada nichts, gar nicht (I 5.A-T)

nadie niemand (II 2.A-T)

la naranja Orange, Apfelsine (I 7.A-T)

la nariz Nase (II 4.B-3)

la natación Schwimmen (II 4.A)

necesitar benötigen, tun müssen,
brauchen (I 3)

negar verneinen (II 3.A)

negro/a schwarz (I 8.B-1)

nervioso/a nervös (II 5.B-4)

nevar schneien (II 1.A)

Ni hablar. Auf keinen Fall! (II 4.A-T)

Ni idea. Keine Ahnung. (II 2.B-T)

Ni modo. Macht nichts!, Halb so
schlimm! (II 2.A-10)

la niebla Nebel (II 1.A)

el / la nieto/a Enkel/in (I 4)

la nieve Schnee (II 1.A)

ningún, ninguno/a kein/e/r (II 3.A-T)

el / la niño/a Kind (II 2.B-10)

no nein, nicht, kein/e (I 2.A-T)

no … ni … weder … noch … (II 2.B-T)

no es para tanto Halb so schlimm
(II 4.B)

No pasa nada. Macht doch nichts.
(I 5.A-T)

No te preocupes. Mach dir keine
Sorgen. (II 7.A-T)

la noche Nacht (I 5.B-4)

el nombre Name (I 5.B-T)

el noreste Nordosten (II 5.A)

la noria Riesenrad (II 6.A)

normal normal (I 7.A-T)

normalmente normalerweise (I 5.A-7)

el noroeste Nordwesten (II 5.A-4)

el norte Norden (II 1.A)

Nos vemos Wir sehen uns! (I 5.B-T)

nosotros/as wir (I 2.A-5)

la nota Note (II 1.A)

el notable gut, bemerkenswert
(Note) (II 7.A-T)

notar algo bemerken, gleich
erkennen (II 1.B)

noveno/a neunte/r (II 7.B)

el noviembre November (I 6.B-2)

el / la novio/a feste Freunde (I 4)

la nube Wolke (II 1.A)

nuestro/a unser/e (I 3.B-T)

nueve neun (I 2.A-T)

nuevo/a neu (I 4.A-4)

nunca nie (I 5.A-T)

O

o (u) oder (I 7.A-9)

o sea … das heißt … , damit meine
ich … (II 4.A-T)

observar beobachten (II 4.A-2)

el obstáculo Hindernis (II 4.A-3)

obviamente (Adv.) / obvio/a (Adj.)
absolut, selbstverständlich (II 1.B)

la ocasión Gelegenheit, Anlass
(II 7.A-9)

ocho acht (I 2.A-T)

octavo/a achte/r (II 7.B)

el octubre Oktober (I 6.B-2)

ocuparse de sich kümmern um
(II 5.B-T)

odiar algo hassen (II 2.B-T)

el oeste Westen (II 5.A-4)

ofrecer anbieten (II 2.A-T)

oír hören (II 1.A-T)

ojalá hoffentlich, schön wär's (II 7.A-T)

el ojo Auge (II 4.A-T)

once elf (I 2.A-T)

el oncito Elfchen, Gedicht mit elf
Wörtern (II 7.A-13)

opcional optional, Wahl- (II 7.B)

opinar Meinung äußern, meinen
(II 5.A-1)

la opinión Meinung (II 2.A-1)

la oportunidad Chance,
Gelegenheit (II 3.A-T)

ordenado/a aufgeräumt (I 6.A-7)

el ordenador Computer (I 3.B-T)

ordenar aufräumen, ordnen (I 6.A-T)

la oreja Ohr (II 2.B-T)

la organización de jóvenes
Jugendorganisation (II 1)

organizar organisieren, einrichten
(I 6.A-T)

el origen Herkunft, Ursprung (II 3.A-6)

oscuro/a dunkel (I 8.B-4)

el otoño Herbst (II 1.A-2)

otra vez noch einmal (I 3.A-T)

otro/a ein anderer/anderes / eine
andere (I 4.A-T)

Oye Hör mal! (I 3.B-T)

P

el padre / papá Vater, Papa (I 2.A-T)

pagar bezahlen (II 2.B-11)

la página Seite (I 3.A-T)

el país Land (II 1.A-10)

el paisaje Landschaft (II 5)

la palabra Wort (I 3.A-T)

el palacio Palast (II 1.B)

pálido/a bleich (II 4.B-4)

Qué palo. Wie schrecklich! (II 6.B)

la pampa Pampa (argentinisches
Grasland) (II 5)

el pan Brot (I 7.A-T)

los pantalones Hose (I 8.B-1)

el papagayo Papagei (II 5)

la papelera Papierkorb (I 3.A-3)

el paquete Paket (II 2.A-T)

para für (I 1.A-T)

para nada überhaupt nicht (II 2.B-T)

la parada Haltestelle (I 8.A-8)

parar Halt machen (II 1.B),
aufhören (II 5.B-T)

pararse sich hinstellen, stehen
bleiben (II 3.B-T)

parecer aussehen wie (II 4.B-4)

la pared Wand (I 3.A-3)

el parque Park (I 1.B-T)

el parque acuático Erlebnisbad (II 2.A)

el parque de ocio Freizeitpark (II 2)

la parrilla Grillrost (II 5.B-6)

la parte Teil (II 1.B-3)

la participación Teilnahme (II 3.A)

participar teilnehmen (II 3.A)

el partido Spiel, Match (I 7.A-T)

la pasada Hit, Wahnsinn (I 5.A-T)

pasado/a vergangen, vorherig
(II 2.A-T)

pasar los sein, passieren,
verbringen (I 4.B-T)

pasar por vorbeischauen in,
vorbeigehen an (I 8.A-T)

pasarlo bomba eine tolle Zeit
haben (II 5.B-T)

pasárselo genial viel Spaß haben,
tolle Zeit haben (II 1.B)

pasear herumlaufen, spazieren
(II 6.A-T)

la pasta con salsa boloñesa Nudeln
mit Bolognese-Soße (II 2)

la pastilla Pille, Tablette (II 4.B-4)

la patata Kartoffel (I 7.B-T)

las patatas fritas Pommes Frites
(II 2.A-3)

patear treten, schießen (Ball) (II 4.A-T)

patinar Schlittschuh fahren (II 4.A-3)

el patio Schulhof, Innenhof (I 3.B-T)

la pausa Pause (II 7.B)

pedir bestellen, bitten (I 7.B-2)

el peinado Frisur (II 5.B-6)

peinarse kämmen (I 7.A-T)

pelearse streiten (I 7.A-T)

la película (peli) Film (I 5.A-2)

peligroso/a gefährlich (II 4.A-T)

las pelis románticas romantische
Filme (II 1.A)

el pelo Haar/e, Fell (I 4.A-T)

la pelota Ball (II 4.A-T)

Qué pena. Wie schade! (II 2.A-T)

pensar denken, vorhaben (II 2.A-1)

el pepino Gurke (II 2.A-6)

pequeño/a klein (I 4.A-T)

los peques Kinder (II 1.B-3)

la pera Birne (II 2.A-6)

perder verlieren (II 3.A-6)

perderse sich verlaufen (II 6.B-5)

perdérselo todo alles verpassen
(II 3.B-T)

Perdón Entschuldigung! (I 3.A-T)

el/la peregrino/a Pilger/in (II 1.A)

perezoso/a faul (II 6.A-6)

perfecto/a perfekt (I 8.A-8)

el periódico escolar Schülerzeitung
(II 3.B-8)

el / la periodista Zeitungs-
journalist/in (II 7.B-2)

el periquito Wellensittich (I 2.B-T)

pero aber (I 2.A-T)

la perra Hündin (I 2.B-T)

el perro Hund (I 2.B-T)

el perro caliente Hotdog (II 7.B)

la persona Person (I 4.A-T)

personal persönlich (II 3.A-7)

la pesadilla Albtraum (II 7.A-T)

pesado/a nervig (I 4.A-4)

el pescado Fisch (I 8.A-T)

el pescaíto frito frittierter Fisch
(II 6.A-6)

el pez (Pl: peces) Fisch (I 2.B-T)

el piano Klavier (II 3.A-7)

picante scharf (II 1.B-3)

picar scharf sein, auf der Zunge
brennen (II 1.B-3)

el pícnic Picknick (II 2.A-T)

el pie Fuß (I 8.A-10)

a pie zu Fuß (I 8.A-10)

la piel Haut (II 1.B)

la pierna Bein (II 4.B-3)

el / la piloto/a Pilot/in (I 2.A-T)

el pimiento Paprika (II 2.A-6)

la piña Ananas (II 2.A-6)

la piñata Piñata (II 1.B-3)

el pingüino Pinguin (II 5)

pintar anmalen (II 5.B-6)

el pionero Pionier; *hier:* 12- bis
15jährige Schüler (II 7.B)

la pirámide Pyramide (II 1.B-3)

pisar betreten (II 5.B-8)

la piscina Schwimmbad (II 1.B-6)

la pizarra Tafel (I 3.A-T)

el plan Plan (II 3.B-2)

planear algo planen (II 2.A-T)

las plantas exóticas exotische
Pflanzen (II 5.A-T)

el plátano Banane (I 7.A-T)

el plato Gericht (II 2)

el plato fuerte Hauptgericht (II 2.B-2)

la playa Strand (I 1.A-T)

la plaza Platz (I 1.B-T)

la pluma Füller (I 3)

pobre arm (I 4.B-T)

pobrecita die Arme! (II 2.B-T)

un poco (de) ein bisschen (von)
(I 2.A-T)

poco/a/os/as wenig/e, kaum (I 4.A-T)

a pocos metros de … ein paar Meter
entfernt von … (I 8.A-2)

poder können (I 5.B-T)

la poesía Poesie (I 7.A-13)

polaco polnisch (I 2.A-6)

el / la policía Polizist/in (II 6.B-6)

el polideportivo Sportanlage (I 5.A-T)

político,-a politisch, Politiker/in
(II 5.B-6)

el pollo Hähnchen (II 1.B-12)

pondrán punto final a … werden …
ein Ende setzen (II 6.A)

poner verbinden, zeigen, setzen,
stellen, legen (I 5.B-T)

poner la mesa den Tisch decken
(I 6.B-9)

ponerse la ropa anziehen (I 7.A-3)

popular beliebt, berühmt (II 6.A)

la popularidad Beliebtheit (II 3.A-8)

por wegen (II 2.A-T)

por aquí hier (II 1.A)

por ejemplo zum Beispiel (I 8.B-3)

por eso daher (II 1.A)

por favor bitte (I 1.B-T)

por fin endlich (I 3.B-T)

por internet im Internet, über
Internet (I 4.A-T)

por otro lado auf der anderen Seite
(II 2.A)

Por qué Warum? Weshalb? (I 4.B-T)

por supuesto selbstverständlich (II 1.A)

por todas partes überall (II 5.B-6)

Por un lado … por otro lado … Auf der einen Seite … auf der anderen Seite … (II 3.A-4)

porque weil (I 4.B-T)

la portada Portal (II 6)

portugués portugiesisch (I 2.A-6)

posarse posieren (für ein Foto) (II 5.B-5)

posible möglich (II 2.A-3)

el póster Poster (I 6.A-4)

el postre Nachtisch (II 2.B-T)

practicar deporte Sport treiben (II 4.A)

practicar el surf surfen (II 1.A)

practicar / hacer atletismo Leichtathletik machen (II 4.A)

preescolar Vorschule (II 7.B-4)

la preferencia Vorliebe (II 4.A)

preferir lieber mögen, bevorzugen (I 7.A-T)

preguntar a fragen (I 3.A-4)

el premio Preis (II 3.A-2)

las prendas de ropa Kleidungsstücke (II 5)

preocupado/a por besorgt um (II 4.A-2)

preparar vorbereiten (I 6.B-T)

presentar präsentieren, vorstellen (I 6.B-1)

presentarse para un examen Prüfung ablegen (II 7)

prestar (aus)leihen (II 2.A)

prestar atención aufpassen (II 4.B)

Qué presumido. Du Angeber! (II 3.B-8)

presumir de algo angeben mit (II 3.B-T)

preuniversitario/a Universitätsvorbereitung (II 7.B-4)

la primaria Grundschule (II 7.A-2)

la primavera Frühling (II 1.A-2)

primero zuerst, als erstes (I 7.A-T)

el / la primo/a Cousin/e (I 4)

la princesa Prinzessin (II 5.B-T)

principalmente vor allem (II 6.A)

al principio zu Beginn (II 4.A-13)

el probador Umkleidekabine (I 8.B-T)

probar probieren, versuchen (I 7.B-T)

probarse anprobieren (I 8.B-T)

la profesión Beruf (II 4.A-9)

el / la profesional Profi (II 4.B)

el profesor guía anleitender Lehrer (II 7.B)

el / la profesor/a (profe) Lehrer/in (I 3.A-T)

el programa Programm (II 3.A)

prometer versprechen (II 2.A-12)

el pronóstico (del tiempo) Wettervorhersage (II 1.A-2)

pronto bald, schnell (I 3)

la pronunciación Aussprache (II 3.A-10)

proponer algo vorschlagen (II 2)

a propósito A propos, übrigens (II 7.B)

el / la protagonista Hauptperson, Hauptdarsteller/in (II 3.A-6)

la provincia Provinz (Verwaltungsbezirk in Argentinien) (II 5.A-4)

la próxima vez nächstes Mal (II 1.B-3)

la prueba Probe, Test (II 6.A)

la prueba de vino Weinprobe (II 5.A-T)

las pruebas finales Abschlussprüfungen (II 7.A-T)

en público öffentlich, vor Publikum (II 3.A-T)

el pueblo Dorf (I 8.A-T)

el puente Brücke (I 8)

la puerta Tür (I 3.A-3)

el puerto Hafen (II 5.B-6)

pues also, nun ja (I 2.A-T)

el puesto Stand (I 8.A-T)

el puma Puma (II 5)

el punto Punkt (II 3.A-T)

el punto de encuentro Treffpunkt (II 6.B)

el punto de salida Ausgangspunkt (II 5.A-7)

la puntualidad Pünktlichkeit (II 7.B)

el puré Püree (II 2.B-T)

Q

Qué Was? Welche/r/s? (I 1.A-T)

Qué + … Wie …! Was für ein/e…! (I 2.A-T)

quedar (con alguien) sich (mit jemandem) verabreden, treffen (I 5), übrig bleiben, übrig sein (II 2.A-T)

quedarle bien a alguien jemandem gut stehen (I 8.B-T)

quedarse borracho betrunken werden (II 5.A-T)

quédate con … bleibe bei … (II 4.A-13)

quemado/a verbrannt, verkohlt, mit Sonnenbrand (II 2.B-T)

quemar (ver)brennen (II 1.A)

querer wollen, lieben (I 5.B-T)

querido/a liebe/r (I 7.B-T)

el queso Käse (I 7.B-T)

Quién(es) Wer? (I 4.A-T)

la química Chemie (II 7.A-6)

quince fünfzehn (I 2.A-T)

la Quinceañera 15. Geburtstag; ein 15jähriges Mädchen (II 5)

el quiosco Kiosk (I 8)

quizás vielleicht (II 5.B-T)

R

Qué rabia. Wie ärgerlich! (II 6.B)

la ración Portion (II 2.B-T)

rápidamente schnell (Adv.) (II 1.A)

rápido/a schnell (II 2.A-2)

el rato Weile (I 6.A-T)

tener razón Recht haben (I 4.B-T)

la reacción Reaktion (II 4.A-2)

reaccionar reagieren (II 4.B)

la receta casera Hausmittel (II 4.B-8)

rechazar algo ablehnen (II 2)

recibir erhalten, bekommen (II 3.A-2)

el recinto Bereich, Gelände (II 6.A)

reconocer wiedererkennen (II 5.B-6)

el recorrido Tour (II 5.A-T)

el recreo Pause (I 3.B-T)

el recuerdo Erinnerung (II 1.A)

Recuerdos a todos. Grüße an alle! (II 1.A)

redactar textos Texte verfassen (II 7)

refrescante erfrischend (II 2.A-2)

el refresco Erfrischung (II 6.B)

regalar schenken (II 2.A-9)

regresar zurückkehren (II 3.A-6)

regular mittelmäßig (I 1.A-2)

la relación Beziehung (II 4.A-9)

relajado/a entspannt (II 2.A-2)

relajarse sich entspannen (II 7.A-T)

el remedio Heilmittel (II 4.B-8)

rentar un coche ein Auto mieten (II 5.A-7)

repartir ver-, austeilen (II 2.A-T)

de repente plötzlich (II 4.A-13)

repipi etepetete, eingebildet (II 4.A-13)

la res Rind (II 2.B-2)

reservar reservieren, vormerken (II 5.A-7)

el resfriado Erkältung (II 4.B-8)

el restaurante Restaurant (I 1.B-T)

el resultado Ergebnis (II 7.A-T)

resultar gelingen, sich herausstellen (II 3.B-T)

revisar überprüfen, nachsehen (I 3.A-T)

la revista Zeitschrift (I 6.A-4)

el revolucionario Revolutionär (II 7.B-2)

el rey König (II 4.A-9)

los Reyes de España spanisches Königspaar (II 6.A-9)

rico/a lecker (I 7.B-T), reich (II 4.A-9)

el rinoceronte Nashorn (II 5)

el río Fluss (I 1.B-T)

el ritmo Rhythmus (II 3.A-7)

el pelo rizado krauses Haar, lockiges Haar (I 4.A-6)

robar klauen (II 6.B)

la rodilla Knie (II 4.B-3)

rojo/a rot (I 8.B-1)

Qué rollo. Wie langweilig! (II 1.A)

Roma Rom (II 5.B-6)

romano/a römisch (II 3.A-10)

romper kaputt machen, zerschlagen (II 1.B-3)

romperse algo sich etwas brechen (II 4.A-T)

la ropa ligera / gruesa Kleidung (I 7.A-3) (leicht / warm) (II 5.A-4)

rosa rosa (I 8.B-4)

rubio/a blond (I 4.A-T)
las ruedas Räder, Reifen (II 6.B-7)
el ruido Lärm (II 5.B-4)
ruso russisch (I 2.A-6)
la ruta Straße, Strecke, Weg (II 4.A-13)

S

el sábado Samstag (I 5.B-T)
saber wissen, können (II 2.A-T)
saber a schmecken nach (II 2.B-12)
el sabor Geschmack, Sorte (II 2.B-T)
el sacapuntas Anspitzer (I 3.A-3)
sacar herausholen, herausnehmen (I 6.B-9)
sacar fotos Fotos machen (II 3.B-T)
sacar una nota eine Note bekommen (II 7.A-5)
el safari Safari (II 5.A-T)
sagrado/a heilig (II 1.B-3)
la sal Salz (I 7.B-T)
salado/a salzig (II 2.B-10)
la salchicha Wurst (II 1.B)
salir ausgehen, herauskommen (I 7.A-T)
salir bien gute Ergebnisse herausbekommen (II 7.A-3)
el salmón Lachs (II 2.B-2)
la salsa Soße (II 2.B-2)
saltar springen (II 4.A-T)
el saludo Gruß (II 1.A)
salvaje wild (II 1.B-3)
la sandía Wassermelone (II 2.A-6)
sangrar bluten (II 4.B)
el saxofón Saxophon (II 3.A-7)
se ve … es sieht … aus (II 4.A-T)
secreto/a geheim (II 5.A-7)
la secundaria weiterführende Schule (II 7.A-2)
en seguida sofort (II 2.B-T)
seguir weitergehen, weitermachen (II 5.A-T)
según laut, nach, … zufolge (II 5.B-6)
seguro/a sicher (II 2.A-2)
seis sechs (I 2.A-T)
la Selección Nacional Auswahl, *hier:* Nationalmannschaft (II 5.B-6)
el Selfie Selfie (II 5.B-5)
la semana Woche (II 2.A-T)
sencillo/a einfach, schlicht (I 8.B-3)
el senderismo Wandern (II 1.A-7)
el señor Herr (II 5.B-6)
la señora Dame, Frau (II 5.B-6)
sentarse hinsetzen (I 7.B-T)
sentirse sich fühlen (II 4.B-4)
separado/a getrennt (II 7.A-2)
el septiembre September (I 6.B-2)
séptimo/a siebte/r (II 7.B)
ser sein (I 2.B-T)
la serie de televisión Fernsehserie (II 3.A-6)
en serio ernsthaft, wirklich (II 1.B-3)

la serpentina Serpentine, scharfe Kurve (II 5.A-T)
serrano/a getrocknet (II 2.B-9)
servir servieren (II 5.B-5)
la Sevillana typischer Tanz aus Sevilla (II 6)
sexto/a sechste/r (II 7.B-4)
el show Show (II 3.A)
si wenn, ob, falls (I 5.B-T)
sí ja (I 1.A-T)
siempre immer (I 5.A-T)
la sierra Gebirge (II 5.A-T)
siete sieben (I 2.A-T)
el siglo Jahrhundert (II 1.B-3)
el silencio Stille, Ruhe (I 3.A-T)
la silla Stuhl (I 3.A-3)
el sillón Sessel (I 6.A-2)
simpático/a sympathisch, nett (I 4.A-T)
sin ohne; ~frei (I 4.A-T)
sin falta auf jeden Fall (II 7.A-T)
sino sondern (II 7.A-12)
el síntoma Symptom, Krankheitsanzeichen (II 4.B-8)
el sistema escolar Schulsystem (II 7)
el sitio Ort (II 5.B-T)
estar situado/a en …/al … sich befinden (II 5)
el slacklining slacklinen (II 4.A-13)
sobre las 00.00 gegen 00.00 Uhr (II 6.A)
sobre todo vor allem (I 5.A-T)
el sobresaliente sehr gut, überragend (Note) (II 7.A-T)
el socio Mitglied, Gesellschafter (II 6.A)
Socorro Hilfe! (II 4.A-13)
el sofá Sofa (I 6.A-2)
el sol Sonne (I 1.A-T)
soler hacer algo normalerweise tun, pflegen (II 5.B-9)
solicitar algo sich um etwas bewerben (II 3.A)
el sollozo Seufzer, Schluchzen (II 7.A-T)
sólo nur (I 4.A-T)
solo/a allein, einsam (I 4.B-T)
soltarse sich losreißen (II 4.A-13)
sonar klingen, sich anhören (II 2.A)
la sopa Suppe (II 1.B-6) (II 2.B-2)
la sorpresa Überraschung (II 3.A-10)
soso/a fad, geschmacklos, langweilig (II 2.B-T)
su sein/e, ihr/e (I 3.A-3)
la subida Aufstieg (II 1.B-3)
subir hinaufsteigen (II 1.B-3)
Suecia Schweden (II 1)
el suelo Boden (I 3.A-3)
el sueño Traum (II 5.B-T)
la suerte Glück (I 6.B-T)
la mala suerte das Pech (II 4.B-6)
por suerte zum Glück (I 6.B-T)
Qué suerte Was für ein Glück! (I 6.B-T)
el suficiente ausreichend (Note) (II 7.A-T)

Suiza Schweiz (II 1)
súper sehr, total (I 8.B-T)
Súper chido. Super toll! (mex.) (II 1.B-3)
superar algo überwinden (II 4.A-3)
el supermercado, el súper Supermarkt (I 7.B-T)
la suposición Annahme (II 7.B-3)
el sur Süden (II 5.A-4)
el sureste Südosten (II 5.A)
el suroeste Südwesten (II 5.A)
Qué susto Was für ein Schreck! (II 4.A)

T

el tablet Tablet-PC (II 2.A)
los tacones (altos) (hohe) Absätze (II 5.B-1)
Qué tal Wie geht's? (I 1.A-T)
tal vez vielleicht (I 4.B-T)
el talento Talent (Person und Fähigkeit) (II 3.A-2)
la talla Kleidergröße (I 8.B-T)
también auch (I 1.A-T)
tampoco auch nicht (I 4.B-T)
el tango Tango (II 5.B-6)
tanto/a so sehr, so viel (II 1.B-3)
las tapas Häppchen, Tapas (I 1.A-T)
ir de tapas Tapas essen gehen (I 7.B-T)
el tapir Tapir (II 5)
la taquilla norte nördlicher Kassenschalter (II 2.A-T)
la tarde Nachmittag (I 5.B-T)
por la tarde nachmittags (I 5.B-T)
tarde spät (II 2.A-10)
la tarea Aufgabe (II 7.A-T)
la tarta con velas Geburtstagskuchen mit Kerzen darauf (II 2)
el taxi Taxi (I 1.A-T)
el té Tee (II 5.B-6)
el teatro Theater (I 8.A-T)
la tela Stoff (II 6.A-T)
la tele(visión) Fernsehen (I 5)
el teléfono Telefon (I 5)
televisivo/a Fernseh- (II 3.A-2)
el televisor Fernseher (I 6.A-2)
la temporada Staffel (II 3.A-6)
temprano früh (I 7.A-4)
tener haben (I 2.A-T)
tener lugar stattfinden (II 3.B)
tener que müssen (I 6.A-T)
tener que ir al baño auf Toilette müssen (I 3.B-T)
tener razón Recht haben (II 5.A-T)
tener un/a hijo/a ein Kind bekommen (II 4.A-9)
terminar aufhören, beenden (I 7.A-T)
terminar la relación Beziehung beenden (II 4.A-9)
la terraza Terrasse (I 6.A-9)
el texto Text (I 6.A-2)
tía idiota Blöde Ziege (II 4.A-T)
el tiempo Zeit, Wetter (I 4.B-11)

el tiempo libre Freizeit (II 3.A)

la tienda Geschäft, Laden (I 6.A-T)

el tinto de verano Sommerwein:
      Mix aus Rotwein und
      Zitronenlimonade (II 1.B-6)

el / la tío/a Onkel, Tante (I 4)

típico/a typisch (II 1.A)

el tipo Typ, Art (II 7.A-2)

el tipo de música Musikrichtung
      (II 3.A)

tirar ziehen (II 2.B-T), werfen (II 4.A-3)

la tiza Kreide (I 3.A-3)

la toalla Handtuch (II 5.A-4)

el tobillo Knöchel (II 4.B-3)

el tobogán Rutsche (II 2.A-2)

tocar spielen (Instrument),
      anfassen (I 5)

de todas maneras auf jeden Fall
      (II 7.A-T)

todavía (immer) noch (I 6.B-9)

todo alles (I 6.A-T)

(haber) de todo alles Mögliche
      (geben) (I 8.A-T)

todo el / toda la ganze/r/s (I 6.A-T)

todo recto geradeaus (II 5.A-7)

todo(s/as) alle(s) (I 4.A-T)

todos los días jeden Tag (I 5.A-7)

tomar bestellen, nehmen (I 7.B-T)

tomar el sol sich sonnen (II 1.A)

el tomate Tomate (I 7.B-11)

tonto/a dumm (II 4.B)

la torre Turm (I 1.B-T)

las torrijas arme Ritter (II 2.A-10)

la torta arg.: Torte (II 5.B-5)

la tortilla Tortilla (I 3.B-T)

la tortuga Schildkröte (II 5)

en total insgesamt (II 3.A-2)

trabajar arbeiten (I 2.A-T)

el trabajo Arbeit (I 4.B-T)

la tradición Tradition (II 5.B-9)

tradicional traditionell (II 5.B-6)

traer bringen (I 7.B-T)

el traje Tracht (II 6)

el traje de gitana con volantes
      typisches schwingendes
      Flamencokleid im Zigeunerstil (II 6)

tranqui ruhig (ugs.) (II 4.B)

tranquilo/a ruhig (I 4.A-T)

tratar de algo handeln von (II 3.A-7)

tratar de hacer algo versuchen,
      zu tun (II 4.B-4)

trece dreizehn (I 2.A-T)

el tren Zug (I 8.A-10)

tres drei (I 2.A-T)

el trimestre Trimester (II 7.A-2)

triste traurig (I 4.B-T)

la trompeta Trompete (II 3.A-7)

tropezar con stolpern (II 4.A-T)

tu dein/e (I 3.A-T)

tú du (I 1.A-T)

el tucán Tukan (II 5)

turco türkisch (I 2.A-6)

el / la turista Tourist/in (I 1.A-T)

el turno Einheit, Schicht (II 7.B)

turquesa türkis (II 5.B-5)

Turquía Türkei (II 1)

U

último/a letzte/r/s (II 2.A-11)

un / una ein / e (I 2.A-T)

único/a einzig(artig) (II 6.B-2)

el uniforme Uniform (II 7.B)

uno eins (I 2.A-T)

usar benutzen (I 3.B-T)

usted/es Sie (I 2.A-5)

la uva Traube (II 2.A-6)

V

Qué va Ach was! Blödsinn! (I 3.B-T)

la vaca Kuh (II 5.B-6)

las vacaciones Ferien (I 7.A-6)

vale okay, einverstanden (I 1.A-T)

valiente mutig (II 2.A-2)

el vals Walzer (II 5.B-4)

Vamos Los geht's! (I 1.B-T)

los vaqueros Jeans (I 8.B-1)

el vaso Glas (I 6.A-6)

Vaya susto Was für ein Schreck (II 4.B)

a veces manchmal (I 4.B-T)

el / la vecino/a Nachbar/in (I 8.A-7)

ser vegetariano/a Vegetarier/in
      sein (II 2.B-T)

veinte zwanzig (I 2.A-T)

la velocidad Geschwindigkeit (II 2.A-2)

el vendaje Bandage (II 4.B-3)

el / la vendedor/a Verkäufer/in (I 8.B-T)

vender verkaufen (II 6.B-7)

Venga Los! Macht schon! (II 4.A-T)

venir kommen (I 6.B-1)

la ventana Fenster (I 3.A-T)

a ver mal sehen (I 3)

ver sehen (I 5)

el verano Sommer (II 1.A-2)

la verdad Wahrheit (I 8.A-T)

verde grün (I 8.B-4)

la verdura Gemüse (I 8.A-T)

el vestido Kleid (I 8.B-1)

la vez / primera vez (erstes) Mal (II 2.A)

viajar reisen (II 1.B)

el viaje Reise (II 1.B)

la vida Leben (I 7.A)

el vídeo Video (I 3.B-T)

el vídeo de solicitud
      Bewerbungsvideo (II 3.A)

el videojuego Videospiel (I 6.A-T)

viejo/a alt (II 1.B-6)

el viento Wind (II 1.A)

el viernes Freitag (I 5.B-T)

el vinagre Essig (II 2.B-2)

el viñedo Weinberg (II 5.A-T)

violeta violett (I 8.B-4)

el violín Geige (II 3.A-7)

la visita Besuch (I 5.B-T)

visitar besuchen (I 7)

la vista Ausblick, Aussicht (II 1.B)

la vitrina Vitrine, Glasschrank (I 6.A-2)

vivir leben, wohnen (I 3.A-T)

en vivo live (II 3.B-T)

el volcán Vulkan (II 1.B-3)

el voleibol Volleyball (I 5)

volver zurückkehren (II 1)

volver a hacer algo wieder tun
      (II 7.A-T)

la voz die Stimme (II 3.A-T)

Y

y (e) und (I 1.A-T)

y cuarto viertel nach (I 5.B-T)

y eso que und das, obwohl … (II 7.A-T)

y media halb (I 5.B-T)

ya schon, gleich (I 3.A-T)

ya no nicht mehr (II 2.A)

yo ich (I 1.A-T)

el yogur Joghurt (II 7.B)

Z

las zapatillas Turnschuhe (I 8.B-1)

los zapatos Schuhe (II 5.B-T)

el Zócalo zentraler Platz in Städten
      Mexikos (II 1.B-3)

la zona general allgemeine Zone,
      Bereich im Stadion ohne
      Sitzplätze (II 3.B-T)

el zumo Saft (I 6.B-T)

Diccionario alemán – español

A

abbiegen girar (II 5.A-7)
Abendessen la cena (II 6.A)
zu Abend essen cenar (I 2.A-T)
aber pero (I 2.A-T)
Abitur ≈ el bachillerato (II 7.A-2)
(hohe) Absätze los tacones
    (altos) (II 5.B-1)
abschreiben copiar (II 7.A-T)
absolut en absoluto (II 3.A-4)
abstoßend asqueroso/a (II 2.B-T)
acht ocho (I 2.A-T)
achzehn dieciocho (I 2.A-T)
Adresse la dirección (I 6.B-1)
aktiv activo/a (I 4.A-T)
Akzent el acento (II 1.B)
Albtraum la pesadilla (II 7.A-T)
Alkohol el alcohol (II 6.B)
alles Mögliche (geben) (haber) de
    todo (I 8.A-T)
alle(s) todo(s/as) (I 4.A-T)
das ist alles es todo (II 2.A-7)
allergisch sein ser alérgico/a
    a algo (II 2.B-T)
alles todo (I 6.A-T)
alt viejo/a (II 1.B-6)
alt, antik antiguo/a (I 8.A-T)
Altstadt el centro histórico (II 6.A-9)
am Ende von al final de (I 3.B-T)
Ananas la piña (II 2.A-6)
anbieten ofrecer (II 2.A-T)
andalusisch andaluz,
    Pl: andaluces (II 6.A-T)
ändern cambiar (II 3.A-6)
anfassen tocar (I 5)
angeben mit presumir de algo (II 3.B-T)
angrenzen an limitar con (II 5)
Angst el miedo (II 2.A-2)
ankommen llegar (I 6.A-T)
anmalen pintar (II 5.B-6)
anprobieren probarse (I 8.B-T)
anrufen llamar por teléfono (I 5.B-T)
anschließen, treffen juntarse
    con (II 6.B)
Anspitzer el sacapuntas (I 3.A-3)
anstrengen esforzarse (II 7.A-T)
anstrengend agotador/a (II 1.A)
anziehen ponerse la ropa (I 7.A-3)
anzünden, anschalten encender (II 6.A)
April el abril (I 6.B-2)
Arbeit el trabajo (I 4.B-T)
arbeiten trabajar (I 2.A-T)
argentinisch, Argentinier/in
    argentino/a (II 3.A-6)
Wie ärgerlich! Qué rabia. (II 6.B)
Arm el brazo (II 4.B-3)
arm pobre (I 4.B-T)
arme Ritter las torrijas (II 2.A-10)
Arzt el médico (II 4.B)

auch también (I 1.A-T)
auch nicht tampoco (I 4.B-T)
auf encima de (I 6)
Aufgabe la tarea (II 7.A-T)
aufgeräumt ordenado/a (I 6.A-7)
aufhören parar (II 5.B-T)
aufhören, beenden terminar (I 7.A-T)
aufpassen prestar atención (II 4.B)
aufstehen levantarse (I 7.A-T)
aufwachen despertarse (I 7.A-3)
Auge el ojo (II 4.A-T)
August el agosto (I 6.B-2)
aus de (I 1.B-T)
ausflippen, ganz begeistert sein
    flipar (II 2.A-T)
ausgehen, herauskommen
    salir (I 7.A-T)
aushalten aguantar (II 5.A-T)
ausreichend (Note)
    el suficiente (II 7.A-T)
ausruhen descansar (I 5)
ausschalten, löschen apagar (II 6.A)
außer menos (II 2.A)
außerdem además (I 4.B-T)
es sieht … aus se ve … (II 4.A-T)
Aussicht la vista (II 1.B)
auswählen, aussuchen elegir (II 5.B-T)
auswendig lernen aprender algo de
    memoria (II 7)
Auto el coche (I 8.A-8)
Avocado el aguacate (II 2.A-6)

B

baden bañarse (I 7.A-3)
Bahnhof la estación (I 8.A-9)
Balkon el balcón (I 6.A-9)
Ball la pelota (II 4.A-T)
Ballsportarten los juegos de
    pelota (II 4.A)
Banane el plátano (I 7.A-T)
Basketball el baloncesto (I 5)
Bauernhof la granja (I 4.B-T)
Baum el árbol (II 4.A-13)
beeindruckend impresionante (I 8.A-T)
befinden estar situado/a en …/
    al … (II 5)
es befindet/n sich hay (I 3.A-T)
beginnen empezar (I 3.A-T)
begleiten acompañar (II 5.B-T)
beide ambos/as (II 2.A-2)
Beilage el aderezo (II 2.B-2)
Bein la pierna (II 4.B-3)
beinhalten incluir (I 2.A-T)
zum Beispiel por ejemplo (I 8.B-3)
bekommen recibir (II 3.A-2)
belegtes Brötchen el bocadillo (I 3.B-T)
beliebt, berühmt popular (II 6.A)
Ich beneide dich! Qué envidia (II 1.B-3)
benutzen usar (I 3.B-T)

bequem cómodo/a (I 8.B-3)
Bereich im Stadion ohne Sitzplätze
    la zona general (II 3.B-T)
Berg la montaña (II 5)
Beruf la profesión (II 4.A-9)
berühmt famoso/a (I 8.A-T)
besonders especial (II 1.B-3)
besorgt um preocupado/a
    por (II 4.A-2)
(eine Prüfung) bestehen aprobar
    (un examen) (II 7.A-T)
bestehend aus compuesto/a
    por (II 6.A)
Besuch la visita (I 5.B-T)
zu Besuch sein estar de visita (I 5.B-T)
besuchen visitar (I 7)
betreten entrar (I 3.A-T)
betrunken werden quedarse
    borracho (II 5.A-T)
Bett la cama (I 5.B-4)
bevor antes (de) (I 7.A-T)
bevorzugen preferir (I 7.A-T)
sich bewegen moverse (II 3.B-8)
bewerben um solicitar algo (II 3.A)
Bewerbungsvideo el vídeo de
    solicitud (II 3.A)
Es ist bewölkt. Hay nubes. (II 1.A)
bezahlen pagar (II 2.B-11)
Beziehung la relación (II 4.A-9)
Beziehung beenden terminar la
    relación (II 4.A-9)
Bibliothek la biblioteca (I 3.B-T)
Bild el cuadro (I 6.A-2)
bilden, zusammen darstellen
    componer algo (II 6.A)
Bildung la educación (II 4.A-9)
billig, günstig barato/a (I 8.B-T)
Birne la pera (II 2.A-6)
Bis bald! Hasta pronto (I 3)
Bis morgen! Hasta mañana (I 2.A-T)
Bis später! Hasta luego (I 1.A-9)
bitte por favor (I 1.B-T)
bitten pedir (I 7.B-2)
bitter amargo/a (II 2.B-10)
blau azul (I 8.B-4)
bleich pálido/a (II 4.B-4)
Bleistift el lápiz (Pl: lápices) (I 3)
Blödsinn! Qué va (I 3.B-T)
Blog el blog (I 3.B-T)
blond rubio/a (I 4.A-T)
Blume la flor (I 8.A-T)
Bluse la blusa (I 8.B-1)
bluten sangrar (II 4.B)
Boden el suelo (I 3.A-3)
böse mit jemandem sein echarle
    bronca a alguien (I 8.B-T)
Bowlingbahn la bolera (I 5)
Brauch la costumbre (II 1.A-12) (II 2)
brauchen necesitar (I 3)

braun marrón (I 8.B-4)
braun (Haare) castaño/a (I 4.A-6)
brechen (Knochen) romperse
    algo (II 4.A-T)
bringen traer (I 7.B-T)
Broschüre, Informationsflyer el
    folleto (II 1.A-12) (II 6.A-T)
Brot el pan (I 7.A-T)
Brücke el puente (I 8)
Bruder / Schwester el / la
    hermano/a (I 2.A-T)
Buch el libro (I 3)
Bühne el escenario (II 3.B-T)
Bürgermeister el alcalde (II 6.A)
Bus el autobús (I 8.A-8)

C

Café el bar (I 1.B-T) el café (I 1.B-T)
Campingplatz el camping (II 1)
(Euro-)Cent el céntimo (II 2.A-7)
Champignon el champiñón (II 2.B-2)
chaotisch despistado/a (II 6.B)
Charakter el carácter (II 3.A-10)
chatten chatear (I 5)
Chemie la química (II 7.A-6)
Computer el ordenador (I 3.B-T)
Cousin/e el / la primo/a (I 4)
cremig cremoso/a (II 2.B-5)

D

da drüben allí (I 6.A-T)
da ist Platz hay lugar (I 6.A-T)
dafür a favor (II 3.A-3)
dagegen en contra (II 3.A-3)
daher por eso (II 1.A)
Dame, Frau la señora (II 5.B-6)
Dänemark Dinamarca (II 1)
danke gracias (I 2.A-T)
dann entonces (I 2.A-T)
Datum la fecha (I 6.B-2)
dauern durar (II 5.B-T)
dazugeben echar (II 2.B-9)
dein/e tu (I 3.A-T)
den Mund halten callarse (II 4.A-T)
den Tisch decken poner la
    mesa (I 6.B-9)
denken, vorhaben pensar (II 2.A-1)
Denkmal el monumento (I 8)
deprimiert deprimido/a (II 4.A-2)
deuten auf mostrar (II 4.B-3)
deutsch (auch Sprache) alemán/
    alemana (I 1.A-T)
Deutschland Alemania (I 1.A-T)
Dezember el diciembre (I 6.B-2)
Dienstag el martes (I 5.B-T)
diese/r este/a (I 1.B-T)
diese/r da ese/esa (I 8.B-T)
Disco el club (II 5.B-T)
Doktor el doctor (II 4.B-4)
Donnerstag el jueves (I 5.B-T)
Dorf el pueblo (I 8.A-T)
Dose la lata (II 2.A-6)
draußen al aire libre (II 5.B-T)

drei tres (I 2.A-T)
dreizehn trece (I 2.A-T)
drinnen dentro de (I 8.A-T)
du tú (I 1.A-T)
Du Angeber! Qué presumido (II 3.B-8)
dumm tonto/a (II 4.B)
dunkel oscuro/a (I 8.B-4)
dunkel (Haare oder Haut)
    moreno/a (I 4.A-T) (II 1.B)
Durcheinander el lío (I 6)
durcheinander desarreglado/a (II 6.B-3)
durchhalten aguantar algo (II 5.A-T)
duschen ducharse (I 7.A-T)

E

Ecke la esquina (II 6.B)
egal igual (II 6.B-10)
egal welche/r cualquier/a (II 2.A-T)
Ei el huevo (I 7.B-T)
ein anderer/anderes / eine andere
    otro/a (I 4.A-T)
ein Auto mieten rentar un
    coche (II 5.A-7)
ein bisschen (von)
    un poco (de) (I 2.A-T)
ein halbes Kilo … medio kilo
    de … (II 2.A-6)
ein Kind bekommen tener un/a
    hijo/a (II 4.A-9)
ein paar Meter entfernt von …
    a pocos metros de … (I 8.A-2)
ein/e un / una (I 2.A-T)
eine Note bekommen sacar una
    nota (II 7.A-5)
eine tolle Zeit haben pasarlo
    bomba (II 5.B-T)
einfach, leicht fácil (II 3.A-10)
einfach, schlicht sencillo/a (I 8.B-3)
Einfluss la influencia (II 3.A-8)
einige (ca. XX) Kilometer entfernt
    sein von … estar a unos (XX)
    kilómetros de … (II 1.B-3)
einkaufen gehen hacer la(s)
    compra(s) (I 7.B-T)
einkaufen gehen ir de compras (I 5)
Einkaufsliste la lista de la
    compra (I 6.B-T)
Einkaufszentrum el centro
    comercial (II 1)
einladen invitar (I 6.B-1)
Einladung la invitación (I 6.B-1)
auf einmal, am Stück de una
    vez (II 2.B-T)
einrichten organizar (I 6.A-T)
eins uno (I 2.A-T)
einsam solo/a (I 4.B-T)
einschalten activar (II 6.A)
einschreiben inscribirse (II 3.A-T)
Einverstanden vale (I 1.A-T)
einverstanden sein estar de
    acuerdo (II 2.A-9)
Einwanderer el inmigrante (II 5.B-6)

Eis (Speiseeis) el helado (I 1.A-T)
Eis, Glätte el hielo (II 1.A)
Eiscafé la heladería (I 1.B-T)
Elefant el elefante (II 5)
elegant elegante (I 8.B-3)
elf once (I 2.A-T)
E-Mail el correo (electrónico) (I 4.A-4)
endlich por fin (I 3.B-T)
englisch inglés (I 2.A-6)
Enkel/in el / la nieto/a (I 4)
entdecken descubrir (II 5)
entfernen von alejarse de (II 6.B)
entscheiden decidir (II 5.B-1)
Entschuldigung! Perdón (I 3.A-T)
entspannen relajarse (II 7.A-T)
entspannt relajado/a (II 2.A-2)
Erbsen los guisantes (II 2.A-6)
Erdbeere la fresa (II 2.A-6)
Erfahrung la experiencia (II 1)
Erfolg el éxito (II 3.A-6)
erfrischend refrescante (II 2.A-2)
Erfrischung el refresco (II 6.B)
Ergebnis el resultado (II 7.A-T)
erinnern acordarse (II 1.B-3)
Erinnerung el recuerdo (II 1.A)
Erkältung el resfriado (II 4.B-8)
erklären explicar (II 4.A-2)
Erlebnisbad el parque acuático (II 2.A)
erreichen lograr (II 4.A-10)
errichten construir (II 5.B-6)
Errungenschaft el logro (II 4.A-9)
erschrocken asustado/a (II 4.A-2)
erst neulich, vor kurzem hace
    rato (II 3.B-T)
als Erwachsener de adulto (II 4.A-9)
Es ist so, dass … Es que … (I 2.A-T)
es kommt darauf an, ob … /
    es kommt auf … an
    depende de (II 6.A-9)
essen comer (I 3.B-T)
Essen la comida (I 6.B-T)
zu Abend essen cenar (I 2.A-T)
Essig el vinagre (II 2.B-2)
etwas algo (I 6.B-T)
Europäer/in; europäisch
    europeo/a (II 5.A-T)
Exkursion la excursión (I 5.B-4)
Experimente los experimentos (II 7)

F

fade, langweilig soso/a (II 2.B-T)
Fahrrad la bici(cleta) (I 8.A-10)
auf jeden Fall de todas
    maneras (II 7.A-T)
falls si (I 5.B-T)
Familie la familia (I 1.A-T)
Fan el / la aficionado/a (II 3.B-8)
Farbe el color (I 8.A-T)
fast casi (I 7.A-T)
faul perezoso/a (II 6.A-6)
Februar el febrero (I 6.B-2)
fehlen faltar (I 6.B-T)

Feier la fiesta (I 4.A-T)

feiern celebrar (I 6.B-1)

Feld el campo (I 4.B-T)

Fell el pelo (I 4.A-T)

Fenster la ventana (I 3.A-T)

Ferien las vacaciones (I 7.A-6)

Ferienwohnung el apartamento para las vacaciones (II 1)

Fernsehen la tele(visión) (I 5)

Fernseher el televisor (I 6.A-2)

feste Freunde el / la novio/a (I 4)

fettig, fetthaltig grasoso/a (II 2.B-T)

Feuerwerk los fuegos artificiales (II 6.A)

Fieber la fiebre (II 4.B-8)

Film la película (peli) (I 5.A-2)

Finale la final (II 3.A-2)

finden encontrar (I 5.B-T)

Finger el dedo (II 4.B-3)

Fisch el pescado (I 8.A-T)

Fisch el pez (Pl: peces) (I 2.B-T)

Fitnessstudio el gimnasio (I 3.B-T)

Flamenco el flamenco (I 1.A-T)

Flasche la botella (II 2.A-6)

Fleisch la carne (II 1.B-3)

Flipflops, Gummisandalen las chanclas (II 5.A-4)

Flohmarkt el mercadillo (I 8.B-T)

Flughafen el aeropuerto (II 5.A-7)

Flugzeug el avión (I 8.A-10)

Fluss el río (I 1.B-T)

formell formal (I 8.B-3)

Forum el foro (I 7)

Foto la foto(grafía) (I 4.A-T)

Fotoalbum el álbum de fotos (II 1)

Fotos machen sacar fotos (II 3.B-T)

fragen preguntar a (I 3.A-4)

Frankreich Francia (II 1)

französisch francés (I 2.A-6)

Frau la mujer (I 4.A-T), la señora (II 5.B-6)

frei libre (I 7.B-T)

Freitag el viernes (I 5.B-T)

Freizeitpark el parque de ocio (II 2)

Ich freue mich! Qué alegría (II 5.B-T)

Freund/in el / la amigo/a (I 1.A-T)

freundlich amable (II 1.A-7)

Frisur el peinado (II 5.B-T)

frittierter Fisch el pescaíto frito (II 6.A-6)

frittiertes Spritzgebäck los churros (I 7.B-T)

fröhlich alegre (I 4.B-T)

früh temprano (I 7.A-4)

Frühling la primavera (II 1.A-2)

Frühstück el desayuno (I 7.A-T)

frühstücken desayunar (I 6.A-T)

fühlen sentirse (II 4.B-4)

Füller la pluma (I 3)

fünf cinco (I 2.A-T)

fünfzehn quince (I 2.A-T)

für para (I 1.A-T)

Fuß el pie (I 8.A-10)

zu Fuß a pie (I 8.A-10)

Fußball el fútbol (I 1.A-T)

Futur el futuro (II 3.A)

G

ganze/r/s todo el / toda la (I 6.A-T)

gar nicht nada (I 5.A-T)

Garage el garaje (I 6.A-9)

Garten el jardín (I 6.A-9)

Gast el / la invitado/a (I 6.B-1)

Gebäckstück el bollo (I 3.B-T)

geben dar (II 2.A-7)

Gebirge la montaña (II 5), la sierra (II 5.A-T)

geboren werden nacer (II 4.A-9)

Geburtstag el cumple(años) (I 4.A-T)

Geburtstagskuchen mit Kerzen darauf la tarta con velas (II 2)

gefährlich peligroso/a (II 4.A-T)

jemandem gefallen gustarle a alguien (I 5)

jemandem sehr gefallen encantarle a alguien (I 5.A-T)

es würde mir gefallen me encantaría (II 5.A-T)

gegen 00.00 Uhr sobre las 00.00 (II 6.A)

gegenüber enfrente de (I 6)

geheim secreto/a (II 5.A-7)

gehen ir (I 5)

Wie geht's? Qué tal (I 1.A-T)

Geige el violín (II 3.A-7)

Gelände el recinto (II 6.A)

gelangweilt aburrido/a (I 4.B-T)

gelb amarillo/a (I 8.B-4)

Geld el dinero (II 5.A-8)

Gelegenheit la oportunidad (II 3.A-T)

Gelegenheit, Anlass la ocasión (II 7.A-9)

gemäßigt, mittelmäßig, moderat moderado/a (II 2.A-2)

Wie gemein! Qué barbaridad. (II 1.A)

Gemüse la verdura (I 8.A-T)

genießen disfrutar de algo (II 1.B-3)

gerade getan haben acabar de hacer algo (II 5.A-T)

geradeaus todo recto (II 5.A-7)

gerecht justo/a (II 6.B)

Gericht el plato (II 2)

Gern geschehen! de nada (I 8.A-8)

Geschichte la historia (II 4.B-7)

Geschmack el gusto (II 2.B-10)

Geschwister los hermanos (I 2.A-T)

gestern ayer (II 2.A-7)

Getränk la bebida (I 6.B-T)

getrennt separado/a (II 7.A-2)

Es gibt ein Gewitter. Hay una tormenta. (II 1.A)

etwas gewinnen ganarse (II 3.A-T)

gewöhnen an acostumbrarse a (II 1.B-3)

Gitarre la guitarra (I 5)

Glas el vaso (II 6.A-6)

Glasschrank la vitrina (I 6.A-2)

glattes Haar el pelo liso (I 4.A-6)

glauben, dass creer que (I 6.B-9)

gleich ya (I 3.A-T)

gleichzeitig al mismo tiempo (II 4.A-T)

Glück la suerte (I 6.B-T)

Was für ein Glück! Qué suerte (I 6.B-T)

zum Glück por suerte (I 6.B-T)

glücklich feliz, Pl: felices (II 1.A)

Glückwünsche las felicitaciones (II 7.A-T)

Glühbirne, Glühlampe la bombilla (II 6.A)

Gott, Göttin el / la dios, diosa (II 1.B-3)

Es ist … Grad (über / unter Null). / Wir haben … Grad. Hace / Tenemos … grados (sobre / bajo cero). (II 1.A)

grau gris (I 8.B-4)

Grippe la gripe (II 4.B-8)

groß grande (I 4.A-T)

Großbritannien Gran Bretaña (II 1)

Großeltern los abuelos (I 1.B-T)

grün verde (I 8.B-4)

gründlich, genau detenido/a (II 6.B)

Grundschule la primaria (II 7.A-2)

Gruß el saludo (II 1.A)

Grüße an alle! Recuerdos a todos (II 1.A)

Gurke el pepino (II 2.A-6)

gut bien (I 1.A-T)

Ich hoffe, es geht euch gut. Espero que estéis bien. (II 1.A)

gut passen zu ir bien con (I 8.B-T)

gutaussehend guapo/a (I 4.A-T)

Gute Nacht! Buenas noches (I 2.A-2)

Guten Abend! Buenas tardes (I 2.A-2)

Guten Tag! Buenos días (I 1.A-T)

H

haben tener (I 2.A-T)

Hafen el puerto (II 5.B-6)

halb (Uhrzeit) y media (I 5.B-T)

Halb so schlimm no es para tanto (II 4.B)

Hallo! Hola (I 1.A-T)

Haltestelle la parada (I 8.A-8)

Hamburger la hamburguesa (II 2)

Hand la mano (II 3.B-T)

Handball el balonmano (I 5)

handeln von tratar de algo (II 3.A-7)

Handtuch la toalla (II 5.A-4)

Handy el móvil (I 3.B-T)

hassen odiar algo (II 2.B-T)

hässlich feo/a (I 8.B-3)

als Hauptgang de segundo (II 2.B-T)

Hauptgericht el plato fuerte (II 2.B-2)

Hauptperson, Hauptdarsteller/in el / la protagonista (II 3.A-6)

Haus la casa (I 2.A-T)

zu Hause en casa (I 2.A-T)

Hausaufgaben los deberes (I 3.A-T)

Haustier la mascota (I 2.B-T)

Haut la piel (II 1.B)

Heft el cuaderno (I 3)

heiraten casarse (II 4.A-9)

heiß caliente (II 4.B-8)
Es ist (sehr) heiß. Hace (mucho) calor. (II 1.A)
heißen llamarse (I 2.B-T)
helfen ayudar (I 7.B-11)
hell claro/a (I 8.B-4)
Hemd la camisa (I 8.B-1)
herausnehmen sacar (I 6.B-9)
Herbst el otoño (II 1.A-2)
Herr el señor (II 4.A-13)
herrichten, herausputzen arreglar (II 6.A-T)
herunterfallen caerse (II 4.A-T)
heute hoy (I 3.A-T)
hier aquí (I 1.A-T)
Hilfe! Socorro (II 4.A-13)
Himbeere la frambuesa (II 2.A-6)
hinaufsteigen subir (II 1.B-3)
Hindernis el obstáculo (II 4.A-3)
hingegen, im Gegensatz dazu en cambio (II 5.B-T)
sich hinlegen acostarse (I 7.A-T)
hinsetzen sentarse (I 7.B-T)
hinter detrás de (I 6)
Hobby el interés (II 4.A-9)
hoch alto/a (II 2.A-2)
Hochzeit la boda (II 6.A-9)
hoffentlich, schön wär's ojalá (II 7.A-T)
Holz la madera (II 6.A-T)
Hör mal! Oye (I 3.B-T)
hören oír (II 4.A-T)
Hose los pantalones (I 8.B-1)
Hosen- / Jackentasche el bolsillo (II 6.B)
Hostel el hostal (II 1)
Hotel el hotel (II 1)
hübsch bonito/a (I 4.A-T)
Hügel el cerro (II 1.B-3)
Hund el perro (I 2.B-T)
Hündin la perra (I 2.B-T)
Hunger el hambre (I 7.B-T)
Hunger haben tener hambre (I 7.B-T)

I

ich yo (I 1.A-T)
Idee la idea (I 4.B-T)
ihr/e su (I 3.A-3)
im weiteren Verlauf a continuación (II 1.A-11)
immer siempre (I 5.A-T)
in en (I 1.A-T)
in jedem Fall de todos modos (II 4.A-13)
Informatik la informática (I 3.B-T)
informieren informarse (II 3.A-T)
Innenhof el patio (I 3.B-T)
Instrument el instrumento (I 5)
Intelligenz la inteligencia (II 3.A-6)
interessant interesante (I 4.B-T)
über Internet por internet (I 4.A-T)
inzwischen, derweil mientras tanto (II 5.B-1)
Italien Italia (II 1)

Italiener/in, italienisch (el/la) italiano/a, italiano (I 2.A-6)

J

ja sí (I 1.A-T)
Ja, bitte? Diga (I 5.B-T)
Jacke la chaqueta (I 8.B-1)
Jahr el año (I 2.A-T)
… Jahre alt werden cumplir (los) … años (II 2.A-3)
Jahrhundert el siglo (II 1.B-3)
Januar el enero (I 6.B-2)
Jeans los vaqueros (I 8.B-1)
jede/r cada (II 1.A)
jene dort aquel/aquella (I 8.B-T)
jetzt ahora (I 2.A-T)
Jugendliche/r el / la joven, los jóvenes (II 1)
Jugendorganisation la organización de jóvenes (II 1)
Juli el julio (I 6.B-2)
Junge / Mädchen el / la chico/a (I 1.A-T)
Juni el junio (I 6.B-2)

K

Käfig la jaula (I 4.B-T)
Es ist kalt. Hace frío. (II 1.A)
Kälte el frío (II 1.A)
Kamel el camello (II 5)
kämmen peinarse (I 7.A-T)
Kanal el canal (II 3.A-10)
Kandidat/in el / la candidato (II 3.A-2)
Kanu fahren el deporte de canoa (II 4.A)
(Land-)Karte el mapa (I 3.A-3)
Kartoffel la patata (I 7.B-T)
Karton la caja (I 6)
Käse el queso (I 7.B-T)
Kater / Katze el / la gato/a (I 2.B-T)
kaufen comprar (I 7.B-7)
kein/e/r ningún, ninguno/a (II 3.A-T)
Keine Ahnung. Ni idea. (II 2.B-T)
Kellner el camarero (II 2.B-T)
kennenlernen conocer (I 8.A-T)
Kilometer el kilómetro (II 1.B-3)
Kind el / la niño/a (II 2.B-10)
Kindergarten el kinder (II 4.A-9)
Kino el cine (I 5)
Kiosk el quiosco (I 8)
Kirche la iglesia (I 8)
Kirsche la cereza (II 2.A-6)
Klarinette el clarinete (II 3.A-7)
Klassenraum el aula (I 3.A-T)
klatschen, applaudieren aplaudir (II 3.B-8)
klauen robar (II 6.B)
Klavier el piano (II 3.A-7)
Kleid el vestido (I 8.B-1)
Kleidergröße la talla (I 8.B-T)
Kleidung (leicht / warm) la ropa ligera / gruesa (II 5.A-4)
Kleidungsstücke las prendas de ropa (II 5)

klein pequeño/a (I 4.A-T)
klein (Körpergröße) bajo/a (I 4.A-T)
klettern escalar (II 4.A-3)
klug listo/a (I 4.A-T)
Knie la rodilla (II 4.B-3)
Knoblauch el ajo (II 2.A-6)
Knöchel el tobillo (II 4.B-3)
Knochen el hueso (II 4.A-T) (II 5.B-6)
kochen cocinar (I 7.B-T)
Koffer la maleta (I 8.B-2)
kommen venir (I 6.B-1)
kompliziert complicado/a (I 4.B-T)
Kondition haben estar en forma (II 4.A)
Kondor el cóndor (II 5)
konkurrieren, zu Wettkämpfen antreten competir (II 4.A)
können (in der Lage sein) poder (I 5.B-T)
können (beherrschen) saber (II 2.A-T)
Konzert el concierto (I 5.B-4)
Kopf la cabeza (II 4.B-3)
kosten costar (I 8.B-T)
Wieviel kostet das? Cuánto cuesta (II 2.A-7)
krank enfermo/a (II 4.B-8)
Krankenhaus el hospital (II 4.A-13)
Krankenpfleger/-schwester el/la enfermero/a (II 4.B-4)
Krankheit la enfermedad (II 4.B-8)
Krankheitsanzeichen el síntoma (II 4.B-8)
Kreide la tiza (I 3.A-3)
Kugel la bola (II 2.B-10)
Kuh la vaca (II 5.B-6)
Kuli el bolígrafo (boli) (I 3)
kümmern um ocuparse de (II 5.B-T)
Kunde/in el / la cliente (I 8.B-8)
Kürbis la calabaza (II 2.A-6)
Kurs el curso (II 2.A-T)
Kursende, Schuljahresende el fin de curso (II 7.A-T)
kurz corto/a (I 4.A-6)
Kuss / Küsschen el beso / besito (II 1.A)
küssen besar (II 3.A-6)
Küste la costa (II 1.A)

L

Labor el laboratorio (I 3.B-T)
Laden la tienda (I 6.A-T)
Lama la llama (II 5)
Lampe la lámpara (I 6.A-T)
Land el país (II 1.A-10)
Landschaft el paisaje (II 5)
lang largo/a (I 4.A-6)
langsam lento/a (II 2.A-2)
langsamer más despacio (I 3.A-T)
langweilig aburrido/a (I 4.B-T)
Wie langweilig! Qué rollo. (II 1.A)
(hinter)lassen dejar (II 3.A-10)
lateinamerikanisch, aus Lateinamerika latinoamericano/a (II 3.A)
laufen correr (II 4.A-T)

laut fuerte (II 1.B-3)

laut, nach, … zufolge según (II 5.B-6)

Leben la vida (I 7.A)

Lebensmittel el alimento (I 7.B-3)

Lehrer/in el / la profesor/a (profe) (I 3.A-T)

leicht (Speise) ligero/a (II 2.B-T)

Leichtathletik machen practicar / hacer atletismo (II 4.A)

leider desafortunadamente (II 1.A)

(aus)leihen prestar (II 2.A)

(er)lernen aprender (II 4.A-T)

lesen leer (I 3.A-T)

letzte/r/s último/a (II 2.A-11)

Leute la gente (I 4.A-T)

Licht la luz (I 6.A)

Liebe el amor (II 3.A-6)

liebe/r querido/a (I 7.B-T)

lieben querer (I 5.B-T)

liebevoll cariñoso/a (I 4.A-T)

Lieblings- favorito/a (I 4.A-T)

Lied la canción (I 5.A-T)

lila lila (I 8.B-4)

linke Seite la izquierda (I 3.B-T))

links a la izquierda (I 3.B-T)

Liste la lista (I 3)

Liter el litro (II 2.A-6)

lockiges Haar el pelo rizado (I 4.A-6)

Los geht's! Vamos (I 1.B-T)

losreißen soltarse (II 4.A-13)

Löwe el león (II 5)

Lust haben, etwas zu tun tener ganas de hacer algo (I 5.A-T)

lustig divertido/a, gracioso/a (I 4.B-T)

M

Macht doch nichts. No pasa nada. (I 5.A-T)

Macht nichts!, Halb so schlimm! Ni modo (II 2.A-10)

Magen el estómago (II 4.B-3)

Mai el mayo (I 6.B-2)

Mais el maíz (II 2.A-6)

(erstes) Mal la (primera) vez (II 2.A)

nächstes Mal la próxima vez (II 1.B-3)

mal sehen a ver (I 3)

Mama la madre / mamá (I 2.A-T)

man muss hay que (I 7.B-T)

manchmal a veces (I 4.B-T)

Mango el mango (II 2.A-6)

Mann hombre (II 3.B-T)

Mannschaft el equipo (I 7.A-T)

Mäppchen el estuche (I 3)

Markt el mercado (I 8)

Marmelade la mermelada (I 7.A-T)

März el marzo (I 6.B-2)

Match el partido (I 7.A-T)

Mathematik las matemáticas (II 7.A-T)

Meer el mar (I 1.A-T)

Mehl la harina (II 2.A-6)

mein/e mi (I 2.A-T)

Meinung la opinión (II 2.A-1)

Meinung äußern, meinen opinar (II 5.A-1)

Melodie la melodía (II 3.A-7)

Melone el melón (II 2.A-6)

mexikanisch, Mexikaner/in mexicano/a (II 1.B-3)

Milch la leche (I 7.A-T)

Mineralwasser el agua mineral (I 7.B-T)

Mineralwasser mit / ohne Kohlensäure el agua mineral con gas / sin gas (II 2.B-T)

misslingen fallar (II 7.A-T)

mit con (I 1.B-T)

mit dir contigo (I 5.B-T)

mit mir conmigo (I 5.B-T)

mitbringen, mitnehmen llevar (II 2.A-3)

Mitleid la lástima (II 7.A-T)

Mitschüler/in el / la compañero/a (I 3.B-T)

Mittag el mediodía (I 7.A-1)

Mittag essen almorzar (I 7.A-T)

mittags a/al mediodía (I 7.A-1)

mittelmäßig regular (I 1.A-2)

Mitternacht media noche (II 6.A)

Mittwoch el miércoles (I 5.B-T)

Möbelstück el mueble (I 6.A-T)

modern moderno/a (I 8.B-3)

möglich posible (II 2.A-3)

mollig gordito/a (I 4.A-T)

Moment el momento (I 2.A-T)

Monat el mes (I 6.B-2)

Montag el lunes (I 5.B-T)

morgen mañana (I 2.A-T)

Morgen la mañana (I 5.B-4)

müde cansado/a (II 1.A-7)

Mund la boca (II 4.B-3)

Musik la música (I 1.A-T)

Musikgruppe el grupo (musical) (I 3.B-T)

Musikrichtung el estilo de música (II 3.A-7)

Musikrichtung el tipo de música (II 3.A)

müssen tener que (I 6.A-T)

mutig valiente (II 2.A-2)

Mütze el / la gorro/a (I 8.B-1) (II 5.A-4)

N

na klar claro (I 1.A-T)

Nachbar/in el / la vecino/a (I 8.A-7)

nachdem después (de) (I 3.A-T)

Nachmittag la tarde (I 5.B-T)

nachmittags por la tarde (I 5.B-T)

Nachricht el mensaje (I 5.B-2)

nachsehen revisar (I 3.A-T)

Nacht la noche (II 5.B-4)

Nachtisch el postre (II 2.B-T)

Nachtleben la marcha (I 8.A-T)

Nachttisch la mesilla de noche (I 6.A-2)

nah cerca (I 6.A-T)

naja bueno (I 5.A-T)

Name el nombre (I 5.B-T)

Nase la nariz (II 4.B-3)

Nashorn el rinoceronte (II 5)

Naturwissenschaften las ciencias naturales (II 1.A) (II 7.A-T)

Nebel la niebla (II 1.A)

neben al lado de (I 3.B-T)

nehmen tomar (I 7.B-T)

zur Neige gehen acabarse (II 5.B-T)

nervig pesado/a (I 4.A-4)

nett majo/a (II 2.A-T), simpático/a (I 4.A-T), bueno/a (I 5.A-T),

neu nuevo/a (I 4.A-4)

neun nueve (I 2.A-T)

neunzehn diecinueve (I 2.A-T)

überhaupt nicht para nada (II 2.B-T)

nicht mehr ya no (II 2.A)

Nichts da! Nada de eso (II 2.A-T)

nie nunca (I 5.A-T)

niemand nadie (II 2.A-T)

(immer) noch todavía (I 6.B-9), aún (II 2.B-T)

noch einmal otra vez (I 3.A-T)

Norden el norte (II 1.A)

Nordosten el noreste (II 5.A)

Nordwesten el noroeste (II 5.A)

normal normal (I 7.A-T)

normalerweise normalmente (I 5.A-7)

Note la nota (II 1.A)

November el noviembre (I 6.B-2)

nun ja pues (I 2.A-T)

nur sólo (I 4.A-T)

O

Obst la fruta (I 8.A-T)

oder o (u) (I 7.A-9)

Ofen el horno (II 2.B-10)

öffnen abrir (I 3.A-T)

oft a menudo (I 5.A-T)

ohne; ~frei sin (II 2.B-T)

Ohr la oreja (II 2.B-T)

Oktober el octubre (I 6.B-2)

Olive la aceituna (II 6.A-6)

Olivenöl el aceite de oliva (I 7.B-T)

Onkel el tío (I 4)

Opa / Oma el / la abuelo/a (I 1.B-T)

Orange, Apfelsine la naranja (I 7.A-T)

ordnen ordenar (I 6.A-T)

Ort el lugar (I 6.A-T), el sitio (II 5.B-T)

Osten el este (II 5.A)

Österreich Austria (II 1)

P

Paket el paquete (II 2.A-T)

Palast el palacio (II 1.B)

Pampa (argentinisches Grasland) la pampa (II 5)

Papa el padre / papá (I 2.A-T)

Papagei el papagayo (II 5)

Papierkorb la papelera (I 3.A-3)

Paprika el pimiento (II 2.A-6)

Park el parque (I 1.B-T)

D

Pause el recreo (I 3.B-T)
Pech mala suerte (II 4.B-6)
perfekt perfecto/a (I 8.A-8)
Person la persona (I 4.A-T)
persönlich personal (II 3.A-7)
Pferd el caballo (I 8.A-10)
Pferdekutsche el coche de
    caballos (II 6.A-T)
Pfirsich el melocotón (II 2.A-6)
Pflanze la planta (II 5.A-T)
pflegen soler hacer algo (II 5.B-6)
Picknick el pícnic (II 2.A-T)
Pilot/in el / la piloto/a (I 2.A-T)
Piñata la piñata (II 1.B-3)
Pinguin el pingüino (II 5)
Plan el plan (II 3.B-2)
planen planear algo (II 2.A-T)
Platz la plaza (I 1.B-T)
Platz, Ort el lugar (I 6.A-T)
plötzlich de repente (II 4.A-13)
plus más (II 2.A)
Polizist/in el / la policía (II 6.B-6)
polnisch polaco (I 2.A-6)
Portion la ración (II 2.B-T)
portugiesisch portugués (I 2.A-6)
Poster el póster (I 6.A-4)
Preis el premio (II 3.A-2)
Prinzessin la princesa (II 5.B-T)
professionell trainieren entrenar para
    una carrera (II 4.A)
Programm el programa (II 3.A)
Prüfung el examen
    (Pl: exámenes) (II 3.A-T)
vor Publikum en público (II 3.A-T)
Puma el puma (II 5)
Punkt el punto (II 3.A-T)
pünktlich a tiempo (II 2.A-10)
Pyramide la pirámide (II 1.B-3)

R

Radiergummi la goma de borrar (I 3)
Radsport el ciclismo (I 5)
Raum, Zimmer la habitación (I 4.A-T),
    el cuarto (I 6.A-T)
reagieren reaccionar (II 4.B)
Reaktion la reacción (II 4.A-2)
rechnen calcular (II 7)
Recht haben tener razón (I 4.B-T)
rechte Seite la derecha (I 3.B-T)
rechts a la derecha (I 3.B-T)
reden hablar (I 2.A-T)
Regal la estantería (I 6.A-T)
Regen la lluvia (II 1.A-2)
regnen llover (II 1.A)
reich rico/a (II 4.A-9)
es reicht basta (II 2.B-T)
Reis el arroz (II 2.B-T)
Reise el viaje (II 1.B)
Reisebüro la agencia de viajes (II 5.A-T)
reisen viajar (II 1.B)
Reiten la equitación (II 4.A)
reiten montar a caballo (I 5)

Restaurant el restaurante (I 1.B-T)
Rettungswagen la ambulancia (II 4.B)
Rhythmus el ritmo (II 3.A-7)
riesig, sehr groß enorme (II 6.A-T)
Rock la falda (I 8.B-1)
Rom Roma (II 5.B-6)
rosa rosa (I 8.B-4)
rot rojo/a (I 8.B-1)
Rücken la espalda (II 4.B-3)
rufen llamar (I 5.B-T)
Ruhe la calma (II 6.B)
Ruhe el silencio (I 3.A-T)
ruhig tranquilo/a (I 4.A-T)
hier: rutschen bajar(se) (II 2.A-2)
russisch ruso (I 2.A-6)

S

Sache la cosa (I 3)
Saft el zumo (I 6.B-T)
sagen decir (I 7.B-11)
Salatkopf la lechuga (II 2.A-6)
Salatmischung la ensalada (II 2.A-6)
Salz la sal (I 7.B-T)
salzig salado/a (II 2.B-10)
Samstag el sábado (I 5.B-T)
Sänger/in el / la
    cantante (II 1.B-13) (II 3.A)
satt haben estar harto/a de (II 6.A-6)
sauer ácido/a (II 2.B-10)
Saxophon el saxofón (II 3.A-7)
Wie schade! Qué lastima. (II 1.B-3),
    Qué pena. (II 2.A-T)
scharf picante (II 1.B-3)
scharf sein, auf der Zunge brennen
    picar (II 1.B-3)
schenken regalar (II 2.A-9)
schick, formell formal (I 8.B-3)
schicken mandar (II 1.A)
Schildkröte la tortuga (II 5)
Schinken el jamón (I 7.B-T)
(ein)schlafen dormir(se) (I 7.A-T)
Schlagzeug la batería (II 3.A-7)
schlank delgado/a (I 4.A-T)
schlecht mal (I 1.A-2), malo/a (II 1.A-7)
schlechte Laune el mal humor (II 6.B)
schließen cerrar (II 6.B)
schlimm, ernst grave (II 4.B)
Schlittschuh fahren patinar (II 4.A-3)
schmal estrecho/a (I 8.A-T)
Schmerz el dolor (II 4.B-3)
schminken maquillarse (II 1.A)
Schnee la nieve (II 1.A)
schneiden cortar (I 7.B-11)
schneien nevar (II 1.A)
schnell rápido/a (II 2.A-2)
schnell, bald pronto (I 3)
Schnellhefter la carpeta (I 3.A-3)
Schokolade, Kakao el
    chocolate (I 7.A-T)
schön lindo/a (II 1.B-3)
Wie schön!, Wie aufregend!
    Qué emoción (I 6.B-T)

Schrank el armario (I 6.A-2)
Was für ein Schreck! Qué susto (II 4.A)
schrecklich horrible (I 8.B-9)
Wie schrecklich! Qué palo (II 6.B)
schreiben escribir (I 3.A-T)
Schreibtisch el escritorio (I 6.A-T)
schreien wie verrückt gritar como
    loco/a (II 3.B-T)
Schuhe los zapatos (II 5.B-T)
Schulcafeteria el comedor (I 3.B-T)
Schuld la culpa (II 4.B)
Schule el cole(gio) (I 2.A-T),
    la academia (II 3.A-6),
    la escuela (II 7)
(weiterführende) Schule
    el insti(tuto) (I 3.B-T),
    la secundaria (II 7.A-2)
Schüler/in el / la alumno/a (I 3.A-T)
Schulfach la asignatura (II 7)
Schulranzen la mochila (I 3)
Schwamm la esponja (I 3.A-3)
schwarz negro/a (I 8.B-1)
Schweden Suecia (II 1)
Schwein el cerdo (II 2.B-2)
Schweiz Suiza (II 1)
schwer fallen costarle a algn (II 1.B-3)
Schwester la hermana (I 2.A-T)
schwierig difícil (II 1.B-2)
schwimmen nadar (I 5)
Schwimmen la natación (II 4.A)
schwindelig sein estar
    mareado/a (II 4.B-3)
sechs seis (I 2.A-T)
sechzehn dieciséis (I 2.A-T)
See el lago (II 5)
sehen ver (I 5)
(an)sehen mirar (I 3)
sehr muy (I 1.A-T)
sehr, viel mucho/a/os/as (I 4.A-T)
sehr, total súper (I 8.B-T)
sein ser (I 2.B-T)
Seite la página (I 3.A-T)
auf der anderen Seite
    por otro lado (II 2.A)
Auf der einen Seite … auf der
    anderen Seite … Por un lado …
    por otro lado … (II 3.A-4)
September el septiembre (I 6.B-2)
Sessel el sillón (I 6.A-2)
setzen, stellen, legen poner (I 5.B-T)
Show el show (II 3.A)
sich befinden estar (I 3.B-T)
sich befinden (in)
    encontrarse (en) (I 8.A-T)
sich herausstellen resultar (II 3.B-T)
sich unterhalten charlar (I 5.A-T)
sicher seguro/a (II 2.A-2),
    cierto/a (II 2.B-T)
aus meiner Sicht a mi modo
    de ver (II 3.A-4)
Sie usted/es (I 2.A-5)
sieben siete (I 2.A-T)

siebzehn diecisiete (I 2.A-T)

singen cantar (I 3.B-T)

Sitzplatz el asiento (II 3.B-T)

Skateboard fahren ir en
    monopatín / montar
    skateboard (I 5)

Skialpin el esquí alpino (II 4.A)

so así (I 6.A-T)

so lala así así (I 1.A-2)

so viel tanto/a (II 1.B-3)

Sofa el sofá (I 6.A-2)

sofort en seguida (II 2.B-T)

sogar hasta (II 1.B-3)

Sohn el hijo (I 4)

Sommer el verano (II 1.A-2)

Sonne el sol (I 1.A-T)

Die Sonne scheint. Hace sol. (II 1.A)

sonnen tomar el sol (II 1.A)

Sonnenbrille las gafas del sol (II 5.A-4)

Sonnencreme la crema solar (II 5.A-4)

Sonntag el domingo (I 5.B-T)

Mach dir keine Sorgen. No te
    preocupes. (II 7.A-T)

Sorte el sabor (II 2.B-T)

Spagettis los espaguetis (II 2)

Spanien España (I 1.A-T)

Spanier/in, spanisch el/la español/a,
    español (I 2.A-T)

spannend excitante (II 2.A)

Spaß haben divertirse (II 4.A)

spät tarde (II 2.A-10)

Wie spät ist es? Qué hora es (I 5.B-4)

spazieren pasear (I 6.A-T)

Speisekarte la carta (II 2.B-2)

Spickzettel la chuleta (II 7.A-T)

spielen (Sport und Spiel) jugar (I 5)

Spielkonsole la consola (I 5.A-T)

Spinat las espinacas (II 2.A-6)

Sport el deporte (I 5)

Sport treiben practicar deporte (II 4.A)

Sportanlage el polideportivo (I 5.A-T)

Sportler/in el/la deportista (II 4.A)

sportlich deportivo/a (I 8.B-3)

Sprache el idioma (I 2.A-6)

Könnte ich mit … sprechen?
    Me puede poner con … (I 5.B-T)

springen saltar (II 4.A-T)

Stadt la ciudad (I 4.B-T)

Stadtviertel el barrio (I 8)

Staffel la temporada (II 3.A-6)

Stand el puesto (I 8.A-T)

Stange la barra (II 2.A-6)

stattfinden tener lugar (II 3.B)

jemandem gut stehen quedarle bien
    a alguien (I 8.B-T)

stehen bleiben pararse (II 3.B-T)

sterben morir (II 4.A-9)

Stierhatz / Stierkampf la corrida de
    toros (II 6.A-9)

das hat unsere Stimmung
    heruntergezogen se nos cortó
    el rollo (II 4.A-13)

Stoff la tela (II 6.A-T)

stolpern tropezar con (II 4.A-T)

Strand la playa (I 1.A-T)

Straße la calle (I 2.A-T)

streiten pelearse (I 7.A-T)

Strophe la estrofa (II 3.A-7)

studieren estudiar (I 4.B-11)

Stuhl la silla (I 3.A-3)

Stunde la hora (I 5.B-T)

etwas / jemanden suchen
    buscar algo/a alguien (I 3.B-T)

Süden el sur (II 5.A)

Südosten el sureste (II 5.A)

Südwesten el suroeste (II 5.A)

super guay (I 2.A-T)

Super! Estupendo (II 7.A-T)

Supermarkt el supermercado, el
    súper (I 7.B-T)

Suppe la sopa (II 1.B-6) (II 2.B-2)

süß dulce (I 4.A-T)

Sweatshirt el jersey (I 8.B-1)

T

Tablet-PC el tablet (II 2.A)

Tablette la pastilla (II 4.B-4)

Tafel la pizarra (I 3.A-T)

Tag el día (I 3)

jeden Tag todos los días (I 5.A-7)

Talent (Person und Fähigkeit)
    el talento (II 3.A-2)

Tante la tía (I 4)

Tanz el baile (II 1.B-1)

typischer Tanz aus Sevilla
    la Sevillana (II 6)

tanzen bailar (I 5)

Tapas las tapas (I 1.A-T)

Tapas essen gehen ir de tapas (I 7.B-T)

Tapir el tapir (II 5)

Tasche, Tüte la bolsa (II 2.A-6)

Taschenrechner la calculadora (I 3.A-3)

tauchen bucear (II 1)

Taxi el taxi (I 1.A-T)

Tee el té (II 5.B-6)

Teil la parte (II 1.B-3)

teilen compartir (II 1.A)

teilnehmen participar (II 3.A)

Telefon el teléfono (I 5)

telefonieren hablar por teléfono (I 5)

Terrasse la terraza (I 6.A-9)

teuer caro/a (II 2.A)

Text el texto (I 3.A-T)

Texte verfassen redactar textos (II 7)

Theater el teatro (I 8.A-T)

Thunfisch el atún (II 6.A-6)

Ticket el billete (II 3.B-T)

Tier el animal (II 1.A-T)

Tintenkiller el borratintas (I 3)

Tisch la mesa (I 3.A-3)

Tochter la hija (I 4)

Toilette el baño
    (cuarto de baño) (I 3.B-T)

auf Toilette müssen tener que ir al
    baño (I 3.B-T)

toll fenomenal (II 1.A), chulo/a (I 2.A-T),
    genial (I 4.A-T)

Wie toll! Qué chulada. (II 1.B)

eine tolle Zeit haben pasárselo
    genial (II 1.B)

Tomate el tomate (I 7.B-11)

Tortilla la tortilla (I 3.B-T)

total toll / super sein molar
    mucho (I 8.A-T)

Tour el recorrido (II 5.A-T)

Tourist/in el / la turista (I 1.A-T)

Tracht el traje (II 6)

traditionell tradicional (II 5.B-6)

Traube la uva (II 2.A-6)

trauen, etwas zu tun atreverse hacer
    algo (II 2.A-2)

Traum el sueño (II 5.B-T)

traurig triste (I 4.B-T)

sich treffen quedar (con algn.) (I 5)

Treffpunkt el punto de
    encuentro (II 6.B)

Trimester el trimestre (II 7.A-2)

trinken beber (I 3.A-T)

Trompete la trompeta (II 3.A-7)

trösten consolar (II 4.B-12)

Tscheche/in, tschechisch (el/la)
    checo/a, checo (I 2.A-6)

Tschüss! Adiós (I 1.A-T)

T-Shirt la camiseta (I 8.B-1)

Tukan el tucán (II 5)

tun hacer (I 5)

Tür la puerta (I 3.A-3)

Türkei Turquía (II 1)

türkisch turco (I 2.A-6)

Turm la torre (I 1.B-T)

Turnen la gimnasia (II 4.A)

Turnschuhe las zapatillas (I 8.B-1)

Tut mir leid. Lo siento. (I 5.A-T)

typisch típico/a (II 1.A)

U

U-Bahn el metro (I 8.A-10)

jemandem übel mitspielen
    hacerle un mal juego
    a algn (II 3.A-6)

überall por todas partes (II 5.B-6)

überhaupt nicht para nada (II 2.B-T)

überqueren cruzar (II 4.A-13)

Überraschung la sorpresa (II 3.A-10)

übertreiben exagerar (II 2.B-T)

überwinden superar algo (II 4.A-3)

überzeugen convencer a algn. (II 5.B-T)

übrig bleiben, übrig sein
    quedar (II 2.A-T)

um … herum alrededor de … (I 8.A-2)

Um wie viel Uhr? A qué hora (I 5.B-T)

Umkleidekabine el probador (I 8.B-T)

Umzug, Parade el desfile (II 6)

und y (e) (I 1.A-T)

und das, obwohl … y eso que (II 7.A-T)

Unfall el accidente (II 4.A)
unglaublich increíble (II 4.A-T)
unser/e nuestro/a (I 3.B-T)
unter debajo de (I 6)
Unterricht la clase (I 3.A-T)
Ursprung el origen (II 3.A-6)

V

Vegetarier/in sein ser
　　vegetariano/a (II 2.B-T)
Veranstaltung el evento (II 3.B)
verärgert enfadado/a (II 4.A-2)
verbrannt, verkohlt, mit Sonnenbrand
　　quemado/a (II 2.B-T)
verbringen pasar (I 4.B-7)
vergangen, vorherig pasado/a (II 2.A-T)
verkaufen vender (I 6.B-7)
Verkäufer/in el / la vendedor/a (I 8.B-T)
verlaufen perderse (II 6.B-5)
verletzen lastimarse (II 4.A-T)
Verletzung la herida (II 4.B-3)
verlieben in enamorarse de (II 4.A-9)
verlieren perder (II 3.A-6)
vermissen echar de menos a (II 1.A)
verneinen negar (II 3.A)
alles verpassen perdérselo
　　todo (II 3.B-T)
verrückt loco/a (I 4.B-T)
verschieden diferente (I 4.B-T)
versprechen prometer (II 2.A-12)
verstehen entender (I 5.B-T)
versuchen probar (I 7.B-T)
versuchen, zu tun tratar de hacer
　　algo (II 4.B-4)
Video el vídeo (I 3.B-T)
Videospiel el videojuego (I 6.A-T)
viele, eine Menge (von) un montón
　　(de) (I 8.B-4)
Wie viele? Cuántos/as (I 2.A-T)
vielleicht tal vez (I 4.B-T),quizás (II 5.B-T)
vier cuatro (I 2.A-T)
viertel nach y cuarto (I 5.B-T)
viertel vor menos cuarto (I 5.B-T)
vierzehn catorce (I 2.A-T)
violett violeta (I 8.B-4)
voll lleno/a (II 2.B-5)
Volleyball el voleibol (I 5)
von … aus desde (II 1.A)
von innen por dentro (I 8.A-T)
vor delante de (I 6)
vor allem sobre todo (I 5.A-T),
　　principalmente (II 6.A)
vorbeigehen an pasar por (I 8.A-T)
vorbereiten preparar (I 6.B-T)
vorgestern anteayer (II 6.A-9)
vormerken reservar (II 5.A-7)
Vorsicht cuidado (I 5.A-T)
Vorspeise la entrada (II 2.B-2)
als Vorspeise de primero (II 2.B-T)
vorstellen presentar (I 6.B-1)
vorwärts adelante (II 7.A-6)
Vulkan el volcán (II 1.B-3)

W

hier: Wahnsinn la pasada (I 5.A-T)
wahnsinnig alucinante (II 2.A-2)
während durante (I 7.A-6),
　　mientras que (II 5.B-1)
währenddessen mientras (I 8.A-T)
Wahrheit la verdad (I 8.A-T)
Wal la ballena (II 5)
Wald el bosque (II 1.B-3)
Wand la pared (I 3.A-3)
wandern caminar (II 1)
Wann? Cuándo (I 5.B-T)
Wärme el calor (II 1.A)
warten auf esperar a (I 3.B-T)
Was für ein/e…! Qué + … (I 2.A-T)
Wasser el agua (I 7.B-T)
Wassermelone la sandía (II 2.A-6)
weder … noch … no … ni … (II 2.B-T)
Weg el camino (II 5)
wegen por (II 2.A-T)
weil porque (I 4.B-T)
Weile el rato (I 6.A-T)
weinen llorar (II 7.A-T)
auf … Weise de manera +
　　Adjektiv (II 6.A)
weiß blanco/a (I 8.B-1)
weit ancho/a (I 8.B-9)
weit weg (von) lejos (de) (I 7.A-T)
weitergehen, weitermachen
　　seguir (II 5.A-T)
Welche/r/s? Qué (I 1.A-T),
　　cuál/es (II 2.B-1)
Wellensittich el periquito (I 2.B-T)
Welt el mundo (I 7)
wenn (temporal) cuando (II 1.A-11)
wenig(e) poco/a/s (I 4.A-T)
Wer spricht? De parte de
　　quién (I 5.B-T)
Wer? Quién(es) (I 4.A-T)
etwas werden (Beruf)
　　hacerse (II 4.A-10)
werfen lanzar, tirar (II 4.A-3)
Weshalb? Por qué (I 4.B-T)
Westen el oeste (II 5.A)
Wettbewerb el concurso (II 3.A)
Wetter el tiempo (I 4.B-11)
Es ist (kein) gutes Wetter. Hace /
　　No hace buen tiempo. (II 1.A)
Es ist schlechtes Wetter. Hace mal
　　tiempo. (II 1.A)
Wettervorhersage el pronóstico
　　(del tiempo) (II 1.A-2)
wichtig importante (I 7.A-T)
wie como (I 4.A-T)
Wie sagt man…? Was bedeutet…?
　　Cómo se dice… (I 3.A-T)
Wie? Cómo (I 1.A-T)
wieder tun volver a hacer algo (II 7.A-T)
Auf Wiedersehen!
　　Hasta la vista (I 1.A-T)
wiedererkennen reconocer (II 5.B-6)
Willkommen! Bienvenidos/as (I 3)

Wind el viento (II 1.A)
Es ist windig. Hace viento. (II 1.A)
Windbeutel el buñuelo (I 3.B-T)
Winter el invierno (II 1.A-2)
wir nosotros/as (I 2.A-5)
Wir sehen uns! Nos vemos (I 5.B-T)
wirklich en serio (II 1.B-3)
witzig chistoso/a (II 1.B-3)
wo (Relativpronomen) donde (II 1.A-7)
Wo? Dónde (I 3.A-T)
Woche la semana (II 2.A-T)
Wochenende el fin de semana (I 7.A-T)
Woher? De dónde (I 1.A-3)
Wohin? Adónde (I 7.B-2)
wohnen vivir (I 3.A-T)
Wolke la nube (II 1.A)
Wort la palabra (I 3.A-T)
Wunder la maravilla (II 1.B-3)
wunderschön encantador/a (I 8.A-T)
Wurst la salchicha (II 1.B)
Wüste el desierto (II 5)

Z

Zahn el diente (I 7.A-T)
Zähne putzen cepillarse los
　　dientes (I 7.A-T)
Zebra la cebra (II 5)
zehn diez (I 2.A-T)
Zeitschrift la revista (I 6.A-4)
Zentrum el centro (I 1.B-T)
zerschlagen romper (II 1.B-3)
Ziel el destino (II 5.A-T)
ziemlich bastante (I 5.A-T)
Zimmer, Raum la habitación (I 4.A-T),
　　el cuarto (I 6.A-T)
Zitrone el limón (II 2.B-2)
zu, zu viel, zu sehr demasiado (I 8.B-T)
Zucker el azúcar (II 2.A-6)
zuerst, als erstes primero (I 7.A-T)
Was für ein Zufall!
　　Qué casualidad (I 6.B-T)
zufrieden contento/a (II 7.A-T)
Zug el tren (I 8.A-10)
zuhören escuchar (I 3.A-4)
Zuhörer, Publikum el
　　auditorio (II 3.B-8)
zurückkehren volver (II 1)
zusammen, gemeinsam juntos/
　　as (I 7.A-T)
zusammenstoßen mit chocar
　　con (II 4.A-13)
zwanzig veinte (I 2.A-T)
zwei dos (I 1.B-T)
Zweifel la duda (II 3.A-4)
Zwiebel la cebolla (I 7.B-T)
Zwilling, Zwillings- el / la
　　mellizo/a (I 2.A-T)
(eineiige) Zwillinge
　　las / los gemelas/os (II 1.B-3)
zwischen entre (I 6)
zwölf doce (I 2.A-T)

Comunicarse en clase

Esto dice tu profe:

A ti	A la clase		
Saca	Sacad	el libro / la hoja de trabajo.	Hole / Holt das Buch / Arbeitsblatt heraus.
Escribe	Escribid	un texto.	Schreibe / Schreibt einen Text.
Lee	Leed	el texto de la página …	Lies / Lest den Text auf der Seite …
Trabaja	Trabajad	en pareja / en grupo.	Arbeite / Arbeitet zu zweit / in der Gruppe.
Repite	Repetid	la frase / el diálogo.	Wiederhole / Wiederholt den Satz / den Dialog.
Escucha	Escuchad	la canción.	Höre / Hört das Lied an.
Haz	Haced	el ejercicio / preguntas / frases.	Mache / Macht die Übung. Stelle / Stellt Fragen. Bilde / Bildet Sätze.
Busca	Buscad	en el texto / en internet.	Suche / Sucht im Text / im Internet.
Relaciona.	Relacionad.		Ordne / Ordnet zu.
Presenta	Presentad	el diálogo en clase.	Stelle / Stellt den Dialog der Klasse vor.
Rellena	Rellenad	los espacios vacíos.	Fülle / Füllt die Lücken aus.
Completa	Completad	las frases con los verbos / los adjetivos.	Vervollständige / Vervollständigt die Sätze mit den Verben / Adjektiven.
Ayuda	Ayudad	a tu / vuestro compañero.	Hilf / Helft deinem / eurem Mitschüler.
Dibuja.	Dibujad.		Zeichne / Zeichnet.

Esto dices o preguntas cuando …   Das kannst du sagen oder fragen, wenn …

… necesitas información sobre la tarea.   … du Informationen zu der Aufgabe brauchst.

¿En qué página estamos?	Auf welcher Seite sind wir?
¿Qué ejercicio / tarea tenemos que hacer?	Welche Aufgabe sollen wir machen?
¿Cuánto tiempo tenemos?	Wieviel Zeit haben wir?
¿Cuántas personas forman un grupo?	Wie viele sind in einer Gruppe?

… no entiendes bien.   … du etwas nicht gut verstehst.

Tengo una pregunta.	Ich habe eine Frage.
¿Cómo se dice … en español / en alemán?	Was heißt … auf Spanisch / Deutsch?
¿Cómo se escribe?	Wie schreibt man das?
¿Puede / Puedes escribir … en la pizarra?	Können Sie / Kannst du das an die Tafel schreiben?
Repite por favor y más despacio.	Wiederhole es bitte und langsamer.
¿Puedo hablar en alemán?	Kann ich es auf Deutsch sagen?
No entiendo la pregunta / la tarea.	Ich verstehe die Frage / die Aufgabe nicht.

… necesitas algo.   … du etwas brauchst.

Necesito una hoja / un lápiz.	Ich brauche ein Blatt / einen Stift.
Necesito ayuda con la tarea.	Ich brauche Hilfe bei der Aufgabe.

... quieres disculparte.	... du dich für etwas entschuldigen möchtest.
Perdón, no tengo mis deberes/mi libro.	Entschuldigung, ich habe meine Hausaufgabe/ mein Buch nicht (dabei).
Perdón, llego tarde ...	Entschuldigung, ich komme zu spät, ...
... por un retraso del autobús.	... weil mein Bus Verspätung hatte.
... porque me he levantado tarde.	... weil ich zu spät aufgestanden bin.
... porque he salido tarde de casa.	... weil ich zu spät losgegangen bin.
... quieres pedir algo.	... du um etwas bitten möchtest.
¿Puedo ir al baño, por favor?	Kann ich auf Toilette gehen?
¿Puedo abrir/cerrar la ventana?	Kann ich das Fenster öffnen/schließen?
No me siento bien. ¿Puedo salir un momento?	Mir geht es nicht so gut. Kann ich kurz rausgehen?

Trabajar en pareja/en grupo

Comunicarse durante el trabajo

Aclarar la tarea	Die Aufgabe klären
¿Qué tenemos que hacer?	Was sollen wir machen?
Tenemos que hacer el ejercicio ... por la página ...	Wir sollen die Aufgabe ... auf der Seite ... bearbeiten.
¿Cuánto tiempo tenemos?	Wieviel Zeit haben wir?
Tenemos ... minutos. Tenemos tiempo hasta las ...	Wir haben ... Minuten Zeit. Wir haben Zeit bis ...
¿Hay preguntas?	Gibt es noch Fragen?
Opinar y sugerir	Eine Meinung äußern und Vorschläge machen
Pienso que ...	Ich denke, dass ...
En mi opinión ...	Meiner Meinung nach ...
(No) Es verdad.	Das stimmt (nicht).
La idea (no) me gusta (mucho).	Die Idee gefällt mir (nicht).
(No) Estoy de acuerdo.	Ich bin (nicht) einverstanden.
Podemos ...	Wir können ...
¿Por qué no ... ?	Warum ... nicht?
Pedir algo	Etwas erbitten
¿Tienes una hoja/una pluma para mi?	Hast du einen Zettel/einen Stift für mich?
Continuar y terminar	Weiterarbeiten und zum Ende kommen
¿A quién le toca?	Wer ist dran?
Te toca a ti.	Du bist dran.
Contiuna/Continuad con ...	Mache /Macht mit ... weiter.
¿Estás/estáis listo/-a/-os/-as?	Bist du/seid ihr fertig?
Hay que terminar.	Wir müssen fertig werden.
Ya tenemos prisa.	Wir müssen uns beeilen.
Solo nos quedan ... minutos.	Wir haben nur noch ... Minuten.

Comparar | Vergleichen

Qué tienes en …	Was hast du bei … ?
Yo tengo … ¿y tú?	Ich habe da … und du?
Sí, es correcto.	Ja, das ist richtig.
No, no es correcto.	Nein, das ist nicht richtig.

Evaluar el trabajo de los demás | Den anderen ein Feedback geben

En general … • Im Allgemeinen …

El diálogo/ la presentación me gusta porque …		… no me gusta (mucho/nada) porque …	
es creativo/-a	kreativ	es aburrido/-a	langweilig
es comprensible	verständlich	es exagerado/-a	übertrieben
es auténtico/-a	authentisch	no es muy creativo/-a	nicht sehr kreativ
es realista	realistisch	no es lógico que …	es ist nicht logisch, dass …

La lengua • die Sprache

usa/usan muchas palabras nuevas/las herramientas	er/sie verwendet/ verwenden viele neue Redemittel	usa/usan pocas palabras nuevas/las herramientas	er/sie verwendet/ verwenden kaum neue Redemittel
usa/usan un vocabulario muy variado	er/sei verwendet/verwen- den ein abwechslungs- reiches Vokabular	el vocabulario es poco variado	das Vokabular ist nicht sehr abwechslungsreich
casi no hay faltas	er/sie ist fast fehlerfrei	hay bastantes/muchas faltas	es finden sich ziemlich viele Fehler
la pronunciación es auténtica	die Aussprache ist authentisch	la pronunciación me parece muy alemana	die Aussprache klingt ziemlich deutsch

La actuación • die Darbietung

la actuación – die Darbietung		vivo/-a – lebendig exagerado/-a – übertrieben interesante ≠ aburrido/-a – interessant ≠ langweilig
los gestos – die Gestik	(no) es/son	auténtico/-a ≠ artificial – authentisch ≠ gekünstelt profesional – professionell
la expresión de la cara – der Gesichtsausdruck	(no) me gusta/gustan porque es/son	creíble – glaubhaft divertido/-a – lustig realista ≠ poco realista – realistisch ≠ wenig realistisch

Bildnachweis

Alcalde Mato, Nuria, Lanzarote: 12 (1), 22 (ol), 105 (u)

Böhm, Elisabeth, Bamberg: Cover, S. 3 (6), S. 8 (u), S. 12 (4), 16, 20 (2), 21 (6), 22 (2), 26 (2 Kinder), 27 (ur), 29 (2 Kinder), 30, 32 (1.R. 2xM+2.R. l+2.l+r), 39, 42 (u), 46 (u), 50, 58 (3), 59 (r), 64 (Junge), 69 (Junge), 76, 77 (alle), 82, 84, 86 (2), 91, 95, 97, 100 (3 Kinder), 105 (6), 108, 111 (or), 113 (ur), 116/117 (#1,4,6, Junge), 118, 120, 122

Bravo, Susanne, Gotha, S. 128 (2), S. 129 (u), 133, 136 (or), 137 (o), 138 (Ml)

Coca Pérez, Juan Pablo, Gines: S. 43, 55, 97 (Mr), 107

Colegio Huerta Santa Ana, Gines: S. 121 (r)

DPA picture alliance: DyD Fotografos / Geisler-Fotopress: S. 47 (ol) – dpa-Zentralbild / Jens Kalaene: S. 49 (u) – AP Photo / Alan Diaz: S. 53 (8.) – EFE / J.L.Pino: S. 70 (l)

Fotolia: Torsten Dietrich: S. 35 (3.M) – kab-vision: S. 35 (2.ur+ur), 180 (r) – Jérôme Castel: S. 96 (l) – Antonio Gravante: S. 136 (ul), 138 (#1)

Garcia de Flöel, Dr. Maricel, Hamburg: S. 82/83 (#2,3,5), 90, 94 (#1,4,5,6,8)

Getty Images: Cultura RM / Dale Reubin: Cover – Jordi Vidal / Redferns: S. 47 (ur) – WireImages / Fotonoticas: S. 53 (1.) – LatinContent / Clasos / CON: S. 53 (4.) – Liesa Johannssen: S. 53 (5.) – WireImages / Eduardo Parra: S. 53 (6.) – Redfens / Carlos Alvarez: S. 53 (7.) – AFP / Luis Robayo: S. 137 (Mr)

Hohmann, Melanie, Petersberg: S. 18, 19 (4)

Pädagogischer Austauschdienst (PAD) des Sekretariats der Kultusministerkonferenz Nationale Agentur für EU-Progamme im Schulbereich, Bonn: S. 123 (#4)

Ruiz, Daniel, S. 56 (l)

Thinkstock: Photodisc / Christof Koepsel: Cover – Photodisc / Jack Hollinsworth: Cover, S. 93 (o) – Creatas: S. 8 (ol) – Pixland: S. 8 (or) – digitalVision / Plustwentyseven: S. 8 (ul) – Purestock: S. 8 (ur), S. 64 (ol), S. 64 (ul), S. 65 (ol), S. 68 (#3, 8) – Photodisc / Bec Parsons: S. 9 (ul) – Stockbyte / Jupiterimages: S. 25 – moodboard / Mike Watsam Images: S. 26 (ul) – Hemera / Eugene Drobzhey: S. 26 (ur) – Hemera / Mike Flippo: S. 41 (2.l), 182 (l) – Pixland / Jupiterimages: S. 52 (2.ol) – Creatas / Jupiterimages: S. 64 (or) – BananaStock: S. 65 (or) – Photodisc / Steve Mason: S. 65 (ur) – Wavebreakmedia Ltd: S. 68 (#1, 2, 7) – Andy Crawford: S. 87 (#7) – Hemera / Inna Afanaseva: S. 185

Thinkstock / iStock: Anna Omelchenko: Cover – maszas: Cover – fightbegin: Cover – askold romanov: S. 4 (3 M) – Bibigon: S. 4 (u), S. 50, 81, 183 – colematt: S. 5 (o), 69 (o,6), 148 (4), 187, 188 (o2) – julyvelchev: S. 5 (M), 184 (o) – studiogstock: S. 5 (u) – cookelma: S. 9 (ol) – KatarzynaBialasiewicz: S. 9 (or) – StockRocket: S. 9 (ur) – Nadezshda: S. 15 (o) – tichr: S. 15 (u) – peppi18: S. 26 (ol) – zokru: S. 26 (or) – maszas: S. 26 (uM), S. 29 (or) – OlgaMiltsova: S. 27 (ol) – monkeybusinessimages: S. 27 (or +ul) – Alias-Ching: S. 31 – Max2611: S. 32 (1.R.#2) – fotofermer: S. 32 (1.R.r) – MickeyGen73: S. 32 (2.R.2.r) – SukontaPla777: S. 35 (Schwein, Kuh, Huhn) – Alexan2008: S. 35 (2.o.r) – ALLEKO: S. 35 (5.M) – skypicsstudio: S. 35 (Fisch) – gkrphoto: S. 35 (2.u.M) – gbh007: S. 35 (2.r.u) – attilabarsan: S. 40 – maksym narodenko: S. 41 (l), S. 42 (o) – Roman Samokhin: S. 41 (M), 182 (r) – anna1311: S. 41 (2.r), 182 (M) – merznatalia: S. 41 (r) – bernjuer: S. 45 – VladTeodor: S. 59 (l+M) – Yanlev: S. 64 (ur) – ebstock: S. 65 (ul) – sbhaumik: S. 68 (#4) – IPGGutenbergUKLtd: S. 68 (#5) – sibirianstock –S. 68 (#6) – AlexBrylov: S. 68 (#9) – Kzenon: S. 68 (#10) – VictorTyakht: S. 70 (r) – Digital Vision / Thomas Northcut: S. 73 (o) – kadmy: S. 73 (u) – cg-art: S. 74 – JuanCruzF: S. 82 (#1) – bazhanova: S. 82 (#4) – Ignacio Leonardi: S. 83 (#6) – OlafSpeier: S. 83 (#7) – PeterHermesFurian: S. 87 (o) – pzAxe: S. 87 (#1) – serezniy: S. 87 (#2) – Fodor: S. 87 (#3) – Paolo_Toffanin: S. 87 (#4) – Kenishirotie: S. 87 (#5) – Orensila: S. 93 (M) – vadimguszhva: S. 96 (r) – muratart: S. 99 – mariaflaya: S. 101 – erierika: S. 116 (#5) – Blend Images / Jon Feingersh: S. 117 (#3) – Hemera / Cathy Yeulet: S. 117 (#7) – Shironosov: S. 117 (#8) – sidop: S. 123 (Tandem) – Kvkirillov: S. 126 (u) – yayayoyo: S. 127 (u) – CPaulussen –S. 136 (ol), 138 (Mr) – GoldStock: S. 136 (Mr) – Remus Rigo: S. 139 (Hase) – nndanko: S. 141 (o) – PrettyVectors: S. 141 (M) – Nataly-Nete: S. 171 – Serz72: S. 179 (o) – KRIKUN: S. 179 (u) – nataly-nete: S. 184 (#1) – shorenated: S. 184 (#2) – Dariachegaieva: S. 184 (#3,4,5) – ericb007: S. 184 (#6) – sh22: S. 189 – natchaphon: S. 191 (2) – drogatnev: S. 192 – microvone: S. 193 – studiogstock: S. 196 – Elena Belyakova: S. 197 – JuliarStudio: S. 200

ullstein bild / Brill: S. 51

Wikimedia: S. 61 (o), 121 (l)

Wikimedia: Manuel M. Vicente from Spain / Flickr / CC BY 2.0: S. 10 (o) – CC BY-SA 3.0: S. 10 (M) – Andrei Dimofte from Stuttgart, Germany / Andalucia-01-005 / CC BY 2.0: S. 10 (u) – Thelmadatter / CC BY-SA 3.0 (l): S. 23 – Ricardo Navarro / CC BY-SA 3.0: S. 23 (2. l) – DavidConFran / CC BY-SA 3.0: S. 23 (M) – Bjorn Christian Torrissen / CC BY-SA 3.0: S. 23 (2. r) – Zoran Lazic / CC BY-SA 3.0: S. 23 (r) – JEDIKNIGHT1970: S. 34 – Anwar2 / CC BY-SA 3.0: S. 35 (ol), 180 (M) – Mizina: S. 35 (2.lo) – Maren Wischnewski: S. 35 (2.Ml), 180 (l) – loppear / CC BY-SA 2.0: S. 35 (2.Mr) – Steve_Dunham_Flickr_Enchiladas_suizas: S. 35 (3.l) – Nsaum75 / CC BY-SA 3.0: S. 35 (ul) – jeffreyw / CC BY 2.0: S. 35 (uM) – (c) Wikimedia / AlejandroLinaresGarcia / CC BY 3.0: S. 42 (ul) – Oscar Benito Fraile_Oscar Benito Fraile: S. 46 (ol) – Kotovicki photography by Henryk Kotowski / CC BY-SA 3.0: S. 46 (or) – TIP-XL: S. 46 (ul) – Lunchbox LP / CC BY 2.0: S. 46 (ur) – BernardoStecchino / CC BY-SA 3.0: S. 47 (or) – Word Economic Forum / Marc Anthony / CC BY-SA 2.0: S. 47 (ul), S. 60 (u) – Maria150715 / CC BY-SA 4.0: S. 49 (o) – Martin Möller / CC BY-SA 2.0: S. 52 (ol) – Pacofender-GFDL: S. 52 (M) – Museu de la Música de Barcelona / CC BY-SA 4.0: S. 52 (2.or) – CC BY-SA 3.0: S. 52 (or) – Ruben Ortega / CC BY-SA 4.0: S. 53 (2.) – Adolfogtm / CC BY-SA 3.0: S. 53 (3.) – Carlos Pinto from Porto, Portugal / CC BY-SA 2.0: S. 53 (9.) – RuLf: S. 53 (10.) – No Future For You / CC BY-SA 3.0: S. 56 (r) – N&A / Dudush / Panoramico / CC BY 3.0: S. 59 (u) – livepict.com / CC BY-SA 3.0: S. 60 (o) – Patrick Furlong from Santiago, Chile / CC BY 2.0: S. 61 (2.l) – G.Küppers (JordiCubero) / Eigenes Werk / GFDL: S. 61 (2.r) – G.Küppers (JordiCubero) / CC BY-SA 3.0: S. 61 (3.l) – Néstor Gallegos / CC BY-SA 2.5: S. 61 (3.r) – G.Küppers (JordiCubero) / CC BY-SA 3.0: S. 61 (u) – / Flickr / Mark McArdle / CC BY-SA 2.0: S. 72 – R: S. 87 (#6) – Gdiaz / CC BY-SA 3.0: S. 94 (#2) – Presidência da Republica / Roberto Stuckert Filho (Agência Brasil) / CC BY 3.0 br: S. 94 (#3) – Lluis von Sabadell (Barcelona, Espana / LFS / 14039) / CC BY 2.0: S. 94 (#7) – RosanaAG / CC BY-SA 4.0: S. 97 (u) – Zifra RA / CC BY-SA 2.0: S. 100 (#1), 109 (#4), 153 (#2) – Julia Folsom / CC BY-SA 2.0: S. 100 (#2) – CarlosVdeHabsburgo / CC BY-SA 3.0: S. 100 (#4), 103 (3u), 109 (#2,4), 153 (#3, #4) – Agustín Macías / CC BY-SA 3.0: S. 100 (#5) – David Sim / CC BY 2.0: S. 101 (#3), 103 – Ralph Daily from Birmingham, United States: S. 101 (#6) – Holger Motzkau 2010 / CC BY-SA 3.0: S. 106 – Anual / CC BY 3.0: S. 109 (#1), 153 (#5) – CarlosVdeHabsburgo / CC BY-SA 4.0: S. 109 (#3), 153 (#1) – Sandra Vallaure / CC BY-SA 2.0: S. 111 (M) – Hakan Svensson / CC BY-SA 3.0: S. 113 (o) – Xocolatl (talk), 24. September 2011 (UTC) / CC 0: S. 115 – Ludotek81 / CC BY-SA 3.0: S. 127 (M) – Nut1917at ru.wikipedia: S. 129 (Ml) – Lalovarga / CC BY-SA 3.0: S. 136 (ur) – Wolfgang Sauber / CC BY-SA 3.0: S. 137 (Ml) – Tamorlan / CC BY-2.5: S. 137 (ul), 139 (or), 140 – Tamorlan / CC BY-SA 3.0: S. 137 (ul), 139 (ol) – AndrewPoison in der Wikipedia auf Deutsch: S. 138 (#2) – Superbase / CC BY-SA 4.0: S. 138 (#3) – Zarrio93 / CC BY-SA 4.0: S. 138 (ul) – Coentor / CC BY-SA 3.0: S. 141 (u)

Wild Bunch Germany GmbH: S. 132